금융과 회사의 본질

재산권과 계약권의 이종교배

금융과 회사의 본질
–재산권과 계약권의 이종교배

2019년 3월 4일 초판 1쇄
2019년 12월 5일 초판 2쇄

지은이 김종철

편 집 김희중
디자인 design THE≈WAVE
제 작 영신사

펴낸이 장의덕
펴낸곳 도서출판 개마고원
등 록 1989년 9월 4일 제2-877호
주 소 경기도 고양시 일산동구 호수로 662 삼성라끄빌 1018호
전 화 031-907-1012, 1018
팩 스 031-907-1044
이메일 webmaster@kaema.co.kr

ISBN 978-89-5769-455-8 93300

금융과
회사의
본질

재산권과 계약권의
이종교배

김종철 지음

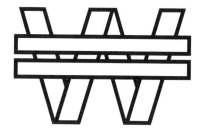

개마고원

〈일러두기〉

책에 실린 일부 장들은 필자가 기존 발표한 논문을 수정·보완한 것이다.

1장: 김종철, 2016, 「회사의 본질: 정치학적 해석」, 『국제정치논총』, 56집 2호, 79~115쪽.

3장: 김종철, 2018, 「금융과 페르소나(persona): 금융의 정치 철학적 이해」, 『사회경제평론』, 통권 제57호, 165~201쪽.

4장: 김종철, 2015, 「소유(Property), 현대금융, 그리고 그 위기」, 『한국정치학회보』, 49권 5호, 169~191쪽.

6장: 김종철, 2017, 「기본자산제: 평등하고 공정한 사회를 위한 정책」, 『동향과전망』, 101호, 107~135쪽.

7장: 김종철, 2016, 「로크의 재산(property)과 인격(person): 로크의 재산 개념에 어떤 존재론적 함의가 있는가?」, 『한국정치학회보』, 50집 4호, 25~50

현대 경제체제의 뿌리를 찾아서

연구를 시작하게 된 동기

필자의 인생에 영향을 크게 미쳤던 사건이 둘 있다. 첫번째는 87년 6월항쟁이었고 두번째는 97년 IMF 외환위기였다. 6월항쟁 때는 고등학교 시절이었는데 학교로부터 유기정학과 무기정학을 당했다. 87년 대통령직선제 운동의 영향을 받아 학생회장 직선제를 요구하다 생긴 일이었다. 두번째 사건 때는 대기업에 다니고 있었는데 명예퇴직을 해야 했다. 외환위기의 여파로 부서별로 명예퇴직 신청자가 할당되었는데, 입사한 지 8개월밖에 안 돼 아직 어떤 라인에도 속해 있지 않아서 명예퇴직의 대상이 되었다. 당시 크지 않은 교통사고로 입원해 있었는데, 직속 상관이 명예퇴직을 통보하러 병문안을 왔던 모습이 아직도 생생하다.

필자의 인생을 완전히 바꾸어놓은 그 두 사건은 우리 사회 또한 이전과는 전혀 다른 모습으로 바뀌놓았다. 필자는 궁금했다. 내가 경험한 좌절만큼이나, 민주화를 이루려 헌신했던 사람들이 무얼 몰라서 민주화 운동이 좌절할 수밖에 없었을까? 도대체 금융이 뭐기에 금융위기를 주기적으로 일으켜 사회를 양극화하는 걸까? 자유롭고 공정한 사회의 구체적 설계안은 어떤 걸까? 이 질문들에 답하고 싶어서 공부를 시작했다.

유학 초기에 깨닫게 된 사실은, 상당수 사회과학자들이 근대 서구철학의 낡은 존재론에 근거해 사회를 해석하는 바람에, 지금 세상을 제대로 설명하지 못하고 제대로 된 대안도 제시하지 못하고 있다는 것이었다. 기존 사회과학의 한계를 벗어나기 위해, 근대 서구철학의 존재론을 뿌리부터 뒤흔드는 알프레드 노스 화이트헤드의 철학을 몇 년간 공부했다. 오래전 대학 시절 얼핏 읽었던 도올 김용옥의 책에 여러 차례 등장하던 '백두白頭'라는 사람이 바로 화이트헤드라는 걸 알고 재밌어 했다. 화이트헤드의 철학을 읽으면서 행복했다. 화이트헤드 덕분에, 근대 과학적 유물론에서 벗어나 새로운 관점에서 세상을 바라볼 수 있게 되었다.

화이트헤드의 문제의식을 사회과학에 적용해 새로운 사회과학을 열겠다는 포부를 안고 2006년부터 박사학위 논문을 준비하기 시작했다. 필자의 박사학위 논문은 자본주의의 세 가지 핵심적인 제도인 자본주의 금융과 주식회사 그리고 대의제의 본질을 탐구하는 것이었다. 이 세 제도가 탄생한 17세기 후반 영국으로 돌아가, 이 제도를 만들어낸 정치적 역관계를 탐구하고, 이들 제도 간의 관계와 그 철학적 본질을 분석했다.

필자의 연구는 썩 운이 좋은 편이었던 것 같다. 필자의 연구결과는 『Cambridge Journal of Economics』, 『Business History』,

『Journal of Economic Issues』 등 해외의 여러 좋은 학술지에 실렸다. 『Journal of Economic Issues』에 실린 논문은 미국 진화경제학회로부터 2013년 '올해의 논문상'을 받기도 했다.

연구의 개관

알프레드 노스 화이트헤드에 따르면, 근대 서양의 존재론이 범한 치명적인 오류 중 하나는, 현실이 언어처럼 주어-술어 구조를 띠고 있다고 착각하는 것이다. 그래서 언어적 주어를 현실에서 존재하는 주체인 양 착각한다는 것이다. 이 잘못된 주체 개념이 바로 'person'이라는 개념이다. 원래 person의 개념은 무대에서 배우들이 썼던 가면을 뜻하던 그리스어 persona(페르소나)에서 유래했다. 근대 서구철학은 이 person을 이성과 의지를 갖추고 있는 독립된 주체라는 개념으로 발전시킨다. 그리고 person 개념은 근대 서구철학에서 property(재산)와 쌍을 이룬다. 인간 존재의 본질을 person과 property의 관계로 보는 것이 근대 서구 존재론의 핵심이다. 예를 들어, 몸·노동·생명·자유·자산 등 사람이 소유한 모든 특질을 property인 재산으로 보고, 이 재산을 배타적으로 소유하는 추상적 주체를 person으로 개념화한다. 이런 개념화는 17세기 영국의 지식인들 사이에 널리 공유되었는데, 17세기 후반 존 로크에 의해 체계화된다. 그리고 이후 독일 철학자 프리드리히 헤겔 등이 이어받는다. 이 person과 property 개념이 자본주의 금융과 주식회사, 그리고 대의제의 철학적 바탕이 되었다는 것이 필자 연구의 핵심 주장이다. 이 person과 property 개념을 제대로 이해하지 못하고는 자본주의 금융, 주식회사, 그리고 대의제를 제대로 이해할 수 없다.

　Person은 한국어에는 없는 말이다. Person을 흔히 '사람'으로 번역하지만, 부정확하다. 마땅한 한국말이 없어서, 어색하지만 이 책에서는 '인격' 혹은 '페르소나'라고 부를까 한다. Person은 단순히 사람을 의미하지 않는다. 그래서 사람이라고 해서 다 인격을 지닌 것으로 취급받는 것은 아니다. 근대 초 영국의 경우 유부녀는 인격을 지닌 것으로 취급받지 못해, 법정에서 독립된 인격체로 자신을 스스로 변호할 수 없었다. 남편이 대신 법정에서 아내를 대의represent 해야 했다.[1] 또한, 사람이 아니더라도 인격으로 취급되기도 한다. 예를 들어 회사는 사람이 아니지만, 근대 초부터 영미권의 법원은 인격을 지닌 것으로 취급해왔다.

　이렇게 인격이 있어야 법적 권리와 책임이 부여될 수 있기에, 인격 개념은 현대 법체제에서 권리와 책임을 따지는 인위적인 틀이다. 본문에서 자세히 다루겠지만, 인격 개념은 어떤 사람이 누리는 권리가 다른 사람들이 묵시적이든 명목적이든 동의해주어서 생기는 것이 아니라 그 사람에게 원래 배타적으로 속한 것으로 간주하는 틀이다. 그리고 인격 개념은 어떤 사회적 문제가 터졌을 때 그것을 어떤 인격이 전적으로 저지른 죄의 문제로 간주하는 틀이기도 하다. 예컨대 '위험의 외주화'가 가능한 것은 대기업과 하청업체가 법적으로 서로 분리된 인격체로 간주되기 때문이며, 대기업은 이런 인격의 분리를 이용해 책임을 회피하려 시도한다.[2]

　Property는 흔히 재산으로 번역하지만, 이 또한 부정확하다. 정확히 번역할 마땅한 말이 한국어에는 없다. 우리말에서 재산은 '(소유되는) 물건'을 뜻한다. 그러나 영어에서 property는 '(소유되는) 물건'만을 지칭하지 않는다. '~의 속성'이라는 뜻이 함께 있기 때문이다. 사실 17세기 이전까지의 영국에서는 property에 '~의 속성'이라는 뜻만 있었다. 사람의 속성인 자유, 생명, 몸, 행위, 그리고 믿고 있는 종교 등을 모두 사람의 property라고 불렀다. 그러다가 17세기 들어 '(소유되는) 물건'을 뜻하는 것으로도 의미가 확장된다. 이 확장은 지주계급이 토지에 대한 배타적 재산권을 정당화하는 과정에서 이루어진다. 지주계급은 왕을 상대로 싸우면서 토지에 대한 그들의 권리가 왕이 간섭할 수 없는 그들의 '타고난 권리'라고 주장한 것이다. 사람의 몸 등의 속성이 타고날 때부터 한 사람에게만 속하는 배타적인 재산이었던 것처럼 땅에 대한 소유도 그러하다는 주장이었다. 결국 이 투쟁은 17세기 명예혁명을 통해 지주계급의 승리로 귀결된다.

앞서 말했듯이, person 개념과 property 개념은 항상 쌍을 이룬다. 특징지을 수 있는 것 모두를 소유의 대상인 property로 삼고 나면, 이 대상들을 소유하는 추상적인 주체인 person을 설정할 수밖에 없기 때문이다. 이 쌍을 잘 표현해주는 개념이 있다. 바로 신탁trusts이다. 유명한 영국 법학자 프레더릭 메이틀런드Frederic Maitland는 신탁을 이해하지 못하고는 영국을 이해할 수 없다고 주장한 바 있다. 필자는 여기에 덧붙여, 신탁을 이해하지 못하고는 자본주의를 이해할 수 없다고 주장한다. 근대 영국에서 탄생한 신탁은, '자본주의 금융' '주식회사' 그리고 '대의제'의 바탕이 되었고, 이 세 제도는 전쟁 자금을 신속하고 효율적으로 모을 수 있게 해주었다. 그 덕분에 영국은 18세기에 프랑스를 누르고 19세기에는 세계의 패권을 휘어잡아 대영제국을 건설한다. 대영제국이 건설되면서 이 세 제도는 많은 나라에 이식되거나 수출되었고, 21세기 현재에는 세계 곳곳에 존재한다. 오늘날 미국도 이 세 제도를 이용해 군사적으로 세계 패권을 유지하고 있다.

신탁의 본질은 권리에 따르는 책임을 회피할 수 있도록 해준다는데 있다. 신탁에는 책임 회피의 방법이 크게 두 가지가 있다. 첫째는 이중소유권(혹은 재산권과 계약권의 이종교배)을 설정하는 방법이다. 일단 법적 소유권을 다른 사람에게 양도해서, 법적 책임을 회피한다. 그러나 형평법적 소유권은 유지해서 실제로는 소유자로서의 혜택을 누린다. 이 방식은 전두환 전 대통령이 차명으로 재산을 은닉한 것과 거의 유사하다. 전두환 씨는 반란수괴 등의 혐의로 2258억 원의 추징금이 법원에 의해 확정되었으나 "내 전 재산은 29만 원"이라며 추징금 납부를 거부했다. 추징금 납부라는 법적 책임을 회피하기 위해, 전두환 씨는 자기 재산의 법적 소유권을 다른 사람에게 양도해 차명으로 소유하고 있다. 이때 전두환 씨는 법적 소유권은 양도했지만, 형평법적 소유권 같은 실제 소유권은 유지하고 있다. 이렇게 이중소유권을 설정해서 책임 회피를 하려는 행위가 신탁이고, 이런 행위를 합법화해준 것이 바로 영미권의 신탁법이다.

권리에 따른 책임을 회피하는 다른 방법은 person이라는 추상적인 인격체를 세워 이것에 책임을 전가하는 것이다. 전형적인 사례가 바로 회사법에 있는 '주주의 무책임' 원칙이다. 회사법에서 주주는 투자 재산에 대한 법적 소유자가 아니다. 회사법에서는 주주가 투자 자산의 재산권을 법인에 양도했다고 보기 때문이다. 주주에게 투자 자산에 대한 재산권이 없으므로, 회사법은 이 자산 사용에 따른 법적 책임을 주주에게 묻지 않는다. 대신 추상적인 법인이 지게 한다. 대주주는 의결권과 인사권으로 회사를 자기 소유물처럼 지배하지만, 이에 따른 책임은 추상적 인격체에 전가함으로써 회피한다. 이런 두 가지 책임회피의 메커니즘이 바로 신탁이다. 자본주의 금융, 주식회사, 그리고 대의제를 통해 자산가들이 재산권은 행사하지만, 책임은 회피하는 것을 제도화한 게 바로 자본주의의 본질이다. 이것이 필자 연구의 핵심 주장이다.

주식회사, 대의제, 현대 금융 새롭게 보기

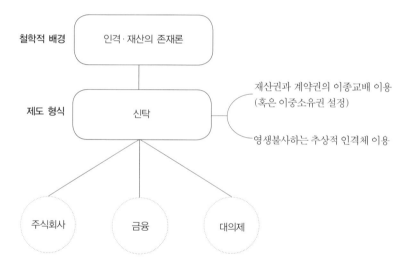

앞서 설명한 것을 그림으로 나타내면 위와 같다. 금융은 신탁의 특징 중 하나인 재산권과 계약권의 이종교배를 이용한 경우다. 그리고 주식회사와 대의제는 신탁의 두 가지 특징인 이종교배異種交配와 추상적 인격체를 모두 이용한 경우이다. 그렇지만 주식회사와 대의제가 이 특징들을 이용한 구체적 방식은 서로 다르다.

본문 1장에서는 재산권과 계약권의 이종교배, 즉 신탁이 주식회사의 본질을 이룬다는 것을 밝힌다. 주주가 서로 모순적 권리인 재산권과 계약권 둘 다 누릴 수 있도록 회사법이 보장하기 때문에, 대주주들이 회사를 통제하고 자신의 특권을 행사하도록 하면서도 그에 따른 책임은 회피할 수 있다. 그리고 이러한 대주주들의 무책임 때문에 회사의 비윤리성과 무책임성이 허용 및 강화되고 있다. 회사법의 역사는 주주가 재산권의 행사에 따르는 책임을 회피하려는 노력의 과정이며, 무책임성을 정치적·법적으로 정당화해주는 과정인 셈이다. 1장은 이 정당화의 역사를 분석한다.

'근대적 인격 개념'과 '재산권과 계약권의 이종교배'가 현대 금융의 본질을 이룬다는 주장을 입증하기 위해 이 책에서는 두 역사적 시기를 다룬다. 17세기 후반과 18세기 초반의 영국과 2008년 국제금융위기가 발생했던 미국이다. 첫번째 시기에는 영국에서 근대적 형태의 은행업이 시작됐으며 동시에 근대적 주체 개념인 '인격' 개념이 존 로크 등에 의해 철학적으로 발전한다. 동시에 유한책임 주식회사와 국가 또한 독립적인 추상적 인격성을 획득한다. 이 추상적 인격 개념이 사회적 관계를 '배타적 소유'와 '채권-채무' 관계로 환원하고, 이 환원이 근대 금융의 존재론적 바탕을 이룬다. 은행의 요구불 예금에서 은행과 예금주의 관계는 형식적으로는 채권자-채무자의 관계를 취하지만 실질적으로는 재산권자-보관자의 형태를 취한 것으로, 재산권과 계약권(채권)을 이종교배한 것이다. 이러한 이종교배적 성격이 등장하기 위해서는 사회의 근본적인 변화가 필요했는데, 이러한 변화에는 국가와 자산계급 간 권력관계의 변화, 그리고 중세와는 다른 도덕적·법적 변화를 포함한다. 2장과 3장은 이 근본적 변화가 어떤 것이었는지를 분석한다. 특히 독립적이면서 영구적인 인격성을 지니게 된 근대적 집단인 국가와 주식회사를 채무자로 전락시킴으로써 근대 금융의 채권자들이 어떻게 자신들의 특권을 크게 강화했는지 분석한다.

주식회사와 현대 금융이 발전하기 위해서는 회사와 국가에 영원히 존재할 수 있는 집단인격성을 부여해주고 집단 구성원들에게 영원히 빚을 진 채무자로 전락시켜야 하는데, 이러한 역할을 대의제가 수행한다. 대의제는 신탁의 일종이다. 신탁은 영원히 존재하는 집단을 창조하고, 이 집단을 영원한 채무자로 만드는 체제이기 때문이다. 바로 3장에서는 대의제가 어떻게 국가에 영원한 법인격을 부여해주고 구성원의 채무자로 전락시키는지, 그리고 이런 현상이 어떻게 현대 금융의 발전에 필수적이었는지 분석한다.

4장에서는 2008년 국제금융위기를 초래한 주 원인이었던 머니마켓펀드와 환매조건부채권이 어떻게 재산권과 계약권을 이종교배해서 탄생했는지 분석한다. 재산권과 계약권을 섞어서 둘 다의 이점을 취하여, 책임은 최소화하고 권한은 확대하는 것이 머니마켓펀드와 환매조건부채권의 본질이다. 그리고 이 재산권과 계약권의 이종교배를 통해 머니마켓펀드와 환매조건부채권에 투자한 채권자들이 일반 채권자들이 누릴 수 없는 특권적 권리인 재산권을 누리게 되고 이 권리의 행사가 결국 2008년 국제금융위기를 초래하게 된다.

5장은 제프리 잉햄의 화폐론을 비판하면서, 인류 역사 속에서 존재해왔던 신용경제와 화폐경제, 그리고 자본주의 화폐경제 간의 차이점을 분석한다. 자본주의경제는 화폐경제의 일종이지만, 자본주의 화폐경제는 재산권과 계약권이라는 두 이질적인 것을 조합해서 화폐를 팽창시킨다는 점에서 이전의 화폐경제와 차이가 있다.

6장에서는 자본주의에 대한 대안 중 하나로 기본자산제를 제안하고 설명한다. 기본자산이란 한 개인이 자율적이고 독립적인 인격체로 바로서는 데 필요한 최소한의 자산을 말한다. 이 기본자산만큼은 개인이 빚을 얼마 졌든 관계없이 채무변제의 대상에서 제외되고, 본인도 스스로 파괴하거나 혹은 비생산적으로 소비해버리거나 타인에게 팔거나 양도할 수 없도록 하는 제도이다. 기본자산제는 플라톤이 이상적인 정책으로 제시했던 것으로, 플라톤의 기본 취지는 살리면서도 그가 당시 상상하지 못한 문제들, 예를 들어 기업의 소유구조 문제와 상속권 문제 등에 기본자산제를 연계시키려 필자가 시도했다.

7장에서는 지금까지 논의한 세 가지 자본주의 핵심제도들의 철학적 바탕이 되는 인격-재산의 존재론을 자세히 분석한다.

향후 연구과제 1: '이종교배'의 철폐

향후 필자는 대안 사회를 설계하는 연구를 하려 한다. 이 절에서는 필자가 현재 생각하는 대안 사회를 개괄하는 방식으로, 향후 필자의 연구계획을 소개하고자 한다.

신탁이라는 개념으로 주식회사·금융·대의제를 설명하게 되면, 이 제도들에 대한 대안을 모색하는 데 큰 도움이 된다. 앞서 말했듯이, 신탁을 통해 책임회피를 하는 방식은 재산권과 계약권을 이종교배하는 것과, 추상적인 인격체에 책임을 전가하는 것이다. 따라서 이 두 가지를 제한함으로써 신탁으로서의 주식회사, 금융, 그리고 대의제가 초래하는 문제점을 해결할 수 있다. 이는 아래 그림과 같이 재산권과 계약권 그리고 인격체를 어떻게 사회가 다룰 것인가에 대한 문제로 귀결된다. 이 세 가지를 적절히 다룬다면 좀 더 공정한 시장을 형성할 수 있다.

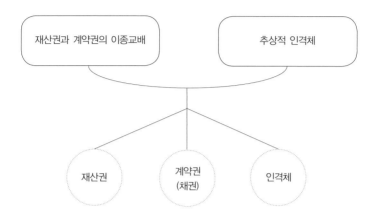

① 계약권: 채권–채무 관계의 개선

계약권의 일종인 채권–채무 관계를 적절히 개혁해야, 피도 눈물도 없이 경쟁의 논리만 적용되는 자본주의 시장을 인간미가 있는 공정한 시장으로 바꿀 수 있다. 우선, 생산적 부채와 소비성 부채를 구분해 다른 식으로 취급해야 한다. 소비성 부채란, 이윤을 낼 수 있는 생산적인 분야에 투자되지 않는 채무를 말한다. 그 대표적인 사례가 농가부채와 학자금융자이다. 이런 채무는 채무자가 빌린 돈을 의식주를 위해 생활비로 지출할 수밖에 없기 때문에 이윤이 보장되지 않고, 따라서 빚을 갚기 어렵다. 반면 생산적 부채는 상업 등 생산적인 부분에 투자되어 이윤이 날 것으로 예상하는 부채이다. 서유럽의 중세는 전자를 유저리Usury라고 불러 금지했고, 후자는 투자investment라고 불러 장려하였다. 고대 이스라엘도 전자를 물어뜯는다는 뜻의 네쉑Neshek이라 불러 주기적으로 탕감해주려고 했고, 후자는 증가라는 뜻의 타빗Tarbit이라 불러 허용했다. 미래의 대안 사회도 이러한 관행을 새롭게 복원해야 할 것이다.

그리고 생산적 부채라도 투자된 사업이 부득이한 사정으로 파산했을 때는 채권자도 투자금과 이자를 받지 않는 형태로 사업의 위험을 공유하여야 한다. 이렇게 하는 이유는 시장을 상호부조의 한 형태로 재구성하기 위해서다.

② 집단의 법인격에 대한 제한

신탁에 의한 책임회피를 방지하기 위한 다른 방안은 집단의 법인격을 제한적으로 허가하는 것이다. 지금 필자가 잠정적으로 생각하고 있는 것은 공공적 목적에 한해서만 집단 법인격을 제한적으로 허용하는 것이다. 그러나 어디까지나 잠정적인 것으로 연구가 더 필요하다. 제1장의 회사의 본질에 대한 논의도 향후 더 보완해야 할 점이 남아 있다. 이 책에 실린 글에서는 주식회사의 본질을 논할 때 재산권과 계약권의 이종교배 문제만을 다룬 상태이다. 법인격의 문제는 충분히 다루지 못했기 때문에, 주식회사의 본질을 완전히 논했다고 보기 어렵다. 머지않아 보강된 연구 성과를 대중에게 내놓으려 한다.

③ 재산권의 폐지와 이종교배 금지

책임회피를 방지하는 원칙적 방법은 재산권이라는 특권적 권리를 폐지하고 재산권을 계약권으로 재구성하는 것이다. 이를 통해 재산권과 계약권의 이종교배를 금지하여 자본주의 금융, 주식회사, 그리고 대의제의 문제를 해결할 수 있다. 주식회사의 경우는 책임 측면에서 채권자에 불과한 주주에게 이자 수취권에 해당하는 배당권만 주어야지 의결권과 인사권 등의 재산권적 권리를 주어서는 안 된다고 1장에서 주장했다. 의결권과 인사권을 경영진과 종업원이 대신 갖되 세 가지 조건을 제시했는데, 직장 내 의사결정 과정의 민주화, 감사제도, 그리고 기본자산제다.

주주의 의결권과 인사권의 폐지는 공정한 시장을 구축하기 위해서는 필수적이다. 뒤에 설명하겠지만, 공정한 시장에서 돈은 제한적으로 교환수단 혹은 부채청산수단으로 기능해야 한다. 그렇지 않고, 돈을 많이 가졌다는 이유만으로 소수 부유층이 공동체의 중요한 사안을 좌지우지한다면 돈이 본분의 역할을 넘어 권력이 된다. 돈이 권력이 되는 대표적 사례가 주주의 의결권과 인사권이라고 할 수 있다. 책임이 뒤따르지 않는 과도한 권력을 행사하고, 이 권력 덕분에 과도한 사적 이익을 챙기고 있기 때문이다.

시장경제가 공정하다는 것은 공정한 계약이 이루어진다는 의미인데, 공정한 계약이 이루어지려면 계약 당사자들이 자율적이고 독립적이어야 한다. 이러한 자율성과 독립성은 개인들이 기본적인 생산수단을 확보하고 있어야만 가능하다. 현재 다수의 대중은 기본적인 생산수단을 잃은 나머지 생존하기 위해서는 어쩔 수 없이 불공정한 근로계약들을 받아들일 수밖에 없어 비정규직, 장시간 근로 관행, 위험의 외주화 등이 발생하고 있다. 따라서 기본적인 생산수단을 각 개인에게 되찾아주는 것이 바로 공정한 시장을 만들기 위한 시작점이 되어야 한다. 그리고 기본자산제는 소유자가 기본자산을 협동조합의 지분 형태로 생산적으로만 지출할 수 있도록 하여, 시장의 공정성뿐 아니라 사회적 생산성을 유지 혹은 향상하는 방안이기도 하다. 이 책에서 기본자산제를 설명하긴 했지만, 아직 세밀한 실행방안까지 마련하지는 못했다. 2018년 초에 세 분의 좋은 학자와 뜻을 모아 '기본자산제' 연구팀을 꾸렸는데, 연구팀은 기본자산제의 명칭을

'협력 기본자산제'로 변경하고, 구체적 실행방안을 꼼꼼히 연구하고 있다. 머지않아 이 책에 소개된 내용보다 더 구체적이고 개선된 성과를 대중 앞에 내놓을 수 있을 것이다.

경제적 변화와 함께 정치적 변화도 필요하다. 신탁의 한 형태로서의 대의제를 극복하는 방법은 직접민주주의적 요소, 특히 국민발안제를 도입하는 것이다. 국민발안제와 국민투표제를 통해 소수 국회의원만이 독점적으로 누렸던 입법권 혹은 소수 행정관료들이 독점했던 발안권을 국민이 되찾아올 수 있다. 국민발안제와 국민투표제를 실시할 때는 국민이 안건에 대해 충분한 정보를 얻을 수 있고 충분히 토의할 수 있는 시간과 장치들이 마련되어야 한다. 스위스가 현재 실행하고 있는 주민발안제, 국민발안제, 의무적·선택적 국민투표제도 등을 참조할 수 있을 것이다. 현재 가장 선진적인 정치체제로 알려진 스위스의 경우, 삼권분립과 대의제는 이미 낡은 것이 되었다. 스위스는 의회가 내각을 구성해 행정부를 직접 통제하는 의원내각제를 시행하며 연방재판관도 의회가 선출하고 있어서, 삼권분립이 아니라 의회를 중심으로 하나의 권력을 형성하고 있다.[3] 대신 완전 비례대표로 정당 간에 서로 견제하게 했고, 국민발안제와 국민투표제를 통해 국민이 직접 의회를 견제하고 있다. 스위스에서는 의원내각제와 비례대표제 그리고 국민발안이라는 삼두마차가 정치를 이끌고 있는 것이다. 비례대표제를 현행 대통령제 아래에서 도입하려는 시도가 현재 한국에 있지만, 남미의 경험을 교훈 삼아야 한다. 남미의 여러 나라는 오래전부터 비례대표제를 도입했지만, 이것이 대통령제와 의회 간의 대립과 교착상태를 일으켜 정치가 실종되면서, 관료의 부패가 만연되는 사회로 변질했다. 따라서 비례대표제의 장점을 살리기 위해서는 의원내각제와 반드시 같이 도입되어야 하며,[4] 대의제의 한계를 극복하기 위해 국민발안제·주민발안제와 반드시 같이 도입되어야 한다. 대의제를 극복할 구체적인 논의는 향후 연구를 통해 제시할 것이다.

향후 연구과제 2: 신용경제로의 전환을 위하여

채권 투자자가 더는 재산권을 행사하지 못하도록 개혁해서 화폐가 일상생활에서 권력으로 기능하는 것을 막게 되면, 지금의 화폐경제가 신용경제로 이행하게 된다. 현재 대안적 금융을 설계하는 데 실패하고 있는 이유 중 하나는, 대부분 신용경제와 화폐경제의 차이를 알지 못해서 모든 시장은 화폐가 주된 교환수단으로 사용되는 화폐경제일 수밖에 없다고 착각하고 있기 때문이다. 즉 화폐가 교환수단으로 거의 쓰이지 않는 시장, 즉 신용경제 형태의 시장이 역사적으로 더 오랫동안 존재해왔고 앞으로도 존재할 수 있다는 사실을 인식하지 못한다. 필자는 화폐가 교환수단으로 거의 쓰이지 않는 형태의 시장이 현대적으로 어떻게 다시 구현될 수 있는지 연구를 계속하고 있다.

신용경제로의 전환은 문명사적으로 몇 가지 중요한 의미가 있다. 우선 금융위기를 원천적으로 막을 수 있다. 금융위기는 은행이 재산권과 계약권을 이종교배하기 때문에 발생하는데, 신용경제로의 전환을 통해 이 은행에 의한 이종교배를 폐지하면 금융위기를 막을 수 있게 된다. IMF 외환위기와 2008년 글로벌 금융위기 이후, 한국 사회와 국제사회는 극심한 부의 양극화를 겪고 있다. 이 위기들로 많은 가정들이 빚에 허덕이고 실업의 고통을 겪었지만, 소수 부유계층에게는 부를 손쉽게 축적할 수 있는 계기가 되어 사회의 안정성이 상당히 손상되었다. 금융위기는 10여 년을 주기로 세계적으로 발생하고 있는데, 이것을 막지 않고선 양극화의 진행을 멈출 수 없다.

신용경제로의 전환은 일반은행과 투자은행 그리고 일부 투자자들이 누리는 재산권적 특권을 해체하여, 서로 공평한 상태에서 거래하는 공정한 시장을 형성하는 데 이바지할 수 있다. 나아가, 자원 배분을 왜곡하는 자본주의 화폐경제의 문제점도 개선할 수 있다. 현재 자본주의 화폐경제에서 은행에 의한 화폐창조는 특정 산업 분야에 과도한 투자가 몰리게 해서 자원이 사회 곳곳에 골고루 배분되는 것을 방해한다. 자원이 특정 분야에 과도하게 몰렸다가 금융위기에 의해 과잉 투자된 자원이 버려지는 악순환이 벌어지는 문제를 신용경제는 개선할 수 있다.

무엇보다도 신용경제로의 전환은 도덕적 측면에서 필요하다. 상품과 서비스가 교환되는 시장이란 상호부조의 한 형태이다. 서로 타고난 재능이 다르고 자란 환경이 다르므로, 서로 다른 상품이나 서비스를 생산해 서로 주고받음으로써 돕는 곳이 시장인 것이다. 단, 시장 형태의 상호부조에는 권리와 의무가 계산적으로 작동한다. 내가 1만 원어치의 상품을 주었으니 1만 원어치의 다른 상품을 받을 권리가 생기고, 상대는 1만 원어치의 상품을 건네야 할 의무가 생기는 것이다. 이렇게 시장이란 권리와 의무의 교환이 일어나는 곳이다. 모든 인간은 이러한 권리와 의무에 얽혀 있고 이로부터 결코 자유로울 수 없다. 이로부터 자유로울 수 있는 존재는 오직 신뿐이다. 바로 이러한 신적 권리를 부여해주는 것이 바로 화폐이다. 화폐에는 의무로부터 자유로울 권리를 화폐 소유자에게 주는 부채청산의 기능이 있기 때문이다. 따라서 도덕적 원칙상, 화폐는 시장에서 교환수단으로 쓰여서는 안 된다. 쓰이더라도 조선시대 상평통보처럼 가치가 작아, 낯선 곳을 여행하면서 주막에서 국밥 한 그릇 사 먹을 정도면 된다. 원칙적으로 시장 교환은 거래 당사자들을 권리와 의무로 얽어매는 신용수단으로 행해져야 한다. 그리고 화폐는 국책은행에 쌓여 있고, 신용수단에 의한 시장거래를 최종적으로 청산할 때만 제한적으로 사용되어야 한다.

그리고 신용경제로의 전환은 국제적 평화가 안착하는 데도 공헌할 수 있다. 역사적으로 살펴보면, 국가와 자산계층의 야합은 언제나 전쟁을 계기로 이루어져왔다. 전쟁자금을 조달하기 위해 자산계층에게 돈을 빌리는 대신 특혜를 주는 식으로 야합이 생긴 것이다. 현대 금융제도도 전쟁자금을 신속하고 효율적으로 조달하기 위해 개발된 제도이다. 18세기를 살았던 철학자 임마누엘 칸트는 영국에서 발생한 현대의 금융제도가 전쟁의 수단으로 이용되는 것을 목격한다. 그래서 그는 「영구평화론」이라는 글을 쓰면서 영구평화의 조건으로 현대식 은행제도의 폐지를 주장했다. 지금도 미국은 금융제도를 이용해 전쟁자금을 효율적으로 모아 군사패권을 유지하고 있다. 따라서 전쟁을 막고 국제적 평화를 안착하는 노력의 하나로 신용경제로의 전환이 필요하다.

위에 열거된 연구들을 통해, 공정하고 우애롭고 효율적인 사회를 위한 대안적 경제체제에 대해 구체적 설계안을 만들려는 게 필자의 향후 연구 계획이다.

1장

• • •

주식회사의 본질

1. 주주와 회사의 무책임성

지난 20여 년간 주주 지상주의가 팽배해지면서, 다국적 회사cor-poration의 무책임성과 비윤리성이 전세계적인 문제로 대두되었다. 회사의 행위에 대해 그 어떤 법적 책임도 지지 않는 대주주가 경영을 좌지우지하면서 비윤리적이고 무책임한 경영을 부추겼던 것이다. 이러한 회사의 비윤리성은 우리나라도 예외가 아니다. 250명의 어린 생명을 바다에 생매장한 세월호 참사도 이런 비윤리성과 무책임성의 한 사례라 할 수 있다. 선장은 월급 270만 원에 1년 계약직이었고, 갑판부와 기관부 선원 17명 가운데 12명이 4개월에서 12개월짜리 단기 계약직이었다. 이러한 비정규직 고용구조에서, 선원들에게 목숨을 걸고 아이들을 구하는 막중한 책임감을 기대하기는 어려웠다.[1] 선박의 안전을 끝까지 책임져야 할 선장조차도 비정규직으로 고용할 정도로 생명과 안전을 도외시하며 이윤 추구에만 매달리게 했던 배후에는 청해진해운의 대주주인 유병언 일가가 있었다. 그러나 이 대주주 일가는 참사 이후에 그 어떤 법적 책임도 지지 않고 있다. 유병언 일가는 현재 재판을 받거나 형을 확정받았지만, 그 혐의는 모두 횡령 혹은 배임 등이었지, 세월호 참사에 대한 책임을 진 것은 아니었다.[2]

세월호와 비슷한 유형의 참사가 대기업에 의해 크고 작은 규모로 곳곳에서 자행되고 있지만, 대기업을 실질적으로 소유하고 있는 대주주는 그 참사에 그 어떤 도덕적·법적 책임도 지지 않고 있다. 예를 들어, 삼성전자에서 160여 명이 직업병을 얻어 60여 명이 백혈병·림프종 등의 암으로 사망했지만, 이건희 회장과 이재용 부회장은 물론 임직원 누구도 입건되지 않았다. 그리고 삼성중공업이 태안 앞바다에 기름을 유출하여 그 지역 생태계를 모두 파괴했을 때도 마찬가지였다. 가습기 살균제로 인해 지금까지 143명이 사망한 기업 범죄가 있었다. 현재 피해자 가족들은 영국 레킷벤키저 PLC를 상대로 집단소송을 준비중이다. 이 영국 회사는 살균제 주 판매사인 한국 옥시레킷벤키저 주식의 100% 지분을 가진 실제 소유자이다. 하지만 이 집단소송을 통해 피해자 가족들이 보상을 받을 길은 없다. 회사법상 주주는 그 어떤 법적 의무도 지지 않기 때문이다. 그래서 이 영국 회사의 대표 샤시 쉐커라파카는 2013년 국정감사장에 출석해서 그 어떤 사과도 하지 않았다. 그리고 한국 대기업의 하도급 회사에 대한 횡포는 세계적으로 악명이 높지만, 대기업의 실소유자인 대주주는 그 어떤 도덕적·법적 책임도 지지 않고 있다. 재벌가는 4% 내외의 작은 지분으로 거대 회사집단을 지배하고 있지만, 이들이 누리는 이 거대한 권력과 비교하면 그에 따르는 사회적 책임은 전혀 없다. 그리고 대주주의 책임면제는 회사법상에서 보장된다.

이에 반해, 대주주가 누리는 권한은 대단하다. 대주주는 주주총회에서 경영진을 선임 혹은 해임하는 권리를 누린다. 이 인사권은 상당히 위력적이다. 미국의 경우 2005년에 임기 내에 해고된 CEO의 비율이 임기를 마친 CEO하고 거의 같았다. 반수의 CEO가 대주주에 의해 임기 내에 해고당한 것이다. 박근혜 전 대통령과 최순실은 대기업으로부터 개인적으로는 돈을 받지 않고 대기업이 미르재단과 K스포츠재단에 기부하게 했다. 재단에 대한 인사권과 의결권만 있으면 재단의 재산을 마치 개인 재산처럼 통제할 수 있기 때문이다. 같은 이유로 부유계층은 상속세를 내지 않기 위해 법인 재단을 설립해 기부한다. 이건희가 이재용 부회장을 억만장자로 만드는 과정에서도 회사에 대한 대주주의 지배권을 이용했다. 이건희 회장의 대주주 지위를 이용해, 비상장 계열사의 전환사채 혹은 신주인수권부사채를 이재용 남매가 살 수 있는 특혜를 누리도록 하거나 계열사에 일감을 집중적으로 몰아주는 식이었다. 예를 들어, 1999년에 이재용은 당시 장외시장에서 5만 원 내외로 거래되던 삼성SDS의 주식을 7150원에 인수할 수 있게 해주는 신주인수권부사채를 109억 원어치 산다. 이후 삼성SDS가 2014년에 상장했을 때 주식이 주당 32만7500원이었는데, 결국 109억 원이 2조5000억 원으로 뻥튀기된다.[3] 이 마법은 이건희가 대주주이기 때문에 가능했다.

회사(여기에서 '회사'는 유한책임 주식회사를 가리킨다)의 비윤리성과 무책임성이 허용되고 강화되는 주요한 원인은 바로 계약권contractual right과 재산권property right이라는 모순적 권리를 주주가 둘 다 누릴 수 있도록 회사법이 보장하기 때문이다. 대주주들은 회사의 이사를 선출·해임하고 회사의 중요 사업을 승인할 권리를 행사한다. 이런 점에서 대주주들은 회사에 대해 재산권을 소유하고 있다. 어떤 자산에 대해 재산권자는 그 자산의 처분과 운영에 따른 법적 책임을 져야 하지만, 대주주들은 재산권 행사에 따른 법적 책임을 져야 할 때는 '법적' 재산권자이기를 그만두고 채권자가 된다. 채권은 계약권의 일종으로, 채권자는 그 자산의 재산권을 일정 기간 채무자에게 양도했기 때문에, 그 기간 동안 채무자가 그 자산을 어떻게 처분하고 운영하건 그에 따른 책임을 지지 않는다. 이렇게 주주가 재산권과 계약권(혹은 채권)을 둘 다 누리는 것을 '재산권과 계약권의 이종교배'라고 칭할 것이다. 이 이종교배란, 주주가 회사를 지배할 때는 회사의 재산권자이지만, 회사경영에 문제가 생겨 책임을 져야 할 때는 그 법적 책임을 회피할 수 있는 채권자가 되어 버린다는 뜻이다. 다시 말해, 계약과 재산의 이종교배는 이렇게 대주주들이 회사를 통제하고 자신의 특권을 행사하도록 하면서도 그에 따른 책임은 회피할 수 있도록 하는 것이다. 이러한 점에서, 회사법의 역사는 주주가 재산권의 행사에 따르는 책임을 회피하려는 노력의 과정이며, 무책임성을 정치적·법적으로 정당화해주는 과정이기도 한 셈이다. 이 무책임의 합법화 과정은 국가와 자산가들이 정치적으로 연합하는 과정이기도 했다.

여기서 필자는 계약contract 과 재산property 의 이종교배가 회사의 본질임을 주장할 것이다. 회사의 본질에 대해 크게 두 가지 통설이 있었다. 첫번째는 신고전파 경제학에서 오랫동안 주장해온 것으로, 자본과 노동 등의 생산요소가 큰 규모로 조직적으로 투입되는 경제

주체로 회사를 정의한다. 즉 회사를 조직하는 이유가 분업생산, 자본재 이용, 규모의 경제 등의 측면에서 개인 생산자보다 효율적이기 때문이라고 본다.⁴ 그런데 이러한 신고전파 경제학의 통설로는 21세기에 현존하는 회사의 본질을 제대로 파악할 수 없다. 다수의 생산요소가 조직적으로 투입되지 않는 회사도 얼마든지 있기 때문이다. 주주가 한 명뿐이고 종업원도 없는 페이퍼 컴퍼니도 회사의 형태를 띠고 있는 것이다. 또한 다수의 생산요소가 조직적으로 투입되는 생산 주체라도 반드시 회사의 형태를 띨 필요는 없다. 동업조합partnership의 형태로 조직될 수도 있는 것이다. 동업조합 또한 조직적 경제주체로, 개인 생산자보다 효율적으로 분업생산, 자본재 이용, 규모의 경제 등의 이점을 누릴 수 있다. 이러한 동업조합과는 다른 **법적** 형태의 조직이 회사인데, 신고전파 경제학의 통설은 이러한 회사의 특수한 본질을 설명하는 데 실패했다.

이러한 신고전파 경제학의 통설을 극복하기 위해 1980년대부터 등장한 통설이 있는데, 이는 회사를 '계약의 결합체the nexus of contracts'로 정의한다. 현재 가장 지배적인 통설로, 법학과 경제학을 융합하려고 시도한 일군의 법경제학자들이 주장한 것이다. 이제 회사를 경제학적 관점으로만 단순히 규정하지 않고 법적 용어인 '계약'을 사용하여 정의함으로써, 회사가 독특한 법적 형태임을 인정하고 있다. 그러나 이 통설의 가장 근본적인 문제는, 회사의 주인인 주주가 누리는 '재산권'을 '계약'이라는 개념으로 설명할 수 없다는 데 있다. 재산권과 계약권은 법적으로 서로 배타적이고 이질적인 개념이기 때문에, 계약을 통해서 재산권을 형성할 수 없는 것이다.

이러한 '계약의 결합체'라는 통설에 비판적인 견해를 밝히는 학자로는 대표적으로 영국의 법학자인 패디 아일랜드Paddy Ireland가 있다. 그는 회사의 본질은 '계약'이 아니라 '재산'이라는 법개념으로 설명해야 한다고 주장하고, 주주의 권리도 '계약권'이 아니라 '재산권'이라고 주장한다.[5]

그런데, '계약의 결합체'라는 통설과 아일랜드의 이론 둘 다 회사의 본질 중 한 측면만을 부각하는 오류를 범하고 있다. 이에 필자는 계약 개념 혹은 재산 개념 한쪽만으로 회사의 본질을 설명할 수 없음을 지적하고, 오히려 계약과 재산의 두 개념을 이종교배한 형태가 회사의 본질을 이룬다고 주장한다. 이러한 이종교배는 회사의 본질에 대해 정치학이 간섭할 여지를 열어준다. 재산과 계약이라는 배타적인 개념이 섞이는 과정이야말로, 국가와 자산가들이 정치적으로 서로 연합하는 과정이었고, 그 정치적 과정의 산물로 회사가 탄생했기 때문이다. 뒤에 자세히 설명하겠지만, 계약은 당사자들 간의 자유로운 합의로 이루어지며 합의된 사항은 **계약 당사자들 간에만** 적용된다. 따라서 합의 내용이 불공정하거나 제삼자에게 해를 입히지 않는 한, 정치권력이 먼저 간섭하지 않는다. 반면, 재산권은 정치권력의 뒷받침이 처음부터 있어야만 성립할 수 있는 정치적·법적 권리이다. 한 개인이 사물에 대해 갖는 재산권은 **다른 사회구성원 모두에게 배타적으로 적용되는** 권리이다. 따라서 이러한 광범위한 특권은 원천적으로 정치권력의 뒷받침이 없이는 성립할 수 없다. 계약권자들이 이러한 재산권이라는 특혜를 누리기 위해 정치권력과 연합하는 과정이 바로 재산과 계약이 이종교배되는 과정이었다. 따라서 회사의 본질에 대한 완결적 정의는 정치학적 접근으로만 가능하다고 할 수 있다. 여기서는 이러한 정치학적 접근을 통해 회사의 본질에 대한 논의를 더 풍부하게 하려고 한다.

실질적으로 채권자에 불과한 대주주가 재산권이라는 특권을 누리는 현상에 대해, 몇몇 정치경제학자들이 이미 20세기 초부터 비판해왔다. 소스타인 베블런이 대표적인 경우다. 그의 주장에 따르면, 주주는 더는 전통적인 재산권자의 역할이나 책임을 수행하지 않고 이윤 극대화만 추구하는 채권자에 불과해졌다. 이러한 채권자에 불과한 주주들이 회사를 지배하기 때문에, 회사가 유용한 상품을 효율적으로 생산하는 데 일차적인 관심을 두기보다는 이윤을 극대화하는 데만 관심을 두게 된다고 베블런은 주장한다.[6] 1920년대 이후 베블런의 이런 주장을 이어받은 이들로 영국 노동당의 주요 지식인이었던 리처드 헨리 토니Richard Henry Tawney(1880~1962)와 해롤드 라스키Harold Laski(1893~1950)와, 그리고 페이비언 사회주의자인 빌 웨더번Bill Wedderburn 등이 있었다. 먼저 토니와 라스키의 주장에 따르면, 주주는 더는 사회에 어떤 유용한 서비스도 제공하지 않는 기능 없는functionless 계층으로 이윤 극대화만 추구하는 기생적인 부류이다. 이들이 산업을 지배하게 되면서 산업의 생산적인 행위들이 왜곡되고 있다는 것이다. 토니는 이 문제를 해결하기 위해서 주주의 권한을 약화시킬 필요가 있다고 주장한다.[7] 라스키도 이들 기생 부류의 산업 지배력을 약화시킬 방법이 국유화부터 국가규제까지 다양하다고 지적하면서, 특히 실질적으로 사회에 유용한 역할을 담당하고 그에 대한 실질적 책임을 질 수 있는 노동자의 경영 참여를 강조했다.[8] 그래서 그는 이사회의 반수를 노동자와 경영자가 선출한 사람으로 채워야 한다고 주장했다. 그리고 웨더번은 회사의 무책임성을 해결할 보다 근본적인 방법으로, 채권자에 불과한 주주에게 더는 재산권을 부여해서는 안 된다고 주장했다.' 이들 정치경제이론가가 주장한 개선책들, 특히 웨더번이 주장한 계약권과 재산권의 분리 주장은, 21세기 현재에도 주식회사의 비윤리성과 무책임성을 개선할 방법으로 심각하게 고려돼야 한다.

그런데 이들 정치경제이론가는 주식회사의 무책임성에 대한 근본적인 대안을 제시하는 데 공헌을 했지만, 재산권과 계약권의 모순적 이종교배에 대한 이론적 분석을 충분히 수행하지는 못했다. 예를 들어, 배타적인 재산권과 계약권이 어떻게 역사적으로 이종교배돼왔는지 분석하지 못했다. 필자는 이것에 대한 분석을 제공할 것이다. 재산권과 계약권의 개념적 배타성을 분석할 것이며, 나아가 회사법의 변천 과정을 추적하는 가운데 어떻게 계약권과 재산권의 모순적 이종교배가 이루어져왔는지를 분석할 것이다.

또한 필자는 주식의 본질에 대해 새로운 이론을 제시할 것이다. 사실 주식의 본질을 정의하는 데 학자들은 실패를 거듭해왔다. 이 정의는 주로 법학자들이 수행해왔는데, 이들 법학자 사이에서 합의에 이르지 못한 채 논쟁만 되어온 사항이 바로 주식(혹은 주주의 책임과 권리)이 재산 혹은 계약이라는 두 법적 범주 중 어떤 것으로 규정될 수 있는지에 대한 것이었다. 한 부류의 법학자들은 주식을 재산권의 범주에 적용하여 그 본질을 설명하려고 시도하고, 다른 부류의 법학자들은 계약권의 범주에 적용하여 설명하려고 시도해오고 있다. 그런데 양편 모두 주식의 본질을 정의하는 데 실패해올 수밖에 없었다. 현실적으로 주식은 재산권과 계약권(채권)의 성격을 모두 가지고 있다. 그런데 이론적으로는 재산권과 계약권은 서로 섞일 수 없는 배타적인 법개념들이다. 법학자들은 현실과 이론 사이의 격차를 메우지 못한 채, 이론적인 정합성을 따라 계약권 혹은 재산권 한쪽 개념을 강조하는 식으로 주식의 본질을 설명하려고 해왔던 것이다. 여기선 '신탁the trust'이라는 법개념을 통해 주식의 본질을 설명하고자 한다. 신탁은 그 자체로 모순적 개념이다. 왜냐하면 계약권과 재산권이 배타적이어서 서로 양립할 수 없음에도 불구하고 양립하는 상태를 일컫는 법개념이기 때문이다. 신탁이라는 개념이 법학에 존재하는데도 주식의 본질 혹은 주식회사의 본질을 설명하는 데 전혀 사용되고 있지 않은 것은 매우 흥미로운 현상이다. 이 현상이 왜 일어났는가를 설명하는 일도 매우 흥미로운 작업이 될 것이지만, 그것은 이글의 목적 밖의 일이다.

이 글의 고찰은 현재 한국의 회사 소유구조의 본질을 이해하는 데 도움을 줄 것이다. 한국의 회사 제도는 서구에서 17세기부터 발달해온 제도가 근대화 과정 중에 이식된 것이기 때문이다. 따라서 한국 회사의 소유구조를 이해하기 위해서는 회사법이 서구에서 어떻게 역사적으로 발달해왔는지를 고찰할 필요가 있다.

2. 재산권과 계약권

'재산과 계약의 이종교배'가 어떤 것인지 이해하기 위해서는, 먼저 재산권과 계약권이 어떻게 본질적으로 다른지 살펴볼 필요가 있다. 재산권은 property rights라고 불리기도 하고 rights in rem(물권)이라고 불리기도 하고, dominium이라고도 불린다. 이런 재산권 개념은 로마법의 독특한 개념이다. 로마법 이외의 법체제에서 재산권 개념을 찾기가 쉽지 않기 때문이다. 반면 계약법의 대인권rights in personam은 역사적으로 여러 문명권에서 자산 배분과 거래를 다루는 분야에서 매우 흔히 나타나는 법개념이다. 로마법의 고유한 재산권 개념은 서유럽의 근대 초기에 재등장했고 자본주의가 탄생하는 데 밑바탕이 된다.

재산권 개념을 이해하는 데는, 물권과 대인권의 차이를 살펴보는 게 도움이 된다. 물권의 영어 표현은 rights in rem이고, 여기서 rem은 thing(물건)의 라틴어이다. 이 영어 표현이 말해주듯이, 이 권리의 본질은 재산권자와 물건 간의 직접적 관계로 표현된다. 이 관계는 대인권과 대조를 이룬다. 대인권은 rights in personam이라 불리는데, personam은 person(사람)의 라틴어이다. 이 영어 표현이 말해주듯이, 대인권對人權이란 사람 사이의 합의를 뜻한다. 예를 들어, 어떤 사람이 어떤 땅을 마음대로 처분하거나 사용할 권리가 있다면, 이는 그 땅과 관련된 다른 사람들이 묵시적이든 명시적이든 합의를 해줬기 때문이다. 즉 대인권이란 타인과의 사회적 합의의 산물이며, 이러한 합의는 얼마든지 다시 할 수 있으므로 대인권은 그만큼 변경 가능한 것이다. 반면 물권은 물건과 그 재산권자의 직접적 관계 때문에 생기는 것으로 사회적 합의와는 전혀 관계가 없다. 땅의 사례를 다른 관점에서 보면, 어떤 사람이 어떤 땅을 마음대로 처분하고 사용할 권리는 그 사람과 그 땅 간의 직접적인 소유 관계 때문에 생기는 것이다. 결국 이 물권은 다른 사람들이 간섭할 수 없는 절대적 권리이다.[10]

물권을 가진 사람은 그 물건을 통해서 '불특정' 다수의 사람과 관계 맺는다. 이러한 관계는 단순하고 배타적이고 부정적이라고 할 수 있다. 다른 모든 사람에게 그 물건에 대해 간섭하지 말라는 'No'라는 의사를 전하기 때문이다. 반면 대인권은 '특정' 계약 당사자 사이

에서만 행사되며, 그 권리의 내용도 계약을 통해 구체적으로 명시된 다.[11]

법학자 올란도 패터슨Orlando Patterson은 물권 개념이 형이상학적 허구라고 지적한다.[12] 내가 어떤 물건을 내 마음대로 사용할 수 있다 면 이는 다수의 사람이 암묵적이든 명시적이든 용인해주었기 때문 이지, 나와 그 물건과의 직접적인 관계 때문에 생기는 것은 아니기 때문이다. 다른 사람과의 암묵적 혹은 명시적 합의 없이 물건에 대한 나의 절대적 권리가 생겼다는 것은 허구인 셈이다. 그러나 이 허구는 고대 로마공화정 후기의 지배계급이 법률로 만듦으로써 현실적인 힘을 발휘하게 된다.

로마공화정 후기에 대인권과 구분되는 물권 개념이 발명된 이유 는 이 시기의 특정 소유 형태를 정당화하고 싶었던 지배계급의 필요 성 때문이었다.[13] 이 시기는 로마가 제국주의적 침략을 자행하고 있 던 때로, 이웃나라의 금·은·동을 약탈해서 화폐로 주조했는데, 이때 금과 은뿐만이 아니라 수많은 노예 또한 공급했다. 이 노예들이 화폐 를 주조하는 데 노역하게 된다. 패터슨에 따르면, 이 노예가 사회적 으로 중요한 재산 형태로 등장하면서 노예 소유를 정당화하기 위한 법의 필요성이 대두한다. 노예가 비록 사람이지만 사람과 다른 무엇 으로 정의될 필요가 있었고, 따라서 법적으로 '노예와 주인'과의 관 계를 규정할 필요가 있었다는 주장이다.[14] 패터슨의 논의를 따르면, rights in rem에서 rem(thing)이란 바로 노예를 가리켰다.[15] 패터슨 은 이런 주장의 근거로 dominium이라는 용어의 의미가 변천하는 사례를 든다. Dominium은 기원전 3세기에 등장하는데 그때 이 단 어가 '노예의 주인'을 의미했고, 이후 로마의 노예경제가 발전하면서 재산이라는 개념으로 발전했다고 한다. 재산권 개념인 물권의 기원을 노예 소유로부터 찾는 패터슨의 주장은 타당해 보인다.

현대인은 노예가 없는 사회에서 살고 있지만, 노예에 대한 주인의 권리를 상징하는 재산권이 지배적인 자산 배분의 원리로 작동하는 한 현대사회는 재산권 행사를 통해 '노예의 주인'을 계속 생산해내고 있는 셈이다. 그리고 이 노예의 주인은 재산법이라는 법률로 창조되고 보호되고 있다.

이렇듯 로마법에서는 재산권과 계약권이 본질적으로 서로 이질적인 법적 권리이다. 그래서 서로 배타적이어서 섞일 수 없다. 한 거래에서 한 사람이 재산권과 계약권을 동시에 누릴 수 없는 것이다. 계약권의 일종인 채권과 재산권의 관계도 마찬가지이다. 한 거래에서 한 사람이 동시에 재산권자이기도 하고 채권자일 수 없는 것이다. 채권자는 자산의 재산권을 일정 기간 채무자에게 넘겼기 때문에, 그 동안은 더는 재산권자가 아니다. 반면 재산권자란 자산에 대해 재산권을 지닌 사람이다. 만약 한 거래에서 한 사람이 재산권도 누리고 채권도 누린다면, 그 자산의 재산권을 양도한 상태면서 양도하지 않은 상태이기도 한 모순적인 일이 벌어지게 된다. 그래서 이러한 거래를 로마법에서는 횡령 등의 불법적인 일로 간주했다. 양도받은 사람 또는 양도한 사람 둘 중의 하나는 상대의 돈을 마치 자기 것처럼 자기 명의로 사용한 셈이기 때문이다.

재산권이 법적으로 확립되고 국가가 그 재산권을 보호해주면서, 고대 로마에서는 소수 귀족의 손에 거대한 토지가 집중되고 다수의 자영농은 몰락하여 부랑자로 전락해갔다. 부랑자 문제를 해결하기 위해 발렌티니아누스Valentinian(재위 364~375) 황제와 테오도시우스Theodosius(재위 379~395) 황제는 농민들을 태어난 땅에 귀속시켜 거주지를 옮기지 못하게 하는 칙령을 내리게 되었고, 그로 인해 농노제가 고대 로마제국 말기에 성립하게 된다. 이러한 부의 집중과 자영농의 몰락은 로마제국의 식민지에서 더 심각한 형태로 나타났다. 예를 들어 로마 지배하의 아프리카는 6명의 대토지 소유자가 그 지역 토지의 절반을 차지하게 되는데, 로마가 카르타고와의 전쟁에서 이겨 아프리카 땅을 탈취한 후 세금을 정기적으로 받는 조건으로 몇몇 거대 로마 투자자들에게 팔았기 때문이었다.[16] 이 대토지 사유는 로마법에 의해 보호되면서 유지되었다.

조세와 거대 토지 집중에 따른 빈부격차의 문제는 로마 통치하의 이스라엘에서도 나타났다. 당시 이스라엘 농민들은 빚에 허덕이다 못해 아내나 딸을 노예로 팔아야 할 지경에 빠진 게 예사였다. 이것은 로마의 식민지 지배 정책 때문이었다. 당시 로마는 이스라엘 민중에게 높은 세금을 매겼는데, 그 세금은 로마가 정한 화폐로만 내도록 했다. 이 화폐가 귀하고 비싸서 이스라엘 민중이 아무리 열심히 일해도 구하기가 쉽지 않았다. 그래서 농민들은 임시방편으로 은행업자들에게 로마 화폐를 빌려서 세금을 내게 된다. 그런데 다음해에 빌렸던 돈을 못 갚게 되면 은행업자들은 농민들의 아내나 딸을 데리고 가서 노예로 팔았다고 한다.

이러한 역사적 상황 속에서 예수 그리스도를 이해할 필요가 있다. 예수가 군중들에게 "너의 죄를 사해주겠다"라고 한 말이 성경을 통해 알려져 있는데, 예수가 살던 당시 사용되던 아람어에서는 '죄'라는 말과 '빚'이라는 말이 같은 단어였다고 한다. 사실 예수는 군중들에게 "너의 빚을 사해주겠다"라고 말한 것이고, 따라서 노예로 팔린 딸과 아내를 집으로 돌아올 수 있게 하겠다고 선언한 셈이었다. 군중들을 이끌고 예루살렘 성전에 도착한 예수는 맨 처음 은행업자들의 탁자를 엎는다. 이 은행업자들이 바로 농민들의 아내와 딸들을 노예로 팔아넘겼던 사람들이었다.

예수의 이러한 정신은 초대 교회 교부들의 사상으로 이어져 내려온다. 초대 교부들은 로마제국의 재산권과 농민 부채가 도둑질과 약탈이라고 비판하고, 로마제국의 부패는 재산권을 합법화했기 때문임을 지적한다. 예를 들어, 중세 기독교의 사상적 근간을 세웠던 아우렐리우스 아우구스티누스는 "이 땅은 내 것이다"라는 재산권은 인간의 법으로 만든 것으로, 자연을 인류 공동의 재산으로 준 여호와의 율법에 반하는 것이라 주장한다. 나아가 이 로마가 만든 불의한 법은 수많은 가난한 자를 멸시하고 굶주리게 하는 소수 대지주 강도들의 무리를 만드는데, 로마가 "뭐가 위대한 제국인가?"라고 말하며 로마제국을 비판한다.[17] 이러한 초대 교회 교부들의 사상을 따라, 중세 1000년간 유럽의 기독교 세계는 재산권을 폐지하고 농민 부채에 이자를 매기는 행위를 금지한다.[18] 이렇게 해서 소수 대토지 소유자가 다수 농민을 극심하게 수탈하는 것을 상당히 막을 수 있었다.

하지만 근대 초에 이르면서, 서유럽의 지식인들과 엘리트들은 르네상스를 통해 로마의 영광을 되찾으려고 애쓴다. 그러면서 고대 로마제국의 주요 특징이었던 제국주의 전쟁, 노예제, 재산권 등이 부활하게 된다. 스페인과 포르투갈이 앞장서서 식민지를 개척하면서 금과 은을 약탈하기 시작하고, 15세기부터 로마법이 재등장하면서 절대적 재산권 개념이 부활하게 된다. 이러한 절대적 재산권의 등장은, 영국의 경우 15세기 마지막 3분의 1에서부터 18세기 말까지 이루어진, 일반 국민에 대한 피로 얼룩진 수탈을 의미했다.[19] 고대 로마에서처럼, 소수 귀족의 손에 거대한 토지가 집중되고 다수의 자영농은 몰락하여 부랑자로 전락해가는 일이 생긴 것이다. 귀족들은 공유지를 횡령하고, 농노가 거주하고 경작하던 땅에 대해 재산권을 주장하며 집을 허물고 땅에 울타리를 쳐 농노를 내몬다. 그리고 부랑자가 된 농노들은 국가의 부랑자법에 의해 혹독하게 다루어진다. 예를 들어, 1530년 헨리 8세의 법령에 따라 건장한 부랑자는 태형과 감금을 당했는데, 달구지 뒤에 결박되어 몸에서 피가 흐르도록 매를 맞았고 그후 최근 3년간 거주한 곳으로 돌아가서 노동하겠다고 맹세를 해야 했다. 이후 헨리 8세는 다시 법령으로, 부랑죄로 두 번 체포되면 다시 태형에 처하고 귀를 절반 자르며, 세 번 체포되면 사형에 처하도록 했다.[20]

위의 사례는 토지가 재산권이 대상이 되면서 농민들이 토지로부터 축출되는 피의 역사를 보여준다. 그런데 토지뿐 아니라, 사람의 모임을 물건으로 전락시켜 재산권이 대상으로 삼는 사례가 현대에 종종 일어난다. 그 하나의 사례가 대한민국의 사립학교법이다. 우리나라에서는 사립학교를 설립자가 마음대로 통제하고 세습할 수 있는 사유재산처럼 취급하는 경향이 있는데, 이것이 가능한 이유는 사립학교법이 교사와 학생들의 모임인 학교를 소유의 대상이 되는 시설로 취급하기 때문이다. 현행 사립학교법과 대법원의 판례(대법원 2001. 6. 29. 선고 2001다21991)에 의하면, 사립학교는 "교육시설의 명칭"에 불과하다. 그래서 사립학교는 법인이 아니고 죽어 있는 시설에 불과하므로 스스로 권리와 의무의 주체가 될 수 없다. 대신 교육시설로서의 사립학교를 설립하고 소유하고 경영하는 법적 주체는 학교법인이다. 살아 있는 인적 조직을 죽어 있는 시설로 전락시키는 이러한 시도는, 마치 사람을 소유할 수 있고 세습할 수 있는 물건으로 전락시켰던 고대 노예제를 연상시킨다. 사람이면서 타인의 소유물이 되는 존재는 노예뿐이기 때문이다. 노예제와 재산권의 논리적 유사성은 사람을 물건으로 전락시켜 소유의 대상으로 삼는 것이다. 재산권은 노예 소유를 정당화하기 위해 고대 로마공화정 후기에 탄생했으며, 근대 초 재산권 개념이 재등장했을 때도 노예무역을 정당화하는 데 사용되었다. 그래서 15세기 재산권 개념이 재등장해 발달한 지역도 노예무역의 중심지였던 리스본과 앤트워프였다.[21]

3. 회사의 본질: 신탁이 확장된 것

고대 로마제국에서 탄생한 재산권은 현대 서구 문명에 의해 더 강화된 형태로 부활한다. 그 강화 방식은, 재산권과 채권을 이종교배하여 책임은 최소화하되 권한은 계속 유지하는 것이다. 고대 로마제국에서는 재산권이라는 절대적 권리를 만들어내긴 했지만, 그 권리 행사에 따른 책임을 회피하는 것까지 합법화하진 않았다. 이는 근대 서구 문명에 와서 이루어지며, '재산과 계약의 이종교배'를 합법화하는 것으로 나타난다. 이제 회사의 본질에 서로 배타적인 재산과 계약이 어떻게 나타나는지 살펴보자.

회사의 본질을 논의할 때 비껴갈 수 없는 것이 있다. 바로 주식의 본질에 대한 논의다. 회사법은 주식회사의 구성원이 주주라고 정의하고 있다. 주주의 권리에 어떤 특성이 있는지 논의하는 것이, 회사의 본질을 논의할 때 핵심인 것이다. 앞서 언급했듯이, 주식의 본질에 대한 논의는 주로 법학자들 사이에서 진행됐고, 한 부류의 법학자들은 주식을 재산권의 범주에 적용하려 하고, 다른 부류의 법학자들은 계약권인 채권의 범주에 적용하려고 시도해왔다.

우선 주식을 채권의 일종으로 정의한 것 중에 가장 많이 인용되는, 1901년 조지 파웰 판사의 '볼랜드 트러스티 대對 스틸 브로스 유한주식회사Borland's Trustee v. Steel Bros & Co. Ltd.' 소송 판결문을 보자. 파웰은 주식의 계약적 성격을 주식의 본질로 보고 있다.

> 주식이란 회사에 대해 주주가 가진 이권이다. 이 이권은 어떤 액수의 돈으로 측정되는데, 우선적으로는 부채를 목적으로, 그다음으로는 이권을 목적으로 한다. 또한, 이 이권은 1862년 회사법의 16절에 따라 모든 주주가 상호 합의한 다양한 계약 조항들로 이루어진다. (…) 주식은 어떤 액수의 돈으로 측정되고, 그 계약에 포함된 여러 종류의 권리들로 구성되어 있는데, 그 권리는 크고 작은 액수의 합에 대한 권리를 포함한다.

표현은 복잡하지만, 계약적 성격을 강조하고 있음을 알 수 있다. 이러한 계약적 성격을 주식의 본질로 보는 관점에 대해 몇몇 다른 법학자나 판사들은 반대하는데, 대표적 반대 사례를 두 가지만 들면 다음과 같다. 먼저 법학자 L.C.B 고워Gower는 파웰 판사가 내린 정의가 "주식을 계약법상의 권리로 등치시키는 잘못된 시도"라고 비판한다. 고워에 따르면, 주식은 계약법상의 대인권 그 이상의 것이다. 주식은 재산법상의 물권, 즉 지배력dominion을 의미한다고 고워는 주장한다.

또, 2003년 '내국세 세무청 대 레이어드 그룹 공공유한회사Her

Majesty's Commissioners of Inland Revenue v. Laird Group PLC' 소송에서 밀레Lord Milet 판사도 주식의 재산권적 특징을 강조한다.

> 주식을 '권리와 의무의 다발bundle of rights and liabilities'로 이해하는 것이 관례적이다. [하지만] [주식은] 계약권들의 다발 그 이상이다. (…) 이 권리들은 순수한 계약권이 아니다. 그것들은 회사의 자산에 대한 재산권은 아니지만, 회사에 대한 재산권이다.

법학자들 사이에서 주식을 정의하는 일은 풀리지 않는 난제로 여겨진다. 법학에서 재산권과 계약권은 서로 배타적이며, 그 중간적인 것은 용납되지 않는 이질적인 개념들이다. 그런데 뒤에서 자세히 설명하겠지만, 주식은 현실적으로 이 두 법개념들이 혼용되어 다 들어 있다. 이렇게 혼용된 이유는 법률이 무원칙하게 두 권리를 다 부여해주는 모순적 판결을 해왔기 때문이었다. 이러한 모순적 행위를 저질러옴으로써 법학은 주식을 정의할 것을 스스로 포기해온 셈이다. 주식의 본질을 재산권으로 정의하려고 하면 주식의 채권적 성격을 정의하는 데 실패하고, 채권으로 정의하면 주식의 재산권적 성격을 설명하는 데 실패하고 마는 것이다.

그런데 영국의 보통법에는 재산권과 계약권의 모순적 이종교배를 묘사해줄 법개념이 존재한다. 바로 신탁trusts 이다. 주식의 본질을 정의하는 데 신탁을 적용할 가능성이 있는 것이다. 앞서 지적했듯이, 재산권과 계약권의 이종교배는 로마법 전통 아래에서는 불법이다. 이러한 불법을 합법화한 사례가 바로 신탁이다. 신탁은 재산권과 계약권을 명확히 구분하는 로마법 전통을 벗어난 개념이기 때문에, 로마법의 영향을 강하게 받은 유럽대륙의 시민법 전통에서는 용납될 수 없는 법개념이다. 학문으로서의 법학은 주로 시민법 전통에서 발전해왔기 때문에, 시민법 전통의 법학자들은 신탁 개념으로 주식의 본질을 정의하지 않았던 것으로 보인다.

물론 반드시 신탁으로 주식의 본질을 정의할 필요는 없다. 주식을 '재산권과 계약권의 이종교배'의 한 형태로 정의하면 될 일이다. 하지만 주식을 신탁의 한 형태로 정의하는 것은 몇 가지 점에서 이로운 점이 있다. 우선 신탁이 계약권과 재산권의 이종교배를 묘사할 유일한 법개념이라는 점이다. 뒤에서 설명하겠지만, 신탁은 재산권이 양도된 상태면서 양도되지 않은 상태이기도 한 본질적인 모순을 지닌 개념이다. 신탁의 이 모순성이야말로 주식의 모순성을 유일하게 표현할 수 있다.[22] 또한 신탁과 주식 모두 재산권 행사에 따른 법적 책임을 회피하려는 동일한 목적에서 재산권과 계약권을 이종교배했다는 점에서, 주식을 신탁의 일종으로 정의하는 건 주식회사제도의 형성동기와 과정을 설명하는 데 큰 도움이 된다.

그러면 이제 신탁과 주식(혹은 주주의 권리)을 비교 분석해보자. 신탁법은 13세기부터 영국에서 '유스법use law'이라는 이름으로 시작되는데 17세기 후반에 '신탁법trust law'라는 이름으로 확립된다. 이 도입의 경위는 다음과 같다. 중세시기 영국의 모든 토지는 공동체를 대표하는 왕의 소유였다. 그리고 영국 중세사회의 근간은 이 토지를 둘러싼 왕과 영주의 계약이었다. 이 계약의 내용은 왕이 영주에게 토지를 일정 기간 하사해주는 대신 영주는 왕을 위해 전쟁에 참가하고 일정한 세금을 내는 의무를 다하는 것이었다. 그리고 이 계약은 원칙상 왕과 영주와의 일대일 계약이었다. 따라서 영주가 죽으면 이 계약은 자동적으로 철회되고 토지는 왕에게 반환해야 했다.[23] 단, 영주에게 군사적 의무를 이행할 수 있는 아들이 있으면 이 계약은 관례상 갱신되었다.

그런데 문제는 영주에게 딸만 있거나 군사적 의무를 수행할 수 있는 성인 아들이 없는 경우였다. 이 경우 토지는 왕에게 반환되는 것이 원칙이었다. 이때 영주가 왕의 자산인 토지를 부당하게 자신의 자손에게 불법적으로 상속하기 위해 개발한 것이 신탁이었다. 신탁은 이렇게 영국 중세의 근간을 뒤흔드는 시도였지만, 영주계급의 정치적 영향력이 커지면서 이 시도들이 유스법이나 신탁법을 통해 정당성을 얻는다. 이처럼 신탁법이 제도적으로 확립되는 과정은 13세기 이래 왕과 영주 사이의 오랜 투쟁의 역사를 반영한다. 영주계급은 신탁을 통해 공동체의 땅을 사적 재산으로 착복함으로써 지주계급으로 진화한다. 이 과정에서 왕은 신탁을 불법화하여 막으려고 했으나 지주계급이 승리한 결과 17세기 후반에 신탁법이 확립되기에 이른다.

이 지주계급이 왕의 토지를 사적 재산으로 착복하고 토지 소유에 따르는 사회적 의무를 회피하는 전형적인 방법은 토지에 대한 법적 재산권을 제삼자에게 양도해버리는 것이었다. 이러한 신탁은 귀족이 범법행위를 저질러서 자기의 자산(토지)을 벌금으로 법원에 압수당하는 것을 회피할 때도 사용된다. 예를 들어 어떤 귀족에게 딸밖에 없어서 토지를 왕에게 돌려주어야 하거나, 혹은 이 귀족이 범죄를 저질러 자기 토지를 법원에 몰수당해야 한다고 하자. 이 귀족은 자기 땅의 재산권을 제삼자인 A씨에게 양도해버린다.

이 땅이 더는 그 귀족의 재산이 아니므로 왕이 찾아갈 수 없게 된다.[24] 이때 귀족은 재산권을 양도하면서 A씨와 일종의 신탁 계약을 맺는다. 그 땅의 재산권은 A씨의 것으로 영원히 남는 대신, 일종의 배당금 형태로 매달 얼마씩을 받기로 하고 또 그 귀족의 허락 없이는 그 땅을 함부로 처분하지 못하도록 합의하는 것이다. 또한, 그 귀족이 죽으면 귀족의 자녀들이 그 배당금을 계속 받도록 하고, A씨가 죽어도 자동으로 다른 사람을 수탁자로 갱신하여 신탁 계약이 영구히 유지되도록 합의한다.

이 사례에서 그 귀족과 A씨의 법적 관계는 재산권과 채권이 섞인 형태다. 먼저, 그 귀족은 법적 재산권을 영원히 A씨에게 양도했으므로 더는 법적 재산권자가 아니고 배당금 형태의 이자를 받는 채권자에 불과하다. 그러나 다른 한편으로는 그 귀족은 전통적인 형태의 재산권은 아니지만, 여전히 재산권자로서 재산권을 어느 정도 행사한다. 그 땅의 처분에 대해 통제력을 발휘하고 있기 때문이다. 이러한 권리를 신탁법은 '형평법적 재산권equitable rights'으로 규정하고 보호해준다. 이렇게 재산권과 채권이 이종교배된 거래를 신탁이라 부른다.

이러한 신탁의 소유구조는 현대 회사의 소유구조와 본질적으로 유사하다. 현대 회사 주주의 권리도 신탁에서처럼 재산권과 채권이 이종교배된 형태이기 때문이다. 우선 한 측면에서 보면, 위의 사례에서의 귀족이나 현대 회사의 주주 둘 다 자산에 대해 더는 법적 재산권자가 아니고 채권자에 불과하다. 귀족은 토지에 대한 법적 재산권을 A씨에게, 그리고 주주는 투자금의 법적 재산권을 법인격체인 회사에 양도했기 때문이다. 둘 다 더는 법적 재산권자가 아니므로, 법적 재산권자로서 져야 할 책임을 지지 않아도 된다. 귀족은 땅을 왕에게 돌려주지 않아도 되었고, 땅 소유에 따르는 사회적 의무인 세금 납부와 군사적 의무를 이행하지 않아도 되었다. 혹은 그 귀족은 범법 행위에 따른 토지압수를 당하지 않아도 되었다. 그리고 주주는 회사가 투자금을 사용해서 그 어떤 비윤리적인 행위를 해도 그에 대해 아무런 법적·도덕적 책임을 지지 않는다. 귀족(나아가 그 후손들)과 주주 모두 채권자로서 투자에 따른 배당금을 재산권 양도 대가로 정기적으로 받는다. 둘 다 영구히 양도했기 때문에 배당금을 영구히 받는다.

그러나 다른 한편으로는 둘 다 '형평법적' 재산권을 행사하는데, 귀족은 그 땅의 처분에 대해 통제할 권리가 있고, 주주는 회사의 경영자를 선출하고 회사의 중요한 사업에 대해 승인 혹은 반대할 권리가 있다. 그래서 흔히 주주의 권리를 '형평법적 재산권'이라고 부르고, 주주를 '형평법적 재산권자equity holders'라고 부른다. 법적 재산권자는 더는 아니지만, 실질적 재산권을 가졌다는 의미다. 그리고 귀족과 주주의 '형평법적 재산권'은 영구히 지속한다. 귀족의 사례에서는 A씨가 죽어도 수탁자들이 교체되면서 그 의무를 영구히 다하게 되고, 현대 회사의 경우는 법인격체인 회사는 해체되지 않은 한 영구히 주주의 이해에 복무하게 된다.

이렇게 신탁과 현대 회사에는 그 소유·지배구조 측면에서 본질적인 유사성이 있다. 그러나 귀족의 사례는 몇 가지 점에서 아직 현대 회사의 형태가 아니다. 우선 신탁을 맡긴 사람이 한 사람인 반면, 현대 회사에서는 신탁을 맡긴 주주가 여럿이다. 그래서 현대 회사는 하나의 법인격체인 회사가 다수의 주주와 신탁 계약을 맺은 것으로 볼 수 있다. 두번째로, 귀족의 사례에선 신탁 자산이 땅이지만, 현대 회사에서는 주주로부터 양도받은 자산이 현금이다. 즉 주식투자자는 현금으로 주식을 산다. 세번째로, 귀족의 사례에서는 자산을 맡은 수탁자인 A씨가 땅을 마음대로 처분할 권리가 없었던 반면에, 현대 회사는 양도받은 자산을 마음대로 처분할 수 있다. 단, 처분을 통해 자산의 가치가 증가하도록 최선의 노력을 다해야 하고 주요한 사업 계획에 대해서는 주주의 승인을 받아야 한다. 네번째로, 귀족의 사례에서 수탁자는 자연인(A씨)이지만, 현대 회사에서 수탁자는 가상의 법인격체인 회사 그 자체이다. 다섯번째로, 배당금을 받을 수혜자의 권리가 귀족에서 그 귀족의 자손으로 양도되고, 현대 회사에서도 주주의 권리가 주식을 사고파는 행위를 통해서 양도된다는 점에서 유사성이 있지만, 그 양도의 범위가 다르다. 귀족의 사례에서는 양도가 귀족의 자손에게만 되지만, 현대 회사에서 주식은 그 사회의 어떤 사람에게든 팔려 양도될 수 있다.

이러한 다른 점에도 불구하고, 13~15세기 땅의 신탁 사례와 현대 회사가 어떻게 소유·지배구조 측면에서 본질적인 유사성을 띠는지를 분석함으로써, 중세기에 발달한 신탁적 소유구조가 확대·적용된 결과로 현대 회사가 탄생했음을 이론화할 수 있다.[25] 현대 회사를 신탁으로 개념화하는 일은 전혀 새로운 것은 아니다. 이미 18세기에 영국의 보통법은 주식회사와 주주의 관계를 '신탁'으로 개념화했기 때문이다.[26] 그러나 19세기 중엽 이후 영미권의 보통법도 더는 회사를 신탁으로 개념화하지 않게 된다. 아마도 현대 회사 제도가 유럽대륙으로 수출되면서 로마법 전통에서 재해석되는 과정을 거쳐야 했는데, 신탁 개념이 로마법 전통에서는 수용될 수 없어서 더는 쓰이지 않은 것으로 보인다.

현대 회사가 신탁의 일종이라고 정의하는 본질적 이유는, 현대 회사에서 주주의 권리가 재산권과 채권이 이종교배된 것이기 때문이다. 주주가 어떻게 재산권자이기도 하고 채권자이기도 한지 더 살펴보자. 주주는 투자금에 대한 법적 재산권을 회사에 양도하고 그 대가로 이자 형태의 배당금을 받는다는 점에 채권자라 할 수 있다. 이 법적 양도가 있어야만 회사가 투자금을 자신의 명의로 다른 사업에 투자할 수 있다. 주주들은 각기 다른 사람들이고 각각의 주식투자금은 소액일 수 있지만, 주식투자금의 법적 재산권이 회사에 양도되었기 때문에 회사는 그 소액 투자금들을 자신의 이름 아래 큰 규모의 자본금으로 모을 수 있다. 그리고 법적으로 양도했기 때문에 주주는 회사의 사업에 그 어떤 법적 책임도 지지 않고 회사가 부도가 나더라도 투자금만을 손해 보게 된다. 만약 주주가 주식투자금의 법적 재산권을 회사에 양도하지 않고 계속 유지한다면, 회사는 여러 주주로부터 돈을 모으더라도 각각의 돈을 개별 주주 이름으로 투자해야 할 것이고 투자 수익에 대해 수수료만 받을 수 있을 것이다. 그래서 사업 투자에 대해 구체적으로 주주에게 설명하고 일일이 승인을 받아야 할 것이다. 그리고 이 사업투자가 제삼자에게 피해를 주는 경우, 주주가 그 투자금의 법적 재산권자로 계속 남았다면, 그 주주는 그 피해에 대해 법적 책임도 직접 졌을 것이다.

　　이렇게 주주는 채권자이지만, 동시에 '형평법적' 재산권을 계속 행사하는 재산권자이기도 하다. 주주총회에서 이사를 선출하거나 해임할 권리가 있고 중요한 사업에 대해 승인 혹은 거부할 권리가 있다. 그리고 선출된 이사의 가장 주요한 의무는 회사의 재산권자인 주주의 이해를 증진하는 것이다. 이런 점에서 주주는 회사의 재산권자이다. 단, 회사법에 따르면 그 재산권은 회사의 구체적 자산에 대해 재산권자가 아니고 법인격체인 '회사' 그 자체에 대한 재산권자이다. 구체적 자산에 대한 재산권은 회사가 소유한다고 보기 때문이다. 주주의 이러한 재산권은 회사법을 통해 보호를 받는다. 만약 회사의 경영자가 주주의 이익을 저버리고 사적 이익을 추구하면, 성실의무를 어긴 것으로 판단하여 법적으로 처벌받게 된다.

현대 회사의 주주가 채권자이기도 하고 재산권자이기도 하다는 사실은, 주주가 주식투자금을 회사에 '양도했으면서도 동시에 양도하지 않았다'라는 말이다. 채권자는 자산의 재산권을 채무자에게 일정 기간 '양도한' 사람인 반면, 재산권자는 자산의 재산권을 '양도하지 않고' 계속 보유하고 있는 사람이기 때문이다. 어떻게 하나의 자산이 '양도되었기도' 하고 동시에 '양도되지 않았기도' 할 수 있을까? 이것은 명백히 모순이다. 이러한 모순이 성립하는 경우는 횡령이다. 횡령이란 타인 명의의 자산을 본인 명의로 처분한 경우이다. 이 경우 그 자산의 재산권을 타인으로부터 양도받지 않았음에도 불구하고, 양도받은 것처럼 자기 명의로 처분한 것이다. 이러한 '양도된 상태면서 양도되지 않은 상태이기도 한' 모순을 합법화한 것이 바로 신탁과 회사법이다. 회사법에서는, 주주의 재산권을 보호해줄 때는 재산권이 주주에게 있는 것으로 전제하면서도, 주주에게서 경영에 대한 법적 책임을 모두 면제해줄 때는 재산권이 주주로부터 회사로 양도된 것으로 전제하고 있는 것이다.

'계약의 결합체'로 회사의 본질을 정의하는 지금의 통설은 회사의 설립이 계약에 의한 것이라 주장함으로써, 주주의 권리를 계약권으로 보고 있다. 그러면서도 계약권자인 주주가 재산권을 행사할 수 있어야 한다고 주장해왔다. 회사 경영에 간섭하고 회사의 잔여 이익의 최종적 취득자가 되는 권리가 주주에게 부여되어야 한다고 주장한 것이다. 이렇게 '계약의 결합체' 통설은 주주에게 두 이질적인 권리인 계약권과 재산권을 모두 부여해주고 있다. 계약을 통해서는 계약권과는 질적으로 다른 재산권을 창조할 수 없음에도 불구하고 대주주들의 재산권 행사를 이론적으로 옹호해준 것이다. 즉 '계약의 결합체' 이론은, 정치가와 자산가의 정치적 야합에 따라 특혜로 부여된 재산권이 계약 당사자들의 자유로운 계약으로 창조될 수 있다고 착각하고 있다. 그럼으로써 주주의 재산권이 국가 권력이 선사한 특권이라는 사실을 은폐한다. 이런 은폐로, '계약의 결합체' 이론은 결과적으로 주주 지상주의를 이론적으로 정당화해줄 뿐만 아니라 회사의 사회적 무책임성과 비윤리성마저 방관하거나 정당화해주고 있다.

4. 재산권과 채권의 이종교배 역사

재산권과 계약권의 이종교배가 어떻게 역사적으로 형성되었는지 살펴보자.

회사는 영어로 company로 불리는데, 이는 '모임'을 뜻한다. 이 모임을 이루는 구성원은 누구일까? 주주들만이 그 구성원일까, 아니면 주주들만이 아니라 회사가 고용한 경영자와 노동자를 포함해서 모두가 구성원일까? 이 질문에 대한 회사법의 대답은 명확하다. 법적으로 주식회사의 경우 주주들만이 회사의 구성원이기 때문이다. 영국·오스트레일리아·독일·미국 등의 회사법은 주식회사의 구성원은 주식을 소유한 주주임을 명확히 하고 있다. 예를 들어, 영국의 경우 2006년 회사법2006 Companies Acts의 8편에서 주식회사의 구성원은 주식 소유자여야 함을 명확히 하고 있다.[27] 그리고 이 구성원들이 회사를 소유한다고 법적으로 정의한다. 경영자는 이런 재산권자인 주주들의 이해를 대변하는 대리인delegates 혹은 위임인trustees 으로 취급되고, 주식을 소유하고 있지 않은 한 주식회사의 구성원은 아니다. 이렇듯 회사법은 생긴 이래로 일관되게 '주주가 회사의 주인'이라는 원칙을 고수해온다. 그래서 주주에게 회사의 이사를 선출하고 회사의 중요 사업을 승인할 권리를 부여해왔으며, 경영자에게는 주주의 이익을 위해 일해야 하는 의무를 부과해온다.

이와 동시에 주주를 재산권자가 아니라 채권자처럼 취급하는 판례와 법률을 수립해오기도 한다. 그 대표적 예가, 1837년 '블라이 대對 브렌트Bligh v. Brent' 소송사건을 다룬 영국의 보통법정의 판례와 1855~1862년 사이에 도입된 일련의 회사법들에서 수립한 유한책임제도이다. 우선 '블라이 대 브렌트' 소송사건에서 법정은 회사의 자산이 그 회사 주주의 자산이 아니라 회사의 자산이라고 판단한다. 즉 회사 자산의 재산권이 주주에게서 회사로 양도되었음을 법적으로 선언함으로써, 주주가 그 자산을 처분하거나 사용할 수 없다고 명시한 것이다.

이 판례는 주주, 회사, 회사의 자산 간에 모순적인 관계를 형성한다. 이 판례는 주주가 회사 자산에 대해 권리가 없다고 선언하고 있지만, 주주의 회사에 대한 재산권을 부정하는 것은 아니다. 앞서 말했지만, 주주가 회사의 주인이라는 원칙은 2003년 영국의 '내국세 세무청 대 레이어드 그룹 공공유한회사' 소송에서 "주주는 회사의 자산에 대한 재산권은 없지만, 회사에 대한 재산권이 있다"라는 것으로 정식화된다. 그런데 이렇게 정식화한 주주, 회사, 회사 자산 간의 관계는 논리적 모순을 안고 있다. 우선 주주들이 회사의 재산권자이고, 회사가 회사 자산의 재산권자이면, 삼단논법에 따라 주주들이 회사 자산의 재산권자여야 한다. 하지만 이 정당한 논리를 '블라이 대 브렌트' 소송 이래 회사법에선 부정하고 있다.

모순은 주주와 회사의 관계에서도 나타난다. 먼저 법은 주주들이 회사의 구성원들이라고 전제한다. 따라서 회사와 주주들은 서로 분리될 수 없다. 그러나 동시에 주주들이 회사 자산의 재산권자가 아니라 회사가 그 자산의 재산권자라고 규정함으로써, 회사가 주주들의 모임이 아니라 주주들과는 독립된 인격체라고 전제하고 있는 것이다. 서로 모순된 이 두 가지 전제 위에 서 있는 것이 바로 회사법이다.

이러한 주주와 회사 간의 모순적 관계가 성립하는 이유는, 주주의 권리가 재산권과 채권이 이종교배된 형태이기 때문이다. 즉 주주가 형평법적 재산권자로서 회사에 대한 재산권을 유지하고 있으면서도, '블라이 대 브렌트' 소송에서처럼 회사 자산의 법적 재산권이 주주들로부터 회사로 양도된 것으로 취급함으로써 주주들을 채권자로 규정하고 있기 때문인 것이다.

주주들과 회사 간의 모순적 관계로 인해 나타나는 문제점은 바로 주주들이 재산권 행사에 따른 책임을 회피할 수 있도록 회사법이 허용한다는 점이다. 주주가 재산권 행사에 따른 책임을 져야 할 때는 회사를 주주들과는 독립된 인격체로 간주하여 이 독립된 법인격체가 모든 책임을 대신 떠안게 된다. 주주는 회사 자산의 법적 재산권자가 더는 아니므로, 그 자산을 회사가 사용하다가 문제가 생겨도 주주는 그 어떤 법적 책임을 지지 않아도 되는 것이다. 이러한 주주의 채권자적인 성격은 '1855~1862년의 회사법들'에서 도입된 유한책임제도에 의해 더 강화된다. 채권자는 채무자가 파산하면 빌려준 금액만큼만 손실을 본다는 점에서, 무한책임을 지는 재산권자와 다르다. 회사의 재산권자인 주주가 채권자처럼 유한책임만 지게 했던 것이 바로 1855~1862년의 회사법들이다.

어떻게 회사가 주주의 합이면서도 주주와는 독립된 그 무엇일 수 있는가? 이러한 이율배반적인 모순을 회사법이 왜 스스로 만들어왔는지 알기 위해서는 회사법의 역사를 살펴볼 필요가 있다. 결론부터 간단히 말하면, (주식)회사가 재산권자의 모임이라는 동업조합partnership에서 기원했지만, 주주가 더는 재산권자인 동업자가 아니라 외부인인 채권자로 변해갔음에도 불구하고, 주주에게 동업자(재산권자)의 권리를 계속 부여해주면서 그 모순이 생기게 된 것이다. 이 재산권의 지속적 부여는 자산 소유자들과 국가의 야합으로 이루어져왔다.[28]

지금 우리가 회사법이라고 부르는 법은 18세기부터 19세기 초기까지 '주식회사법joint stock company law'이라 불렸다. 그리고 이 주식회사법은 동업조합법the law of partnership의 부속물로 취급되었다.[29] 즉 주식 소유자를 동업자에 준하는 지위로 본 것이다. 다음 표는 서유럽의 중세 말과 근대 초에 동업자의 권리와 의무가 어떠했는지를 설명하기 위해, 채권자의 권리 및 의무와 대조한 것이다. 대부를 금지했던 교회법이 중세 말에 동업조합을 허용하기 위해 동업조합이 대부와 어떻게 다른지 대조한 것을 필자가 개념화해서 표로 만들었다.[30]

[표] 동업조합과 대부의 비교

	재산권의 양도	자산, 의무, 책임	채무 Liability	지위
동업조합	양도 안 됨	공유됨	무한	내부자
대부	양도됨	공유 안 됨	유한	외부자

동업조합법에서 동업자의 권리는 재산권이다. 동업조합에 투자할 때 투자금의 재산권이 동업조합에 양도되는 것이 아니라 동업자의 수중에 남아 있고, 동업자 전체가 동업조합의 자산에 대해 재산권을 가진다. 여기서 현대 주식회사에서 나타났던 주식 소유자와 주식회사 간의 분리는, 동업자와 동업조합 간에는 나타나지 않는다. 그래서 동업조합은 동업자들의 모임, 즉 '그들they'로 간주되었지 동업자들로부터 독립된 인격체인 '그것it'으로 취급되지 않았다.[31] 그래서 동업자들은 동업조합이 진 모든 빚에 대해 상환의무를 졌다. 즉 무한책임이 그 원칙이었다. 아래 토마스 아퀴나스의 말은 동업자가 재산권을 조합에 양도하지 않았음을 잘 표현하고 있다.

> 동업에 의해 자기의 돈을 상인이나 수공업자에게 건넨 사람은 그 돈의 재산권을 그 상인이나 수공업자에게 양도하지 않는다. 그 재산권은 그 동업자의 수중에 계속 남아 있다. 그래서 돈을 건네받은 상인이나 수공업자가 일할 때 생기는 위험은 동업자가 지게 된다. 그래서 그 동업자가 챙기는 이익은 자기의 재산으로부터 발생하는 셈이다.[32]

이러한 교회법의 전통은 고스란히 영국의 근대 동업조합법으로 계승된다.[33]

위의 표에서 보는 것처럼, 채권자의 권리와 의무는 동업자와는 확연히 다르다. 채권자는 빌려준 돈의 재산권을 채무자에게 일정 기간 양도하기 때문에, 채무자가 그 돈을 어떻게 사용하든지 간에 어떤 법적 책임도 지지 않고, 채무자가 파산하더라도 채권자는 빌려준 돈만 잃는 유한책임만 진다. 그리고 동업조합에서 동업자는 조합의 내부자 혹은 구성원으로 취급되지만, 채권자는 외부자로 취급된다.

19세기 중반까지만 해도 주식회사는 법적으로 동업조합의 일종으로 여겨졌다. 그래서 주식 소유자를 동업자로 여겼다. 즉 동업자처럼 주식 소유자 전체가 회사 자산에 대해 재산권을 가지고 있는 것으로 여겨졌으며, 주식회사는 주식 소유자들의 모임인 '그들they'로 간주되었지 주주들로부터 독립된 인격체인 '그것it'으로 취급되지 않았다.[34] 회사법에서 회사가 주주로부터 실질적으로 완전히 분리된 인격체로 되기 위해서는 앞서 말한 '블라이 대 브렌트'의 판례와 '1855~1862년의 회사법들'에서 도입된 유한책임제도 등이 필요했다. 이 판례와 법률 이전에는, 회사와 주주 간의 소송에서 참고할 판례가 없는 경우 동업조합법의 규칙에 따라서 판결을 했기 때문에 주식회사가 사실상 동업조합으로 취급되었다고 볼 수 있다. 회사가 주주로부터 실질적으로 완전히 분리된 인격체는 아니었던 것이다.[35]

앞서 말했듯이, 주주는 점차 채권자인 회사의 외부인으로 되어갔다. 즉 **주주가 회사의 구성원이 아니게 된 것이다.** '블라이 대 브렌트' 판례와 유한책임제도는 동업조합의 원칙과 반대되는 것이었다. 앞에서 동업조합의 원칙이 두 가지 있다고 했다. 첫번째 원칙은, 동업자가 동업조합에 투자할 때 그 돈의 재산권이 동업조합에 양도되는 것이 아니라 그의 수중에 남아 있고, 동업자 전체가 동업조합의 자산에 대해 재산권을 가지고 있다는 점이다. 두번째 원칙으로, 동업조합의 구성원들은 재산권자로서 동업조합 자산의 사용으로 지게 된 모든 빚에 대해 상환의무를 공유했다. 이 중 첫번째 원칙은 '블라이 대 브렌트' 판례에 의해 무너진다. 이 판례에서 주주는 회사 자산의 법적 재산권자가 아니라고, 즉 투자자산의 재산권은 회사에 양도되었다고 선언한 것이다. 두번째 원칙은 유한책임제도에 의해 무너진다. 회사가 파산하더라도 주주는 투자한 돈만 잃으면 그만이었다. 이 두 원칙의 파괴를 통해 주주는 회사의 외부인인 채권자로 변모한다.

유한책임이 동업조합의 원칙을 파괴한다는 지적은, 유한책임제도가 1855~1862년 제정된 회사법들에서 도입되자 곧바로 제기된다. 예를 들어, 1856년에 『로타임The Law Time』이라는 법학 학술지 편집자인 에드워드 콕스Edward Cox는 다음과 같은 말을 한다.

> 동업조합법은 도덕적 책임에 근간하고 있다. 즉 문명화된 법으로써, 시행하고, 채무를 갚고, 계약을 이행하고, 부정한 행위에 대해 보상을 한다는 의무에 근간하고 있는 것이다. (…) 유한책임은 그 반대의 원칙에 근간한다. 즉 이로울 때는 그의 대리인이 행한 행위로 이득을 취하지만 불리할 때는 그의 대리인이 행한 행위에 대한 책임을 지지 않고, 손실에 대해서는 책임을 지지 않으면서도 수익을 위해 투기하고, 계약을 맺으며 채무를 지고, 부정한 행위를 저지르면서도, 법률 덕분에 자기가 투자한 작은 범위를 넘는 것에는 보상하지 않아도 된다.[36]

이렇게 유한책임은 주주를 책임 지지 않는 채권자로 만들었다. 그런데도 회사법은 외부인에 불과한 주주에게 계속 내부인의 권리인 회사를 통제할 권리를 부여해준다. 이렇게 회사법은 주주를 채권자이면서도 재산권자로 취급함으로써 채권과 재산권을 이종교배하는 모순을 범하게 된다.

주주의 책임을 최소화한 유한책임제도는 산업혁명기에 산업 자금을 모으기 위해 도입되었다고 알려졌지만, 법학자 패디 아일랜드와 여러 경제사학자의 연구에 따르면 그렇지 않았다. 당시 영국의 면직물과 철공업 등 산업에 필요한 자금을 모으는 데는 주식회사가 필요하지 않았고 일반적인 동업조합 형태로 충분했다. 그래서 산업혁명에 관련된 대부분 회사는 일반적인 동업조합 형태로 조직되었고, 이 동업조합에서는 동업자들이 사업에 대해 무한책임을 졌다. 사실 아일랜드에 따르면, 1855~1862년의 회사법들에 의한 유한책임제도의 도입은 순전히 부유한 계층의 불로소득을 보장해주기 위해 정치가들이 베푼 특혜였다.[37] 오히려 당시 산업가들은 일반적으로 유한책임제도에 반대다. 그래서 1855~1862년의 회사법들이 통과되어 유한책임제도가 자유롭게 활용될 수 있게 된 이후에도, 동업조합 형태의 영국 산업 회사들은 대부분 오랫동안 유한책임 주식회사로 변모하지 않고 그대로 운영되었다.[38]

'계약의 결합체' 이론가들은 당사자들 간의 '자유로운 계약에 의해' 유한책임의 권리가 주주에게 부여될 수 있다고 착각하고 있다. 이 이론가들은 정치적 개입으로 특혜가 주어지지 않았다면 유한책임제도는 도입될 수 없었음을 깨닫지 못하고 있는 것이다. 주주의 유한책임제도는 다수 채권자의 권리를 크게 침해하는 것이기 때문에, 그들이 유한책임제도에 대해 합의해주길 기대하기란 어렵다. 보통 회사는 자본금의 몇 배 혹은 몇십 배 되는 부채를 채권자에게 빚지기 때문에, 만약 주주와 경영자의 유한책임제가 도입된다면 회사의 부채 대부분에 대해 실제로 책임을 지는 것은 채권자의 몫이 되고 만다. 따라서 유한책임제도에 의한 권리 침해를 채권자들이 받아들일 리 만무하다.[39] 그런데도 '계약의 결합체' 이론은 유한책임제도가 주주와 채권자 그리고 경영자들 간의 자유로운 계약에 의해 도입된 것이라고 가정한다. 그러나 오히려 아일랜드 등의 학자들이 보여주듯이, 역사적으로 유한책임제도는 특정 불로소득 계층이 산업을 지배하면서도 그에 따른 위험을 감수하지 않도록 국가 권력이 특혜를 주면서 성립하게 됐다.

아일랜드에 따르면, 19세기 막바지에 유한책임 주식회사가 급속도로 증가했으나 그 이유는 기술적 발전과 자본 수요의 증가 때문이 아니었고, 자본가들이 경쟁을 피해 독점의 이득을 취하기 위해서였다.[40] 자본가들은 처음에는 무역협회나 카르텔 등을 형성해 생산량과 가격을 제한하는 담합으로 독과점을 시도했으나 실패했고, 그 대신 M&A(합병과 취득)를 통해 기존의 무한책임 동업회사들과 가족 회사들을 하나의 유한책임 주식회사로 통합함으로써 독과점을 형성했던 것이다.[41]

이러한 독과점 형성을 합법적으로 더 조장한 조치가 1890년대에 있었는데, 미국 뉴저지주를 시작으로 영미권에 퍼진다. 이 조치는 회사라는 가상적인 법적 인격체를 더 인간에 가깝게 변모시키는 조치였다. 1890년대 이전에는 주식회사의 주식을 사람만이 살 수 있었다. 회사는 법적 인격체로 간주되긴 했지만, 법적으로 아직 완전한 인간은 아니어서 다른 회사 주식을 회사의 명의로 사거나 소유할 수는 없었다. 그런데 1890년대 미국 뉴저지주에서 처음으로 한 회사가 다른 회사 주식을 구매해서 소유할 수 있도록 허용하는 법률을 통과

시킴으로써, 한 회사를 지배하는 소수 대주주가 거대 회사군단을 지배할 수 있게 되었다. 이러한 인수·합병을 통한 시장 독점은 20세기 초반까지 사회적 불평등을 더욱 극대화하고 주식시장을 과열시킨다. 그 결과 갑작스럽게 주가가 폭락하면서 대공황으로 막을 내린다.

대공황과 제2차 세계대전 이후 주주자본주의에 대한 사회적 비판이 거세졌다. 사회적 책임은 전혀 지지 않는 소수 대주주가 자신들의 불로소득을 취하기 위해 산업을 지배하고 왜곡했기 때문에, 대공황 등의 경제위기로 공동체가 몰락하는 지경까지 되었다는 비판이었다. 앞에서 소개된 베블런·라스키·토니 등의 비판도 그중의 하나다. 그래서 제2차 세계대전 이후 회사의 사회적 책임을 강조하는 정책들이 유럽과 영미권에서 도입되는데, 특히 독일과 북유럽 국가들에서 경영이사회를 감시·감독하는 감독위원회에 노조와 노동위 위원회의 대표를 참여시키게 된다.[42] 이러한 조치는, 회사란 국가·지역사회·노동자·주주·경영자 등 다양한 이해당사자들이 모인 사회적 조직이지, 주주들이 사적으로 소유하는 조직이 아니라는 인식에 기초한 것이었다. 이 두 조직 모델을 구분해서 흔히 앞엣것은 '이해관계자 모델'로, 뒤엣것은 '주주 모델'로 부른다. 노조 가입률이 높고 잘 조직되어 노조의 영향력이 정당과 회사 내에서 강한 상황이 1960년대 후반까지 지속되고 회사의 사회적 책임이 강조되면서, 대기업은 완전고용과 불평등 해소라는 정부 정책에 일조하게 된다. 그러나 이러한 경향에도 불구하고, 독일과 북유럽에서조차 "주주가 회사의 구성원이다"라는 회사법의 기본 명제를 바꾸지는 않았다. 이것이 의미하는 바는, 독일과 북유럽의 '이해관계자 모델'도 다양한 이해당사자들 안에 내부인과 외부인이라는 근본적인 구분이 있음을 전제하고 있다는 것이다. 그래서 독일의 경우, 경영이사회는 내부인인 주주의 이해를 대표하는 경영자와 이사로 구성되고, 감독위원회는 이 내부인들을 감시·감독하는 외부인들로 구성되도록 한 것이다.

영국에서 제2차 세계대전 후 노동당이 집권했음에도 불구하고 "주주가 회사의 구성원이다"라는 회사법의 기본 명제를 바꾸지 못한 이유는, 영국 노동당의 지도부들이 케인스주의에 크게 영향을 받았기 때문이었다고 한다.[43] 케인스는 회사 제도가 발전하면 할수록 주주들은 배당금만 챙겨가고 더는 회사경영에 관심이 없어지므로 이들의 세력이 점차로 자연스럽게 안락사할 것으로 보았고, 그래서 회사법 개혁에 관심을 두지 않았다.[44]

비록 회사법 개혁은 하지 못했지만, 브레턴우즈 경제체제 아래서 대기업은 윤리경영과 책임경영을 유지할 수 있었다. 이것은 브레턴우즈 체제의 특징을 이루는 다양한 요인들 때문이었다. 우선 금융자본의 국가 간 이동이 적절히 규제되고 은행권과 금융권이 정부 규제에 놓이면서 불로소득 계층인 자본가 계층의 사회적 영향력이 축소되었다. 그리고 앞서 말한 바와 같이, 노조의 영향력이 정당과 회사 내에서 강했다. 그러나 1970년대 이후 브레턴우즈 체제가 몰락하면서 자본가 계층의 영향력이 강화되자, 대기업의 비윤리적 무책임 경영은 전세계적 문제로 다시 대두되기 시작한다. 이러한 회사의 무책임성과 비윤리 경영은 우리나라도 예외가 아니다. 대기업이 정부와 사회의 특혜를 입고 성장했음에도 불구하고 지금은 일부 재벌가의 사적 재산으로 전락해서 온갖 탈법적 수단으로 재벌 2세에게 상속되고 있다. 이 와중에 서민과 중소 상인의 먹거리인 골목상권까지도 대기업이 장악하는 사태까지 나타난다.

현대 자본주의에서 주식 발행을 통해 사업자금을 확보하는 경우는 거의 없어졌다.[45] 이것은 우리나라의 대기업도 마찬가지다. 재벌에게 주식시장이란 2~4% 내외의 지분을 가지고 거대 회사군단을 지배하기 위한 수단이다. 이를 증명하듯이, 삼성전자는 2015년부터 자사주를 매입해 소각해왔는데, 그 규모가 2018년 12월 4일 현재 20조 원이 넘고 여기에 더해 40조 원어치를 더 소각하기로 했다고 한다.[46] 이 어마어마한 돈을 신사업에 투자하거나 공장을 짓는 데 쓴다면 수만 명의 일자리가 창출되고 미래 산업기반이 형성될 수 있을 것이다. 이러한 투자는 수십 년간 많은 혜택을 입고 성장한 대기업이 응당 해야 할 사회적 의무이지만, 삼성 일가는 이러한 일에 관심이 없다. 삼성의 자사주 소각은 두 가지 목적이 있는 것으로 분석된다. 첫째는 삼성 일가의 지분 상승을 통해 삼성 회사집단에 대한 지배력을 강화하려는 것이다. 둘째로 미국 금리 인상 등 불확실한 사업 환경으로 인해 삼성의 주식가격이 하락할 때를 대비해서, 주주들의 자산 가치 하락을 보전해주려는 목적이다. 삼성 주식의 가격이 하락할 위험이 있어도, 60조 원어치의 주식을 소각하면 삼성 주식의 총량이 줄어들어서 주주들이 소유한 주식가격은 계속 유지될 수 있는 것이다. 사회적 책임은 전혀 지지 않는 주주들만을 위해 회사가 복무하는 '주주자본주의'가 우리나라에 정착되고 있다.

이에 화답하듯이, 최경환 전 경제부총리의 주도로 정부는 2016년부터 주식 배당금에 대한 세금을 인하해줌으로써 대주주들의 불로소득을 더 챙겨주고 있다. 2016년의 경우, 100억 원이 넘게 배당금을 받은 13명에게 1인당 평균 10억2000만 원씩 감세해준다.[47] 한 해에 수백억 원의 배당금을 받으려면 수천억 원 이상의 주식을 보유해야 하므로, 10억 원이 넘는 감세 혜택을 받은 사람들은 재벌총수이거나 극소수 대주주들이다. 이들의 세금을 덜어주는 이유를 정부는 소비 진작을 위한 것이라고 구실을 댔다. 그러나 사실은, 최경환 등 정부 인사들이 주주의 재산권과 불로소득을 보호해주는 게 정부의 역할이라는 소신을 가지고 있었기 때문이 아니었을까.

5. 소결: 개혁 방안

재산권은 로마법 전통의 법개념으로, 고대 로마공화정 말기에 '노예 주인의 권리'를 정당화하기 위해 생겼으며, 이 재산권의 도입으로 토지독점과 빈부격차가 고대 로마에서 극심해졌다. 그러나 초대 기독교 교부들에 의해 재산권이 철저히 비판되면서 중세시기 동안 재산권이 철폐되어, 다수 농민에 대한 수탈을 상당히 줄이게 된다. 그런데 재산권은 근대 서구에서 더 확대된 형태로 부활한다. 그 확대 방식은, 재산권과 계약권을 이종교배하여 재산권은 행사하지만, 그에 따른 책임은 회피하는 것이다. 이 이종교배가 회사의 본질을 이룬다. 이 주장은 회사의 본질을 정의하는 기존 논의가 재산 혹은 계약 한쪽만을 강조하는 경향을 비판적으로 극복한 것이다. 나아가 이러한 이종교배를 정의할 법적 개념으로 신탁을 제안하면서, 주식(혹은 주주의 권리)의 본질과 신탁의 본질 사이의 근본적 유사성을 분석했다. 즉 주식과 신탁에서 발생한 이종교배는 재산권 행사에 따른 법적 책임을 회피할 목적으로 발생한 것으로, 이러한 이종교배 때문에 회사의 무책임성과 비윤리성이 강화되어왔음을 지적했다.

이 글의 연구는 향후 다국적 기업의 무책임성과 비윤리성을 해결할 대안을 찾는 이론적 작업의 출발점이 될 수 있으리라 생각한다. 특히, 웨더번의 주장처럼 현재 주주가 그 책임 면에서 회사의 외부인인 채권자에 불과하므로, 권리도 채권자의 권리(즉 이자 취득권)만 가져야 하지 회사에 대한 지배권(즉 의결권과 이사선임 및 해임권)을 가져서는 안 될 것이다. 이 대안의 원칙은 간단하다. 책임에 따른 권리만을 부여해주자는 것이다.

그렇다면 회사를 경영할 책임과 권한을 누구에게 맡기느냐는 문제가 남는다. 실제 일을 행하는 경영자와 종업원들의 민주적인 시스템에 회사의 의결권과 이사선임권을 맡겨야 한다는 것이 필자의 견해다. 그리고 경영자와 종업원들이 능동적이고 책임 있는 경영의 주체로 서기 위해서는 다음 세 가지가 필요하다.

첫째, 직장 내에서 민주적 의사결정 구조가 필요하다. 종업원 총회에서 선거로 이사진을 선임하고 중요 사업을 승인하는 직접민주주의와, 선임된 이사단이 회사를 경영하는 대의제가 혼합되는 것이 필요하다.

둘째, 기업의 공공성과 사회적 책임을 회사법의 원칙으로 제정하고, 회사들이 이 공공성을 준수하는지 상시로 감사할 필요가 있다. 일정 규모 이상 회사의 경우, 사회의 공공성을 잘 증진하는지 살피는 감사 임원진을 회사 내에 구성할 필요가 있다. 감사 임원진은 국회에서 파견된 자, 시민단체에서 파견된 자, 소비자단체에서 파견된 자, 해당 지방자치 감사부에서 파견된 자 등으로 구성해, 회사의 업무가 공공성을 저해하지 않는지 상시로 감사해야 할 것이다.

셋째, 주식회사를 협동조합으로 변경하는 것이다. 종업원들이 각자 일정액을 투자해 이 협동조합 회사의 조합원이 되는데, 이 투자를 통해 종업원들이 직장에 대한 책임의식을 갖게 될 것이다. 투자금을 종업원들이 마련할 수 있도록 하는 제도로서 필자는 '기본자산제'를 주장한다. 기본자산제는 모든 공동체 구성원들에게 일정 정도의 '자산'을 주고 생산활동에 사용하게끔 하는 제도인데, 그 액수는 대략 1인당 1억 원 정도가 될 것이다. 기본자산제는 이 책의 6장에서 자세히 논의했다.

2장

• • •

현대 금융의 기원

1. 왜 요구불 예금의 성격을 탐구할 필요가 있는가?

주류 경제학자들은 은행의 요구불 예금의 성격에 관해 연구하거나 논쟁하지 않는다. 이 주제가 왜 중요한지 모르고 관심도 없다. 이러한 무지와 무관심은 현대 은행의 본질을 밝히는 데 큰 장애가 되고 있다. 요구불 예금의 성격에 관해 연구하지 않고서는 현대 은행의 본질을 연구하는 것은 불가능하기 때문이다.

잘 알려지지는 않았지만, 극소수 경제학자들이 은행의 요구불 예금의 성격에 관해 중요한 논쟁을 1990년대 중반부터 2000년대 중반까지 약 10년간 한 적이 있다.[1] 이 논쟁의 주제는 대략 다음 세 가지였다. 첫째는 현대 은행이 막 등장했을 때 은행이 발행한 요구불 은행권이 약속어음promissory note 인가 아니면 예금증서deposit certificates 였는가에 관한 것이었다. 둘째는 예금주와 은행의 관계가 채권자와 채무자 관계인가 아니면 주인과 보관자의 관계인가 하는 것이었다. 셋째 논쟁은 은행이 예금을 제삼자에게 빌려주는 행위가 횡령 등의 사기에 해당하는가 아닌가였다.

이 논쟁은 현대 은행의 본질에 대해 중요한 쟁점을 제시했다. 그러나 이 논쟁에는 몇 가지 크게 미흡한 점도 있었다. 그래서 이 미흡한 점들을 극복하여 요구불 예금의 성격을 더욱 정확히 살펴서, 현대 금융의 본질에 대한 이해를 확장하고자 한다.

현대 은행의 기원은 17세기 중반 영국의 금세공업자들이 시작한 예금서비스에서 비롯되었다고 흔히 얘기된다. 금세공업자들은 금을 녹여 장신구를 만들거나 금에 장식을 새기는 등의 공예기술을 가진 사람들이다. 17세기 영국 런던의 금세공업자들은 이런 공예뿐 아니라, 이웃나라의 금 시세가 영국과 차이 나는 것을 이용해 금을 해외에 팔거나 사는 일로 이익을 얻기도 했다. 그런데 17세기 중반에 이들은 독특한 형태의 예금서비스를 도입한다. 이것이 현대 금융의 시작으로 알려져 있다.[2] 이들의 독특한 예금서비스는 하나의 예금에 대해 요구불 은행권을 이중으로 발행해 예금을 맡긴 사람과 돈을 빌리러 오는 사람 모두에게 주는 것이었다. 여기서 요구불 은행권이란 언제든지 요구할 때 예금을 돌려주겠다고 약속한 증서를 말한다.

이 요구불 은행권에 관한 앞서 언급한 학자들의 논쟁에는, 크게 세 가지 점에서 허점이 있었다. 첫째, 이 논쟁에서 한쪽은 예금주와 은행 간의 관계가 재산권자와 보관업자 간의 관계라고 주장하고, 다른 쪽은 이 관계가 채권자와 채무자 간의 관계라고 주장한다. 그런데 양측의 주장 모두 정확하다고 볼 수 없다. 둘째, 금세공은행업자가 발행한 은행권이 어떻게 화폐처럼 간주되고 기능했는지에 관한 설명을 논쟁의 양측 모두 제대로 내놓지 못하고 있다. 셋째, 이 논쟁에서는 현대 은행의 요구불 예금을 제삼자에게 빌려주는 행위가 유저리usury인지 투자인지에 대해 논의하고 있지 않다. 중세 1000년 동안 영국은 유저리와 투자를 분리해서 유저리는 불법화했다. 17세기 말 당시 관련 법이 완화되기는 했지만, 유저리는 여전히 도덕적으로 정당하지 않은 행위였다. 그런데 은행이 요구불 은행권을 제삼자에게 빌려주는 행위를 당시 대법관은 유저리로 간주했었다. 왜 그랬는지를 살피는 것은 현대 은행의 요구불 예금의 성격을 밝히는 데 중요할 수 있다.

2. 현대 금융의 탄생: 재산권과 채권의 이종교배

2-1 금세공은행업자가 발행한 것은 약속어음인가 예금증서인가?

금세공은행업자가 발행한 이 은행권이 약속어음이었을까 아니면 예금증서였을까? 이 질문을 달리 표현하면, 은행과 예금주의 관계가 채무자-채권자 관계인가 아니면 보관자-재산권자 관계인가라는 질문이 된다. 이 질문은 현대 금융의 본질을 파악하는 데 핵심적이다. 약속어음과 예금증서는 법적으로도 전혀 다른 범주에 속하기 때문이다. 약속어음은 채권에 해당하고 예금증서는 재산권에 해당한다. 따라서 약속어음이냐 예금증서이냐에 따라 은행과 예금주의 법적 권리와 의무가 다르다. 만약 채권자-채무자 관계로 정의되었는데도 채권자 혹은 채무자에 걸맞지 않은 특권을 누리거나 채권자 혹은 채무자에 걸맞은 의무를 이행하지 않으면 사회정의 측면에서 문제가 생긴다.

위의 질문을 둘러싸고 오스트리아학파 학자들 사이에서 논쟁이 있었다. 한쪽은 예금증서라고 주장했는데, 대표적으로 머레이 로스바드Murray Rothbard 와 한스-허만 호페Hans-Herman Hoppe 등이 있다. 이들의 주장에 따르면, 금세공은행업자들이 하나의 예금에 대해 두 개의 예금증서를 발행하면서 현대 은행업이 탄생했다고 한다. 하나의 예금증서는 원래 예금주에게, 또 하나는 금세공은행업자들에게 돈을 빌리러 온 사람에게 발행했다는 것이다. 한편 반대편에서는 약속어음이라고 주장하는데, 이 주장을 한 대표적인 학자는 로렌스 화이트Lawrence H. White이다.

이 논쟁의 이면에는 현대 은행업에 대한 도덕적 평가가 놓여 있다. 금세공은행업자들 혹은 은행이 횡령을 저지르고 있는가에 대한 평가가 바로 그것이다. 예금증서라면, 은행은 예금주의 돈을 은행의 명의로 제삼자에게 빌려준 셈이므로 예금주의 돈을 횡령한 것이다. 반면 약속어음이면 예금은 은행이 예금주로부터 빌린 돈이므로, 은행의 명의로 제삼자에게 빌려주어 이득을 챙기는 것이 합법적이다.

먼저 예금증서라는 측의 주장은 다음과 같다.[3] 금세공은행업은 이전의 예금보관업에서 발전한 것이므로, 당연히 금세공은행업자들도 예전에 발행했던 예금증서를 계속 발행했다. 단, 한 예금에 대해 추가적인 예금증서를 발행해서 제삼자에게 빌려줌으로써 이중으로 예금증서를 발행했다. 이러한 이중 발행은 예금을 잘 보호해주기를 바라는 예금주의 신뢰를 저버린 행위이고, 예금주의 재산권을 침해한 횡령이다. 그리고 이중 발행은 한 예금에 대해 배타적인 재산권자를 두 사람 만들어낸 꼴인데, 이는 법적으로도 용인할 수 없는 일이다. 왜냐면 하나의 사물에 대해 배타적 소유권자가 두 명일 수는 없기 때문이다.

반면, 약속어음이라는 측의 주장은 다음과 같다.[4] 예금은 대체 가능성이 있기 때문에 예금의 재산권이 은행으로 넘어갔다고 보아야 한다. 보관을 맡긴 물건들이 서로 대체 가능한 것이냐 아니냐에 따라 보관업에서 재산권 문제는 달라진다. 옷이나 신발처럼 맡긴 물건이 맡긴 사람의 취향이나 신체에 따라 서로 구별되고, 맡긴 사람도 그 맡긴 물건을 그대로 돌려받기를 원하는 경우, 그 물건의 재산권은 맡긴 사람에게 계속 남아 있다고 보아야 한다. 반면 쌀이나 돈처럼 서로 균질하고 대체 가능한 것을 맡겼고, 맡긴 사람도 맡긴 바로 그 돈 혹은 쌀이 아니라 동질의 쌀이나 금을 돌려받는 데 만족하며, 보관하는 사람도 맡은 쌀이나 돈을 따로 구별해서 보관하지 않고 창고에 한데 섞어서 보관한 경우는 그 쌀 혹은 돈의 재산권이 보관하는 사람에게 넘어갔다고 보아야 한다.[5] 따라서 이 경우 보관하는 사람이 맡은 돈을 자신의 이름으로 제삼자에게 빌려줘도 횡령에 해당하지 않는다. 예금주의 신뢰를 저버린 행위도 아니고, 예금주의 재산권을 침해한 행위도 아니다. 그리고 이중의 재산권을 창조한 것도 아니다. 은행은 예금주에게서 예금을 빌린 셈이고, 빌린 예금을 은행이 제삼자에게 다시 빌려줬으니, 재산권이 처음에는 예금주에게서 은행으로 옮겨졌다가 다시 은행에서 제삼자로 옮겨진 것뿐이다. 따라서 최종적으로 예금에 대한 재산권은 제삼자에게만 있게 된다는 것이다.

어느 쪽이 역사적 사실에 부합되는 주장일까? 결론부터 말하면, 양쪽 모두 부분적으로는 옳은 구석이 있지만, 전반적으로 보면 양쪽 모두 틀렸다.

우선 대체 가능한 사물이 보관되는 경우 재산권이 보관하는 사람에게 옮겨간 것으로 볼 수 있다는 주장에 대해 살펴보자. 사실 이런 논리로 예금업자의 횡령을 정당화하려는 시도는 근대 초기부터 있었다. 영국의 경우 16세기 말 혹은 17세기 초반 몇몇 보통법원이 이러한 논리로 예금업자의 횡령을 옹호해주었다. 예를 들어, 1598년에 열린 '브레톤 대 바네트Bretton v. Barnet' 재판에서 웜슬리Walmseley 재판관은 다음과 같은 선고로 횡령을 정당화해준다. "물품과 돈의 차이를 고려해야 한다. 만약 말horse 을 맡긴 경우, 재산권에는 변경이 없다. 따라서 불법으로 점유한 경우가 된다. 왜냐하면 맡긴 물품을 알 수 있기 때문이다. 반면 돈을 맡긴 경우, 그 돈인지 알 수 없으므로 재산권은 변경된다. 따라서 [보관을 맡은 예금업자가] 빚진 경우가 된다."[6] 돈은 균질하고 대체할 수 있으므로 돈을 보관한 경우는 돈의 재산권이 돌려주기 전까지 예금업자에게 넘어간 것으로 간주해야 한다는 선고이다. 재산권이 넘어가고 일정 기간이 지난 후에 돌려줄 것을 약속하는 계약은 채권-채무 관계이므로 예금업자가 예금을 예금주로부터 빌린 것으로 간주해야 한다고 선고한 것이다. 이렇게 예금업자가 예금을 자기 맘대로 사용하는 것을 정당화해주고 있다.

이런 몇몇 법원의 노력에도 불구하고, 은행업자가 예금을 은행업자의 이름으로 제삼자에게 빌려주어 이득을 취하는 행위는 여전히 횡령이라는 비난을 받을 여지가 있었다. 과연 내가 은행에 맡긴 돈이 서로 대체 가능하므로, 그 돈이 이제는 내 것이 아니고 은행에 그 돈에 대한 재산권이 넘어간 것인가? 사실 이 논리는 매우 빈약해서, 이후 은행과 예금주 간의 관계를 논하는 법정에서 더는 언급되지 않는다. 예를 들어, 은행과 예금주의 관계가 채무자-채권자라고 최종적으로 선고했던 1848년의 재판에서는 대체 가능성 논리를 더는 들먹거리지 않았다. '폴리 대 힐 외Foley v. Hill and Others' 재판에서였는데, 재판장 토트넘 경은 이 선고의 근거를 대체 가능성에서 찾지 않고, 은행업자들의 관례가 그렇다는 것에서 찾았다. 어쨌든 대체 가능성이 사물의 재산권을 옮겨가게 한다는 논리는 성립하지 않는다. 대체 가능성은 보관업자가 맡은 돈이나 쌀을 따로 보관하지 않고 한데 섞을 수 있게 할 따름이다. 한데 섞을 수 있다고 해서 보관자가 맡은 돈이나 쌀을 자기 것으로 취급해서 자기 마음대로 제삼자에게 빌려줄 권리를 얻는 것은 아니다.[7]

그렇다면 금세공은행업자들이 발행했던 것이 예금증서였을까? 이 질문에 답하려면, 당시 이들이 발행한 은행권의 실제 내용을 분석해서 당시 은행업자와 예금주 사이에 어떤 계약이 맺어졌는지 살펴봐야 한다.

1684년 차일드사Messrs. Child & Co.라는 금세공은행이 발행한 은행권이 지금까지 남아 있는데, 이 은행권의 내용을 살펴보자.

Nov. 28, 1684.
"I promise to pay unto the Rt. Honble.
Ye Lord North and Grey or bearer,
ninety pounds at demand.
For Mr. Francis Child and myself
Jno. Rogers."[8]

여기서 우선 주목해볼 문구는 "promise to pay"다. 약속어음에서 흔히 볼 수 있는 '약속promise'이라는 문구다. 약속어음에서는 만기가 되면 원금을 돌려주겠다는 약속을 한다. 그리고 만기 이전에는 돈의 재산권이 채권자로부터 채무자에게 넘어가게 된다. 과연 위의 문구가 약속어음에서 의미하는 것처럼, 예금주가 예금에 대한 재산권을 은행업자에게 넘겼다는 걸 의미하는 걸까? 역사가들의 연구에 따르면, "그렇다"이다. 역사학자 데이비드 리차즈David Richards에 따르면, 크롬웰이 호국경이었던 시기(1653~1658)에, 예금주가 예금의 재산권을 금세공은행업자들에게 양도하는 계약을 맺기 시작했다고 한다.[9] 리차즈 말고도 네빈Nevin, 데이비스Davis, 그리고 파웰Powell 등의 대부분 경제사학자도 약속어음이었다고 주장하고 있다.[10] 즉 당시 예금주는 법적으로 은행업자와 채권-채무 계약을 맺었다. 이 계약을 통해 예금주들은 은행업자가 예금을 제삼자에게 은행업자의 명의로 빌려주는 것을 허용했고, 그 대가로 이자를 받았다. 그렇다면 금세공은행업자가 발행한 것이 예금증서라는 오스트리아학파 학자들의 주장은 틀렸다고 볼 수 있다. 금세공은행업자가 발행한 것은 약속어음이었기 때문이다.

당시 법원도 약속어음으로 판단했다. 예를 들어, 1702년 '와드 대 에반스Ward v. Evans' 소송에서 재판장 홀트Holt가 한 선고를 보면, "지금도 그 이전에도 내 견해는, (금세공은행업자가) 발행한 은행권을 받았다고 해서 실제 지급을 받은 건 아니라는 것이다." 이 은행권이 예금증서가 아니라 약속어음이기 때문에, 실제 지급으로 인정할 수 없다는 것이다. 그리고 영국 의회가 1704년에 약속어음법을 제정하는데, 이 약속어음에는 금세공은행업자들이 발행한 증서도 포함되어 있다. 결론적으로 말해, 법적으로 금세공은행업자가 발행한 것은 예금증서가 아니라 약속어음이었다. 그렇다면 금세공은행업자가 예금주의 돈을 횡령한 것이라는 오스트리아학파 학자들의 주장도 틀린 것이 된다.

그런데 위의 은행권에 적힌 문구 중에 주목해서 볼 부분이 더 있다. "at demand"다. 사실 이 문구는 약속어음에는 있을 수 없다. 보통 약속어음에는 '만기일'이 있어서, 만기일 전에는 채권자가 지급을 청구할 수 없다.[11] 당시 만기일이 보통 3개월이었는데, 약속어음을 받은 채권자는 3개월을 기다려야 지급받을 수 있었다. 약속어음 등의 신용증서에 '요구불 지급'이 있을 수 없는 이유는 신용거래의 본질이 현금의 이용 가능성을 미래로 미루는 데 있기 때문이다. 그래서 만기일을 두고 그때까지 현금을 이용할 권한을 채권자가 채무자에게 양도하는 것이다. 이렇게 양도하는 대신 채권자는 이자를 받는다. 그런데 이러한 이용 가능성을 미래로 미루는 내용이 금세공은행업자들이 발행한 은행권에는 없다. 채권자가 언제든지 예금 지급을 요청할 수 있기 때문이다. 이런 점에서 금세공은행업자들이 발행한 은행권은 약속증서라고 볼 수 없다. 'at demand'는 예금증서의 특징이다. 전통적으로 예금업의 경우 예금주는 보관을 목적으로 예금을 맡긴 후 원할 때 언제든지 찾을 수 있었고, 보관자가 보관 업무를 소홀히 하여 예금을 분실하면 보상받을 수 있는 법적 권리가 보장되었다. 이런 재산권을 누리는 대신 이에 대한 보상으로 예금업자에게 보관비를 내야 했다. 언제든지 요구해서 예금을 찾을 수 있는 권리는 예금주의 재산권이었다.

결론적으로 말하면, 금세공은행업자와 예금주는 법적으로 채무자-채권자 관계를 맺었다. 그래서 금세공은행업자들이 예금주에게 발행한 것은 예금증서가 아니라 약속어음이었다. 예금주는 맡긴 돈을 은행업자가 자기 명의로 마음대로 쓸 수 있도록 허용했고, 그 대가로 은행업자는 예금주에게 이자를 지급했다. 그런데 이와 동시에 은행업자는 채권자인 예금주에게 맡긴 돈을 언제든지 요구해서 찾을 수 있는 권리를 부여해주었다. 이 권리는 재산권에 속하는 것이며, 예금증서의 특징이다. 이렇게 약속어음의 특징과 예금증서의 특징을 섞은 것을 '채권의 재산권화propertisation of contractual claims'로 표현할 수 있겠다. 즉 약속어음을 발행해서 법적으로 채권-채무 관계를 취함으로써, 은행업자는 예금주의 돈을 마음대로 쓰면서도 횡령을 저질렀다는 법적 비난을 피할 수 있었다. 하지만 약속어음을 받은 사람에게 언제나 돈을 찾을 수 있는 재산권을 부여해줘서, 실제적으로는 이중으로 예금증서를 발행한 효과를 냈다.

이 현상을 달리 표현하면, 재산권과 채권(혹은 계약권)을 이종교배했다고 할 수 있다. 금세공은행업자가 발행한 은행권은 단순히 약속어음도 아니고 예금증서도 아니다. 야누스의 얼굴처럼 약속증서이기도 하고 예금증서이기도 하다.

2-2 예금업과 대부업의 이종교배 그리고 그 비합리성

채권과 재산권의 이종교배를 이해하기 위해서는, 재산권이 채권과 어떻게 다른지, 그리고 재산권에 속하는 예금업과 채권에 속하는 대부업이 어떻게 다른지 이해할 필요가 있다. 재산권과 채권의 차이점에 대해서는 1장의 2절에서 자세히 설명했다. 참조해주길 바란다.

예금업은 배타적 소유를 보호하기 위해 성장해왔다. 금金은 영국 중세 사회에서는 원칙상 왕의 소유였는데, 어떤 토지에서든 금이 발견되면 그 금은 왕에게 속하게 되어 있었다. 이런 금을 귀족 지주계급이 사유화하는 과정에서 발생한 사업이 예금업이었다. 이때 로마법의 재산권이 서구의 근대에 들어 재등장하면서, 예금주의 권리가 재산권으로 인정되어 법적 보호를 받기 시작했다. 반면 대부업의 경우에서는 채권자의 권리가 채권으로 법적 보호를 받는다. 서로 이질적인 예금업과 대부업을 (혹은 재산권과 채권을) 교배해서 탄생한 것이 근대 금융이다.

예금업과 대부업의 목적은 완전히 상반된다. 예금서비스를 받는 이유는 돈을 안전한 곳에 맡겨 돈에 대한 재산권을 지키려는 것이 목적이다. 반면 대부업은 이자를 얻을 목적으로 돈에 대한 재산권을 채무자에게 일정 기간 양도하는 것이다. 이때 이자를 받는 이유는 재산권을 일정 기간 양도하면 기회비용과 위험성이 발생하기 때문이다.[12] 이렇게 예금업은 재산권에 대한 위험성을 줄이는 것이 목적이고, 대부업은 돈에 대한 재산권을 잃을 수 있는 위험을 떠안고 그 대가로 이득을 취하는 것이 목적으로, 둘은 상반된 사업이다.

근대 은행업 이전에는 예금업과 대부업이 분리되어 있었다. 예금업에서는 예금주가 보관을 목적으로 예금을 맡겼기 때문에, 예금을 예금주가 원할 때 언제든지 찾을 수 있도록 보장한다. 만약 보관자가 보관 업무를 소홀히 하여 예금을 분실하거나 예금주가 원할 때 즉시 반환하지 못하면, 예금주에게는 보상받을 수 있는 법적 권리가 보장되었다. 예금주는 이런 보관 서비스를 받는 대신 보관비를 내야 했다. 또 예금의 재산권은 예금주에게 있었기 때문에, 전통적인 로마법에 따르면 예금을 보관해주는 사람은 그 돈을 본인 명의로 사용할 수 없었고 100% 지급준비율을 유지해야 했다.[13] 로마법 전통을 이어받은 유럽대륙의 근대 초 시민법에서는 이런 예금보관자의 의무가 매우 엄격하게 적용되었는데, 그래서 국가가 설립한 예금은행의 경우에는 예금을 다른 개인들에게 빌려주는 게 금지되어 있었다.[14] 1360년 바르셀로나에서는 프란체스 카스텔로라는 은행업자가 처형당하는 일도 있었다. 그는 예금자의 돈으로 대부업을 했는데, 어느 날 여러 예금자가 한꺼번에 인출을 요구하자 돈을 돌려주지 못했다. 이 일로 이 은행업자는 자신의 은행 앞에서 군중이 보는 가운데 목이 잘리고 만다.[15]

반면 대부업의 경우 채권자에게는 재산권이 없는데, 재산권을 채무자에게 일정 기간 양도했기 때문이다. 대신 채권자에게는 양도한 기간이 만료되면 이자와 함께 원금을 돌려받을 수 있는 권리가 있었다. 만약 채무자가 돌려주지 않으면 채권자는 채무자를 상대로 소송을 하여 법적 보호를 받을 권리가 있었다. 만기 전까지는 돈의 재산권이 대부업자에게 양도되므로, 대부업자 마음대로 사용할 수 있었다. 때문에 대부업자는 100% 지급준비율을 유지할 필요가 없었고, 채권자도 만기 전에는 반환을 요구할 수 없었다.

이렇게 채권이 재산권과 상반된 것이었기 때문에, 예금업자가 예금으로 맡은 돈을 본인의 명의로 제삼자에게 빌려주면 횡령으로 간주했다.[16] 예금의 재산권이 예금주에게 남아 있는데 이것을 은행업자가 자신의 명의로 빌려준다는 것은, 예금주의 소유물을 은행업자가 임의로 사용한 셈이었기 때문이다.

그런데 횡령을 저질렀다는 법적 비난을 피하면서도 실질적으로는 횡령을 저지르는 방법을 고안한 사람들이 바로 근대 은행의 창시자로 알려진 17세기 후반 영국 런던의 금세공은행업자들이었다. 금세공은행업자들은 실질적으로는 예금업을 하면서도, 예금주에게 예금증서가 아니라 약속어음을 발행해 예금주와 법적으로는 '채무자와 채권자'의 관계를 맺는다. 이는 예금주가 은행업자에게 예금을 마음대로 쓸 수 있도록 허용한 셈이었고, 그 대가로 은행업자로부터 이자를 받았다. 그런데 동시에 은행업자는 예금을 언제든지 찾을 수 있는 권리를 채권자인 예금주에게 부여해주었다. 이 권리는 재산권에 속하는 것이며, 예금증서와 예금업의 특징이다. 다시 설명하면, 은행업자는 약속어음을 발행해서 법적으로 채권-채무 관계를 취함으로써, 예금주의 돈을 마음대로 쓰면서도 횡령을 저질렀다는 법적 비난을 피할 수 있었다. 하지만 약속어음을 받은 사람에게 언제나 돈을 찾을 수 있는 권리(재산권)를 부여해줘서, 실제적으로는 예금증서를 발행한 효과를 냈다. 이 현상을 달리 표현하면, 재산권과 채권을 이종교배했다고, 혹은 대부업과 예금업을 이종교배했다고 할 수 있다. 금세공은행업에서 은행업자와 예금주의 관계는 야누스의 얼굴처럼 채무자-채권자 관계이기도 하고 보관자-예금주 관계이기도 하다. 횡령의 비난을 피하고자 형식적으로는 채무자-채권자 관계의 얼굴을 띠었지만, 뒤로는 보관자-예금주 관계의 얼굴을 숨기고 있다.

재산권과 채권을 이렇게 이종교배하면, 하나의 예금에 대해 재산권을 이중으로 창조하게 된다. 이것은 돈을 새롭게 창조하는 메커니즘이기도 하다.[17] 예를 들어 누군가 1000만 원을 예금했고 은행이 유지해야 할 지급준비율이 0%라고 가정하자.[18] 예금주의 계좌에는 1000만 원이 찍히고 실질적인 재산권이 예금주에게 여전히 남아 있으므로, 예금주는 이 돈으로 다양한 지출을 한다. 반면 은행은 이 예금으로 대부업을 하는데, 빌려줄 때는 대부받는 사람의 이름으로 계좌를 하나 더 만들어 1000만 원을 입금해준다. 이 사람은 이 돈으로 다양한 지출을 한다. 결과적으로 신기하게도 경제에는 1000만 원만큼이 더 만들어진 셈이다. 그리고 여기서 은행에 실제로 보관된 1000만 원에 대해 소유주가 두 명이 생긴 걸 볼 수 있다. 원래 예금주와 1000만 원의 돈을 은행으로부터 빌린 사람, 이렇게 말이다. 필자는 이것을 이중소유권double ownership이라고 칭한다.[19]

채권과 재산권의 이종교배는 법원칙상 불가능하다. 한 거래에서 한 사람이 동시에 재산권자이기도 하고 채권자이기도 할 수는 없기 때문이다. 채권자는 자산의 재산권을 일정 기간 채무자에게 넘겼기 때문에, 그동안은 더는 재산권자가 아니다. 반면 재산권자란 자산에 대해 재산권을 지닌 사람이다. 만약 한 거래에서 한 사람이 재산권도 누리고 채권도 누린다면, 그 자산의 재산권을 양도한 상태면서 양도하지 않은 상태이기도 한 모순이 발생한 것이다. 이러한 법적 모순이 제도화된 것이 현대 은행업이다. 이런 점에서 현대 은행은 비합리성이 제도화된 것이다. 이런 비합리성의 제도화는 영국에서 이루어졌다. 횡령에 대한 법적 처벌을 피하고자 형식적으로는 채권으로 꾸미지만 뒤로는 재산권을 누리는, 법원칙상 불가능한 것이 17세기 후반의 영국에서 제도화된 것이다.[20]

3. 요구불 은행권은 어떻게 화폐가 되었는가?

3-1 화폐와 신용은 다르다

금세공은행업자가 발행한 은행권이 화폐처럼 간주되고 사용되는 게 어떻게 가능했을까? 이 질문에 답하려면 우선 신용과 화폐(현금)와의 차이점을 짚고 넘어가야 한다.

신용은 빚의 다른 표현이다. 신용카드가 그 단적인 예이다. 신용카드를 쓸 때 당신은 그만큼 신용회사로부터 돈을 빌린 것이다. 일시금으로 이달 말에 상환하는 경우라면 짧은 기간 빌린 것이지만 여전히 빚이다. 따라서 신용발행은 일정 기간 채권-채무 관계를 형성한다. 이 일정 기간 채권자는 돈의 재산권을 채무자에게 양도하고 만기가 되면 원금에 이자를 더해 돌려받는다.

신용은 상업거래에서 교환수단으로 쓰일 수 있다. 대표적인 사례가 어음이다. 어음으로 대금 지급을 하는 원리는, 단순하게 표현해, 내가 맺고 있는 채권-채무 관계로 대금을 지급하는 것이다. 예를 들어, 당신이 홍길동에게 1000만 원을 3개월 동안 빌려주었다고 가정해보자. 그리고 당신이 김철수에게서 중고차를 1000만 원에 사려고 하는데, 현금이 없다고 하자. 현금을 지급하지 않아도, 차 대금을 지급할 방법이 있을까? 있다. 김철수에게 3개월 후에 홍길동으로부터 1000만 원을 받으라는 어음을 주는 것이다.

그렇다면 화폐와 신용은 어떻게 다른가? 물론 신용수단과 화폐는 몇 가지 중요한 공통점이 있다. 신용과 화폐는 같은 계산단위로 표현된다. 화폐인 5000원권도 '원'이라는 단위로 표현되고, 당신이 신용카드를 쓸 때마다 빌리는 신용도 '원'이라는 단위로 표현된다. 또한 둘 다 교환수단으로 쓰인다. 물건을 살 때 현금인 화폐로 지급할 수도 있고, 신용카드로 지급할 수도 있다.

하지만 신용과 화폐에는 본질에서 다른 점이 있다. 신용발행은 채권-채무 관계를 만들어내지만, 화폐는 채권-채무 관계를 청산한다. 화폐의 이 기능을 부채청산기능finality이라고 부르는데, 화폐는 신용관계를 청산해준다. 당신이 신발가게에서 점원에게 물건을 살

때 돈으로 지급했다면, 당신은 이후 점원을 다시 만날 필요가 없다. 물건을 얻은 대가를 화폐로 모두 치렀기 때문이다. 그런데 만약 당신이 신발 도매상 김철수에게서 신발 100켤레를 사면서 홍길동이 지급을 약속한 어음으로 대금 지급을 했다면, 당신은 김철수를 다시 만나야 할 수도 있다. 만기일에 홍길동이 김철수에게 현금을 지급하지 못하면 김철수가 당신에게로 와서 대신 현금을 지급해달라고 요구할 것이기 때문이다. 이때 법적으로도 당신에게 지급 의무가 있다. 즉 신용수단으로 지급하면 당신은 채권-채무 관계에 포함되어 원래 발행자가 채무 의무를 이행하지 못한 경우 대신 이행할 의무가 있다. 반대로 화폐로 지급하면 당신은 채권-채무 관계에서 벗어나 자유로울 수 있다. 이것이 화폐의 부채청산기능이다. 이런 점에서 신용과 화폐는 정반대의 기능을 수행하는 서로 반대의 것들이다.

런던 금세공은행업자들이 예금주에게 발행한 약속어음은 현금이 아니라 신용이다. 차후에 돈을 지급하겠다는 약속에 불과하기 때문이다. 여기서 금세공은행업자는 채무자가 되고 예금주는 채권자가 된다. 그런데 금세공은행업자의 약속어음은 신용이면서 동시에 화폐이기도 하다. 이제 설명하겠지만, 이 약속어음에 '요구불 지급'과 '무기명'의 특성을 부여한 덕분이다. 언제든지 원할 때 현금화할 수 있으면서도, 익명이어서 건네준 사람이 드러나지 않아 채무변제 의무에서 벗어날 수 있기 때문이다.

3-2 요구불 은행권은 어떻게 화폐가 되었는가?

화폐에는 두 가지 중요한 기능이 있는데, 첫째는 높은 양도성transferability이고 둘째는 부채청산기능finality이다. 우선 이 두 기능이 왜 예금증서와 약속어음에는 없는지 살펴본 후, 금세공은행업자들의 은행권에는 어떻게 이 두 기능이 가능했는지 설명하도록 하겠다. 이에 대한 설명이 오스트리아학파 학자들 간의 논쟁에서는 제시되지 않았다.

채권에 양도성이 있는 경우란, 원래 채권자가 원래 채무자에 대해 누렸던 권리를 제삼자가 똑같이 누리게 할 수 있는 것을 말한다. 이때 원래 채무자가 처음 채권-채무 계약시 이것에 동의했기 때문에, 채권자는 이후 채무자의 명시적인 동의 없이도 자신의 권리를 제삼자에게 양도할 수 있다. 양도성 있는 어음이 이런 경우인데, 앞의 중고차 구매 사례처럼 당신은 김철수에게 홍길동으로부터 1000만 원을 받을 수 있는 권리를 양도할 수 있고, 이런 양도성 덕분에 어음이 대금 지급 수단으로 사용될 수 있다.

그러면 부채청산기능은 무엇인가? 만약 어음으로 대금 지급을 하고 나서 이 어음이 부도가 나더라도, 즉 홍길동이 1000만 원을 지급하지 않더라도 김철수가 당신에게 와서 대신 갚으라고 할 수 없다면, 이 어음에 부채청산기능이 있다고 할 수 있다. 즉 지급과 더불어 당신의 채무변제 의무가 모두 청산되어서 하나도 남지 않았다면, 당신 입장에서는 이 어음에 부채청산기능이 있다고 할 수 있다. 이렇게 양도성과 부채청산기능은 다른 것이다. 양도성이 있다고 해서 반드시 부채가 청산된 것은 아니다. 예를 들어, 어음으로 빚을 갚을 수 있다면, 이 어음에 양도성이 있다고 할 수 있다. 그런데 이 어음이 부도가 났을 때 당신에게 빚을 갚아야 할 의무가 남는다면 이 어음에 부채청산기능은 없다.

부채청산기능은 화폐의 주요한 특징인데, 이런 기능이 가능한 한

가지 중요한 이유는 익명성 때문이다. 길에서 우연히 주운 돈이 내 것이 될 수 있는 이유는 돈에 원래 소유자의 이름이 적혀 있지 않기 때문이다. 내가 오늘 100만 원짜리 컴퓨터를 샀는데, 인플레이션 때문에 돈의 가치가 내일 절반으로 폭락했다고 해서 컴퓨터를 판 사람이 내게 찾아와서 100만 원을 더 내야 한다고 요구할 수 없다. 돈에 이름이 적혀 있지 않기 때문이다. 그리고 정치가에게 주는 뇌물이 주로 현금인 이유도 이와 같다. 현금에는 이름이 적혀 있지 않아 돈을 건넨 사람이 드러나지 않는다.

과연 예금증서가 부채청산기능과 높은 양도성 모두를 다 지닐 수 있을까? 논쟁의 한 측인 로렌스 화이트는 이것이 불가능하다고 주장한다. 그의 논리는 다음과 같다.[21] 예금업자가 제공하는 서비스는 크게 두 가지다. 첫번째 서비스는, 맡은 예금을 잘 보관했다가 예금주가 예금을 원할 때 돌려주는 것이다. 이런 의무를 잘 이행하는 대신 예금업자는 정기적으로 (주로 월별로) 보관료를 받는다. 두번째 서비스는 예금주끼리의 지급을 중재하는 것이다. 예를 들어 예금고객 A가 예금고객 B에게 1000파운드를 지급하고자 할 때, 예금업자가 중재해서 A의 예금계좌에서는 1000파운드를 차감하고 B의 예금계좌에는 1000파운드를 추가하는 식으로 중재하는 것이다. 고객 A와 B는 1000파운드를 번거롭게 실제로 주고받을 필요가 없고, 예금업자는 이 중재 서비스를 제공하는 대신 양도수수료를 챙길 수 있게 된다. 이런 양도 서비스는 전통적으로 예금업자가 장부상에서 행했다. 장부상에서 A의 예금계좌에서는 1000파운드를 차감하고 B의 예금계좌에는 1000파운드를 추가하는 식이었다.

그런데 어느 날 예금업자가 장부상 거래만 하지 않고, 양도 가능한 예금증서를 발행한다고 하자. 이 발행한 예금증서는 무기명으로 익명성이 보장되고, 이 예금증서로 대금을 지급하거나 빚을 갚을 수 있으며, 이 예금증서를 소지한 사람이면 그 누구든지 예금업자에게 와서 현금을 찾을 수 있다. 이런 상황에서 예금업자는 보관료를 정기적으로 걷을 수 있을까? 그리고 이 예금증서가 다른 사람에게 양도될 때마다 양도수수료를 챙길 수 있을까? 예금증서를 지금 누가 소지하고 있는지 알 수 없고 언제 소지자가 바뀌었는지도 알 수 없는데도, 은행은 정기적으로 보관료와 양도수수료를 챙길 수 있을까? 화이트의 주장대로, 불가능하다.[22] 결론적으로 그의 주장처럼, 무기명의 양도성 높은 예금증서 발행은 불가능하다.

그렇다면 약속어음 등의 신용증서는 높은 양도성과 부채청산기능 모두를 동시에 지닐 수 있을까? 결론부터 말하면, 그럴 수 없다. 그 이유를 설명하면 다음과 같다. 신용증서는 지급을 약속한 것에 불과하므로, 지급하는 사람의 신뢰도가 매우 중요하다. 그렇지 않으면 신용증서가 양도성을 얻기 힘들다. 이 신뢰도를 높이기 위해, 상업거래에 사용되는 신용증서는 기명식記名式이었다. 즉 양도할 때 양도받는 사람을 명확히 하기 위해 그 이름을 신용증서에 적는 것이 17세기 후반 영국에서의 관행이었다. 이것을 배서한다고 한다. 그리고 이런 종류의 방식을 '지참인 지급pay to a bearer'과 구별해서 '기명 지급pay to order'이라고 한다. '지참인 지급'의 어음은 지급받을 수 있는 특정인을 기명하지 않고 지참한 사람이면 누구든지 현금을 돌려받을 수 있는 어음을 말한다. 이런 어음의 경우 반드시 배서할 필요가 없었다. 당시 어음 중 '지참인 지급'의 특징을 가진 것도 없지는 않았지만, 상인들 사이에 관행이 아니었다.

배서가 상업 관행으로 정착한 이유는 신용증서로 대금 지급을 한 경우는 사람 손을 옮겨갈수록 그 신용도가 떨어질 수밖에 없는데, 이 것을 막기 위해서였다. 어음은 당시 국가 간 무역에서 많이 사용되었는데, 그러면 어음 지급인을 모르는 사람들 손에도 어음이 가게 된다. 모르는 사람을 신뢰하기는 어려우므로, 이 어음에 대한 신뢰도도 떨어질 수밖에 없었다. 이것을 막기 위해 배서제도와 '기명 지급'을 상업 관행으로 정착시킨 것이다.[23] 만약 어음이 부도가 나더라도 배서해서 그 어음을 건넨 사람이 연대보증인 역할을 하면 어음의 신뢰도가 유지될 수 있었던 것이다.[24] 법원도 이 배서제도와 '기명 지급' 관행을 권장하기 위해, 배서한 '기명 지급'의 어음만 법적으로 보호해주었고, 배서하지 않아도 되는 '지참인 지급'의 어음은 보호해주지 않았다.[25] 결론적으로 말해, 신용증서에서는 높은 양도성과 부채청산기능은 서로 배타적이다. 즉 높은 양도성을 얻기 위해서는 기명식 형태를 취해 부채청산기능을 포기해야만 한다.

그렇다면 금세공은행업자들의 은행권에는 어떻게 이 두 기능이 가능했을까? 채권과 재산권을 이종교배한 덕분에 가능했다. 형식적으로는 약속어음을 발행해서 예금주와 금세공은행업자 간의 관계를 채권-채무 관계로 취한다. 이렇게 되면 금세공은행업자는 예금을 은행업자 명의로 제삼자에게 빌려줘 이자를 챙길 수 있어서, 굳이 예금주로부터 보관료를 받거나 양도 수수료를 받을 필요가 없었다. 그리고 은행권을 제삼자에게 빌려줄때는, 상인들이 가지고 온 어음을 할인해주고 그 대금으로 그 상인들에게 은행권을 발행해주었다. 이때 어음 할인율만큼이 은행업자가 그 상인들로부터 받는 이자가 된다. 이런 식으로 은행권을 처음 빌려줄 때 이자를 한꺼번에 받았다. 이렇게 되면 발행된 은행권이 이후 다른 사람으로 양도되더라도 그 다른 사람을 알아내어 이자를 받으러 갈 필요가 없다. 즉 굳이 기명식 은행권을 발행할 필요가 없어지는 것이다.

위에서 예로 든 차일드사라는 금세공은행업자가 발행한 은행권에서 "pay unto bearer"라는 문구를 볼 수 있다. 은행권을 지참한 사람이면 누구든지 현금을 돌려받을 수 있다는 문구이다. 이렇게 금세공은행업자들의 은행권에는 화폐처럼 익명성이 있었다. 이들의 은행권은 이렇게 익명성 덕분에 부채청산기능이 있으면서 양도성도 있었다. 이 은행권은 런던시 안에서만 주로 유통되었고 런던시 안에서 이들 금세공은행업자들은 나름 명성이 있었기 때문에, 그들의 은행권이 여러 사람을 거친다는 사실로 인해 신뢰성이 떨어지는 일은 없었다.

이렇게 금세공은행업자들의 은행권은 채권 형태를 띠어서 익명성을 확보하면서도 언제나 돈을 찾을 수 있는 '요구불 지급'이라는 재산권을 부여해줘서 실질적으로는 약속어음도 예금증서도 아니면서도 그 이상인 것, 바로 화폐를 발행한 것과 같은 효과를 내었다.

금세공은행업자들이 '지참인 지급'이라는 익명성을 자신들의 은행권에 부여한 것은 법제도를 교묘히 이용한 측면도 있었다. 앞서 언급했듯이, 법원은 배서제도와 '기명 지급'을 관행으로 권장하기 위해, 배서가 필요한 '기명 지급'의 어음만 법적으로 보호해주었다. 배서한 어음이 양도되었을 경우는 이것을 채권-채무 거래로 봐 이 어음을 배서해서 양도한 사람을 연대보증인으로 취급한 반면, 배서하지 않은 어음은 단순한 판매로 봐 양도한 사람에게 그 어떤 채무변제 의무도 없는 것으로 간주했다. 전자의 경우 어음이 부도가 나면 이 연대보증인들에게 지급을 요청할 수 있고 법원이 이 지급을 강제할 수 있는 반면, 후자의 경우엔 어음이 부도가 나더라도 양도한 사람에게 지급을 요구할 수 없고 법원도 이 지급을 강제하지 않았다.

이런 법원의 태도를 이용해서 금세공은행업자들은 '지참인 지급'인 무기명식 약속어음을 발행했는데, 이 약속어음으로 대금을 지급한 사람은 연대보증의 의무를 지지 않아도 됐다.[26] 배서할 필요가 없었기 때문이었다. 이렇게 되면, 금세공은행업자들이 발행한 약속어음으로 대금 지급을 한 사람은 마치 현금으로 지급한 것과 같은 특권을 누리게 된다. 연대보증인에 포함되지 않아서 채무변제 의무로부터 완전히 자유로울 수 있었던 것이다.[27] 이는 결국 금세공은행업자들의 약속어음이 마치 화폐처럼 기능하게 되었음을 의미한다. 이는 신용수단인 약속어음을 화폐로 둔갑시키는 일종의 연금술이라 할 수 있다.

이렇게 언제든지 원할 때 현금화할 수 있으면서도 무기명인 약속어음은 현금과 거의 같은 것이다. 당시 상인들이 금세공업자들이 발행한 증서를 어떻게 생각했는지 잘 알 수 있는 법정 자료가 있다. 1695년 영국의 보통법원 재판 기록에서 판사의 다음과 같은 말을 볼 수 있다. "금세공은행업자들이 발행한 증서는 상인들 사이에 항상 현금ready cash으로 간주되었지 어음으로 간주되지는 않았다."[28] 어음은 채권-채무 관계를 입증하는 신용증서이지 현금이 아니다. 그러나 금세공은행업자들의 약속어음은 신용증서임에도 불구하고 특이하게도 상인들 사이에 현금으로 간주되었다고 법원이 증언하고 있다. 당시 영국의 보통법원의 재판장들은 판결을 위해 상업 관례를 자세히 파악했기 때문에, 이는 신빙성 있는 역사적 사실로 간주할 만하다. 이렇게 약속어음이 현금같이 여겨진 이유는 '요구불 지급'과 '무기명'이라는 특징 때문이었다. 이렇게 현금 같은 신용수단이 교환수단으로 널리 쓰이면서 현대 금융이 시작된다.

4. 사기인가 아닌가?

형식적으로는 약속어음을 발행했지만, 실제적으로는 이중으로 예금증서를 발행한 금세공은행업자와 예금주의 계약은 사기일까 아닐까? 앞서 설명했듯이, 로스바드나 호페 등의 오스트리아학파 학자들이 주장하는 횡령은 아니다. 예금주는 은행업자가 예금을 은행업자 명의로 마음대로 쓸 수 있도록 허용하는 계약을 했고 그 대가로 은행업자로부터 이자를 지불받았기 때문에, 은행업자가 예금주의 돈을 부당하게 횡령했다고 볼 수 없다.

그렇다면 전혀 문제가 없는 걸까? 호페나 우에르토 디 소토Jesus Huerta De Soto 등은 이것이 제삼자를 대상으로 하는 사기에 해당한다고 주장한다.[29] 이들에 따르면, 은행업자와 예금주가 협의해 하나의 예금을 이용해 두 개의 예금이 있는 것처럼 꾸며낸 사기에 해당한다. 즉 현대 금융이 자랑하는 화폐창조 기능이 사기에 해당한다는 것이다. 이 화폐창조 기능이란 하나의 예금에 대해 두 개의 재산권 증서를 만들어 그중 하나를 제삼자에게 빌려준 것을 말한다. 이것은 법적 원칙상 성립할 수 없는 행위인데, 왜냐하면 존재하지 않는 예금을 마치 존재하는 것처럼 꾸며서 제삼자에게 빌려준 것이기 때문이다.[30]

그렇다면 이 제삼자는 어떤 피해를 보게 되는 걸까? 이들 학자에 따르면, 은행들이 이렇게 이중으로 재산권을 창조하는 행위로 인해 경기 확장과 후퇴 및 경제위기가 초래된다. 경제위기는 특히 노동자·공급자·소비자 등에게 피해를 주게 되므로, 결국 은행의 화폐창조가 사회의 보편적 이익을 침해하게 된다는 것이다.[31]

은행들의 화폐창조가 경기를 확장하고 후퇴시키는 원인이라면, 이들 학자의 주장은 타당하다고 할 수 있다. 이들 학자가 경기변동을 어떻게 설명하는지 살펴보자.

이들 학자에 따르면, 경기가 급속히 확장되고 갑자기 축소되는 주요한 원인은 은행들이 인위적으로 화폐의 양을 늘려 싼 이자로 많은 돈을 경제에 풀기 때문이다. 은행이 화폐를 이중으로 창조하면서, 경제 행위자들은 늘어난 화폐를 싼 이자로 쉽게 얻을 수 있게 된다. 그런데 여기서 문제는 단순히 화폐의 양이 늘어났을 뿐인데도 활용할 수 있는 실제 자원이 그만큼 많아졌다고 착각하게 된다는 데 있다. 이전에는 이윤이 나지 않아 실현할 수 없다고 여겨졌던 사업 프로젝트들을 이제는 이윤이 나고 실현가능할 것이라고 잘못 판단을 내린다.[32] 주로 이런 사업들은 기계, 자본 장비, 산업용 원자재, 건축 등 대규모 투자가 장기적으로 필요한 자본재 산업들이다. 이제 산업자본가들은 낮은 이자율로 대규모 돈을 은행으로부터 빌려 이곳저곳에서 장기적인 자본재 투자를 하기 시작한다. 그런데 한 사회가 장기적으로 자본재에 얼마큼 투자할 수 있느냐는 이 사회가 필요한 만큼의 노동력과 자원과 소비재를 미리 저축해놓았느냐에 달려 있다. 만약 그러지 못했다면 장기적 투자는 중단되어 실현될 수 없다.

이해를 돕기 위해 하나의 비유를 들어보자. 외딴 섬에 한 남자가 표류해서 살기 시작했다고 가정해보자. 이 남자가 생계를 위해 하루에 일할 수 있는 시간은 정해져 있고 하루에 최소한으로 섭취해야 할 음식의 양도 어느 정도 정해져 있다. 이 남자는 당분간은 비도 피하고 따뜻한 벽난로도 있는 튼튼한 집을 지을 처지는 안 된다. 음식을 마련하기도 버겁기 때문이다. 그런데 몇 달 동안 열심히 일해 앞으로 몇 달 동안 먹을 음식을 미리 마련할 수 있다면, 튼튼한 집을 짓는 일을 시작할 수 있다. 그런데 그 집을 짓는 데 열 달이 걸리는데, 미리 저축한 음식의 양이 다섯 달치뿐이라면 그는 도중에 음식 마련하는 일을 하기 위해 집 짓는 일을 중단하거나, 하루 얼마간의 시간은 집을 짓지 못하고 음식 마련하는 일에 투여해야 할 것이다. 이 경우 집 짓는 일이 미뤄지면서 장마도 닥쳐 결국 집 짓는 일이 실패하게 될 수 있다. 이 섬의 비유가 의미하는 것은 저축의 양이 장기적 자본재 투자의 양을 좌우한다는 것이다.

이 비유를 경제 전체로 확대해보자. 은행들의 자의적인 화폐창조로 많은 화폐가 싼 이자로 산업자본가들에게 제공되면서, 산업자본가들은 장기적 자본재 투자에 활용할 수 있는 저축이 많다는 착각을 하게 된다. 늘어난 것은 자원에 대한 재산권뿐인데, 마치 자원 자체가 많아졌다는 착각을 불러일으키는 것이다. 이것이 경기변동의 원인이다.[33] 이렇게 이중으로 창조된 재산권이 싼 이자로 산업자본가들에게 대부되면서, 이들이 경쟁적으로 장기적인 자본재 생산에 뛰어든다. 외딴 섬의 비유와는 달리 장기적 자본재 생산에 뛰어든 사람이 한 사람이 아니다. 산업자본가들이 경쟁적으로 뛰어들면서 노동력이나 원료 등 생산요소에 대한 수요가 급증하고 생산요소의 가격이 오르면서 시간이 갈수록 예상보다 이윤이 나지 않는다.[34] 그럼에도 불구하고 은행에 의한 화폐창조가 계속되면서 이러한 과정은 멈추지 않는다. 그러다가 어떠한 시점에서 자본재 장기 투자가 더는 수 지타산이 맞지 않게 되면서, 산업자본가들이 하나씩 파산하게 된다. 외딴 섬의 비유에서 그 남자는 집을 짓는 일을 그만두고 음식 마련하는 데 시간을 더 할애할 수 있지만, 시장경제에서는 해고된 노동자와 다른 생산요소들이 다른 산업에 흡수되어 다시 생산적인 일에 고용되거나 사용되는 데는 시간이 상당히 소요된다. 몇몇 자본재 산업체가 파산하면서, 이 업체들에 빌려준 은행의 돈이 회수되지 못하자, 예금주들은 은행으로 몰려들어 예금을 대량인출한다. 이것이 금융위기의 시작이다. 은행들은 대출한 자금을 회수하거나 신용대출을 제한하면서 대량인출 사태는 연쇄적으로 산업자본의 파산을 초래해 전반적으로 경기를 급속히 후퇴시킨다. 이 과정에서 금융기업과 금융투자자들은 금융시스템을 살려야 한다는 명분을 들이대고 정부로부터 국민이 낸 세금을 구제금융으로 받아 손해를 회피할 수 있지만, 노동자와 소비자 그리고 하청업체들은 경기 후퇴의 피해를 고스란히 안게 된다. 이것이 오스트리아학파 학자들의 주장이다.

당사자 간에 합의만 된다면 어떤 형태의 계약이든 정당하다는 주장이 있을 수 있다. 그러나 이 주장은 맞지 않다. 제삼자에게 피해를 주는 계약은 불법이기 때문이다. 깡패들이 살인을 모의하고서 살인에 따른 이득을 적절히 배분하는 계약을 하고 살인 후 계약에 따라 잘 배분했다고 해서, 이들의 계약이 정당하다고 말할 수 있는 사람은 결코 없을 것이다. 마찬가지로, 은행과 예금주의 계약이 금융위기를 초래하고 결국은 노동자 등의 제삼자에게 피해를 준다면 정당하다고 할 수 없다.

금세공은행업자들 이전에도 하나의 예금에 대해 이중의 재산권을 창조하는 사례가 있었다. 그런데 이 관행은 장부상에서만 그리고 예금주들 사이에만 이루어져서 이 이중재산권이 초래하는 피해가 사회 전반으로 전파되지 않았다. 예컨대 예금주들 간의 채권-채무 관계를 청산할 수 있도록 은행이 한 예금주에게 예금계좌의 한도를 초과해서 다른 예금주에게 대금 지급을 허락했다. 이 대금 지급은 별도의 증서 발행으로 이루어지지 않았고 은행의 장부상에서만 이루어졌다. 예금액을 초과해서 대금 지급을 하면 존재하지 않은 예금을 창조하는 셈이다. 그러나 이 예금창조가 예금주들 사이에서 장부상에서만 이루어지기 때문에, 한 예금주가 파산하더라도 관련된 예금주들만 피해를 본다. 그러나 금세공은행업자들은 별도의 은행권을 발행해서 사회 전반에 유통시킴으로써, 이중재산권 창조가 초래하는 대량예금인출 사태나 유동성 위기 등을 사회적 위기로 확대한다.

이러한 사회적 문제를 해결하기 위해 1844년 영국 의회는 필 조례Peel's Act를 제정해서 은행이 한 예금에 대해 이중으로 은행권을 발행하는 것을 금지한다. 그러나 이 금지에도 불구하고 은행들은 다른 형태로 이중재산권을 창조하는 관행을 계속한다. 예전에는 은행에 돈을 빌리러 오는 사람에게 은행권을 추가로 발행해서 빌려줬지만, 이것이 금지된 이후에는 빌리러 온 사람에게 은행권의 형태가 아니라 예금계좌를 새로 열어주는 식으로 이중재산권을 창조하기 시작한다. 이런 방식은 21세기 현재도 계속되고 있다.(이 방식에 대한 설명은 본 장의 2-2절에서 했다.)

5. 유저리인가 투자인가?

현대 금융업은 발생 초기부터 영국 법원의 반발을 산다. 법원은 현대 금융업을 유저리usury로 취급해서 법적 보호를 제공하는 데 반대한다. 17세기 초부터 영국의 보통법원은 상업을 활성화하려는 목적으로 무역 거래에 쓰이는 어음에 대해서는 적극적으로 법적 보호를 제공했다.[35] 어음 관련 소송을 단순화시켜 분쟁 해결이 빨리 끝날 수 있도록 했고, 어음으로 대금을 지급한 사람도 보증인으로 포함해 어음 거래의 신뢰성을 높였다. 그런데 법원은 금세공은행업자가 발행한 약속어음에 대해서는 이런 법적 보호를 제공하지 않았다. 그 단적인 사례가 대법원장 홀트가 1702년의 '클러크 대 마틴Clerke v. Martin' 재판과 1703년의 '불러 대 크립스Buller v. Crips' 재판에서 한 선고이다. 그는 이 선고에서, 금세공은행업자들이 발행한 약속어음을 다른 어음과 같은 것으로 취급해달라고 요구하는 행위는 법에 없는 특별한 조치를 요구하는 것과 다름없고, 웨스트민스터의 국회가 아니라 롬바드가의 런던 금융가가 대신 법을 제정하겠다는 거라며 분개한다. 이런 주장의 근거는 금세공은행업자들의 약속어음은 투자가 아니라 유저리라는 것이었다.

유저리usury와 투자investment를 구분하는 것은 중세 서유럽의 중심 제도였다. 유저리는 비도덕적인 것으로 간주해서 법원이 규제하고 투자는 장려했다. 유저리는 소비성 부채를 의미하고 투자는 생산성 채무를 의미한다. 여기서 소비성 부채란, 이윤을 낼 수 있는 생산적인 분야에 투자되지 않는 채무를 말한다. 그 대표적인 사례가 농민에게 빌려주는 채무다. 이런 채무는 흉년이 들어 농가의 생활비로 지출하기 위해 어쩔 수 없이 빌린 돈으로 원금이 중·단기적으로 보전되지 못하기 때문에 채무변제가 쉽지 않다. 채무변제조차 힘든 상황에 놓인 채무자에게 이자까지 수취하는 것은 공동체 성원끼리의 호혜성을 파괴하므로 비도덕적인 행위라고 여겼다. 반면에 생산적 부채란 상업 등 생산적인 부분에 투자되어 이윤이 날 것으로 예상하는 부채이다. 중세시기 이 부채에 대해서는 이자 수취가 허용되었다. 영국의 경우 중세 후반에 법이 점차 완화되어가기는 했지만, 17세기 후반까지도 법원은 투자와 유저리를 구분해서 어음 등 투자에 해당하는 상업관례에 대해서는 법적 보장을 해주고, 유저리는 보호해주지 않는 원칙을 지켜온 것이다.

금세공은행업자들의 은행권 발행이 유저리라는 법원의 판결은 옳았을까? 이를 판단하기 위해서는 금세공은행업자들의 사업방식을 살펴봐야 한다. 금세공은행업자들은 주로 어음을 가지고 오는 상인들에게 추가로 발행한 은행권을 빌려주었다. 어음 할인을 해준 셈이다. 앞서 설명했듯이, 어음의 만기일은 주로 90일이었는데 어음을 대금으로 받은 상인이 90일 전에 현금이 필요할 때 금세공은행업자들에게 가서 어음을 주고 은행권을 대신 받은 것이다. 이때 어음 만기시 지급받을 어음 액면가에서 이자를 뺀 만큼의 은행권을 받는다. 이러한 어음 할인은 유저리에 해당할까 아니면 투자에 해당할까?

이것을 판단하려면 이 어음 할인을 당시 유럽대륙의 은행이 했었던 어음 구매 및 판매 관행과 비교해볼 필요가 있다. 중세 말 서유럽의 금융을 연구한 학자인 드 루버de Roover 에 따르면, 이 둘 사이엔 서로 큰 차이가 있었다.[36] 네덜란드 등 유럽대륙의 은행들은 어음을 구매하고 판매하면서도 이자를 챙기려는 의도가 없었고, 구매와 판매 간의 차익만을 추구했다는 것이다. 어음은 다른 나라끼리의 장거리 무역에서 흔히 사용되어서 어음마다 발행한 나라가 달랐다. 그래서 발행한 나라 간의 환율 차이가 있었기 때문에 그 환율 차이를 노려

어음을 구매하고 판매했다는 것이다. 반면, 금세공은행업자들의 어음 할인은 순전히 이자를 챙기려는 행위로 법에서 금지하는 유저리에 해당했다.

6. 현대 금융의 탄생 배경과 동기

6-1 경제적 필요성인가?

채권과 재산권을 이종교배하는 법적 모순을 낳고 유저리를 금지하는 관례를 어기는 현대 금융이 왜 영국에서 먼저 제도화되었을까?

경제적 수요 때문일까? 무역이 활발해지면서 교환수단인 화폐에 대해 수요가 커지면서 이 수요를 충족시키기 위해 현대 금융이 필요했을까? 그런데 당시 영국은 네덜란드나 프랑스 등 대륙의 국가들에 비교해 무역이 활발하지 않은 경제 후진국이었다. 만약 무역발전에 따른 경제적 수요 때문이었다면, 무역이 더 발달했던 유럽대륙에서 현대 금융의 이종교배가 먼저 제도화되었어야 했다.

그리고 무역이 발전한다고 해서 화폐 수요가 반드시 늘어날 필요는 없다. 화폐 대신 어음이 교환수단 역할을 충분히 할 수 있기 때문이다. 그 단적인 예로, 17세기의 암스테르담 은행은 지급준비율을 100% 유지해서 예금업과 대부업을 분리하면서도 상인들 간의 거래를 원활히 돕는 역할을 했었다. 당시 암스테르담에서 활동하는 상인들은 암스테르담은행에 예금계좌를 개설하게 되어 있었다. 그리고 상업 거래를 하면서 다른 상인들에게 받은 어음도 모두 이 은행에 제출했다. 어음은 상인들끼리 거래를 매개하는 교환수단이면서도, 어느 상인에게 얼마를 갚아야 하는지 알 수 있는 신용증서이다. 이런 증서들을 한 은행에 모두 모으면 상인들 간에 채권과 채무를 상쇄할 수 있다. 암스테르담은행이 이런 역할을 했는데, 상쇄할 때는 상인들의 예금을 장부상에서 조정하기만 하면 됐다. 이렇게 암스테르담은행은 화폐를 추가로 발행하지 않으면서도 무역 거래가 원활하도록 도울 수 있었다.

6-2 현대 금융의 본질은 신탁이다

현대 금융의 탄생이 경제적 필요성 때문이 아니라면 무엇 때문일까? 주의해서 볼 사항은, 채권과 재산권의 이종교배라는 법적 모순의 제도화 현상이 금융에서만 일어나지 않았다는 사실이다. 법체제 안에서도 이런 현상이 일어났다. 현대 금융이 탄생했던 것과 같은 시기인 17세기 중반에 채권과 재산권의 이종교배가 신탁법의 제정을 통해 법체제 안에서 체계화된다. 이 사실로부터 유추할 수 있는 것은, 이 이종교배라는 모순이 17세기 중반 영국에서 발생한 사회적 변화를 특징적으로 잘 보여주는 중요한 현상이었다는 것이다. 그리고 신탁법과 현대 금융이 같은 이유에서 같은 시기에 발생했다는 점도 어떤 시사하는 바가 있다.

1장의 3절에서 자세히 설명했듯이, 신탁법은 영주계급이 명목상 왕의 토지를 사적 재산으로 착복하려는 과정에서 발생한다. 현대 금융의 발생 원인도 신탁법의 발생 원인과 같다. 토지와 마찬가지로 금은 영국 중세사회에서는 원칙상 왕의 소유였다. 어떤 토지에서든 금이 발견되면 그 금은 왕에게 속하게 되어 있었다. 이렇게 명목상 왕의 소유인 금을 지주계급이 사적 자산으로 착복하는 과정에서 발생한 사업이 예금업이었다. 그 대표적인 예금처가 바로 런던주조소鑄造

所였다. 런던주조소는 금·은 등을 모아 화폐를 주조하기 때문에 튼튼하고 안전한 금고가 있었고, 이곳에 귀족 지주계급과 부유한 상인층은 자신들의 금과 은의 예금을 의뢰했다.[37] 그런데 이 런던주조소를 둘러싸고 현대 은행업의 탄생을 예고하는 정치적인 사건이 1638년에 일어났다.

당시 영국 왕이었던 찰스 1세는 전쟁비용이 모자라 런던주조소에 예금된 돈이 급히 필요했다. 우선은 이곳에 예금된 20만 파운드를 몰수한다. 그러고는 이 돈을 돌려줄 테니 4만 파운드의 돈을 빌려달라고 예금주들에게 요구한다. 이 사건 이후 런던주조소는 예금처로서의 명성을 잃고, 귀족 지주계급은 다른 예금처를 찾기 시작한다.[38] 이들이 찾은 대안이 바로 런던의 금세공업자들이 제공하는 예금서비스였다. 학자들은 이 사건이 현대 금융을 탄생시킨 중요한 계기였다고 이야기한다. 그런데 이들 학자는 금세공업자들이 제공한 예금서비스가 어떤 점에서 기존의 예금서비스와 다른지, 왜 기존의 예금서비스는 현대 금융을 탄생시키지 못했지만, 금세공업자들의 예금서비스는 그럴 수 있었는지 설명하지 못하고 있다.

이에 대한 설명을 필자가 해보면 이렇다. 현대 금융은 런던 금세공업자들이 비전통적인 방식으로 예금서비스를 제공하면서 시작한다. 바로 예금서비스를 제공하기 위해 대부업의 형식을 취하는 것이었다. 예금을 보호하기 위해 대부업의 형식을 취하는 것은 이때가 역사적으로 처음은 아니었다. 16세기 중반에 스페인 세비야의 예금업자들은 카를로스 5세가 예금을 몰수하지 못하도록 예금을 상인들에빌려주는 일이 이미 있었다.[39] 예금업자들의 금고가 비어버려 몰수하고 싶어도 하지 못하게 된 것이다. 그런데 런던 금세공업자들이 예금업을 대부업처럼 꾸미는 방식은 세비야의 예금업자들과는 달랐다. 런던 금세공업자들은 받은 예금 그 자체를 제삼자에게 빌려주지는 않았다. 예금을 보관하고 있는 금고를 비우는 대신, 하나의 예금에 대해 약속어음을 원래 예금주와 돈을 빌리러 온 사람 둘 모두에게 발행한 것이다.

이런 조치는 여러 가지 의문을 자아낸다. 이런 조치들이 어떻게 예금을 왕으로부터 보호하는 데 효과적일 수 있었을까? 금세공은행업자들에게 돈을 빌리러 온 사람들은 어째서 현금이 아니라 약속어음만 받는 데 만족하고 더구나 이자까지 낸 것이었을까? 약속어음은 현금이 아니다. 채무자가 돈을 빌린 사실을 입증하고 이후에 원금과 이자를 갚겠다고 채권자에게 주는 약속증서이다. 왜 현금 대신 이런 약속증서만 받고 마치 현금을 빌린 것처럼 이자를 낸 것일까? 예금주도 왜 예금증서를 받지 않고 약속증서를 받은 것일까? 예금주가 금세공업자에게 돈을 맡긴 이유는 자신의 예금을 안전하게 지키기 위한 것이다. 그런데 약속어음을 받았다는 것은 그 예금을 금세공은행업자들 명의로 마음대로 써도 된다고 합의했다는 이야기이다. 금세공은행업자들이 그 예금을 마음대로 쓰다 보면 손실이 나올 수 있다. 그런데도 빌려준 것이니 희한한 일이다.

예금주와 돈을 빌리러 온 사람들이 기꺼이 약속어음을 받고 이런 조치가 예금을 왕으로부터 효과적으로 보호할 수 있었던 이유는, 앞서 자세히 설명했듯이, 이 약속어음이 두 가지 점에서 보통의 약속어음하고는 달랐기 때문이었다. 바로 ① '요구불 지급'과 ② '지참인 지급'의 특징이 있었다. 이 두 가지 특징이 약속어음을 마치 현금 같은 것으로 둔갑시키게 된다. 이 약속증서가 현금과 같다고 여겼기 때문에, 돈을 빌리러 온 사람들이나 예금주나 이것만 받고도 만족했던 것이다.

그리고 여기서 금세공은행업자들이 맡은 돈을 어떤 식으로 왕으로부터 보호했는지도 짐작할 수 있다. 맡은 하나의 돈에 대해 '자기 것'이라고 여기는 사람을 몇 배로 만들어 왕에 한꺼번에 대항할 수 있도록 한 것이다. 이렇게 대항하는 사람들이 많으면, 왕이라도 쉽게 금세공은행업자들의 금고에 눈독을 들이기가 쉽지 않았을 것이다.[40]

신탁과 현대 은행은 그것이 발생한 동기만 같은 것이 아니다. 채권과 재산권의 이종교배라는 점에서도 그 본질상 서로 같다. 앞서 설명했듯이, 현대 은행업의 요구불 예금에서 예금자의 권리는 채권자의 권리(이자 수취)와 재산권자의 권리(요구불 지급)가 모두 들어 있는 채권과 재산권의 이종교배 형태이다.[41]

이렇게 신탁과 현대 금융이 정착되는 과정은 13세기 이래 왕과 귀족 지주계급 사이의 오래된 투쟁의 역사를 반영한다. 이러한 계급 투쟁의 큰 흐름에 명예혁명이 있었다. 명예혁명을 통해 귀족 지주계급은 왕권을 크게 제한하는 데 성공하고, 의회의 권한과 지주계급의 재산권을 강화한다. 그 과정에서 정착된 것이 바로 신탁법과 현대 금융이다. 명예혁명 직후 귀족 지주계급이 합법적으로 공유지를 헐값에 수탈하고, 영란은행the Bank of England을 설립해 현대 금융을 정착시켰다.

7. 소결: 자원배분의 왜곡과 금융위기

살펴본 바와 같이 현대 은행의 요구불 예금의 등장에는 사회의 근본적인 변화가 담겨 있다. 우선 17세기 정치적 혁명으로 드러난 자산가 계급과 왕 사이의 권력 관계 변화가 담겨 있다. 왕으로 대표되는 공동체의 자산인 토지와 금을 사적 재산으로 삼으려는 자산계급의 왕에 대한 투쟁이 17세기에 극에 달하고, 결국 1688년 명예혁명을 기점으로 자산계급이 승리한다. 이 투쟁의 과정에서 태동하고 확립된 것이 바로 현대 은행의 요구불 예금이다. 즉 자산계급이 원래 왕의 자산이었던 금을 사유화하려는 과정에서 현대 은행의 요구불 예금이 금세공은행업자들에 의해 도입되고, 명예혁명 직후 1694년 영란은행의 수립과 더불어 확고히 제도화된 것이다. 이 과정을 통해 화폐를 창조하는 능력을 자산계급이 획득한다. 금세공은행업자나 영란은행은 모두 국가의 공적 기관이 아니라 사적 조직이었다. 이 사적 조직이 채권과 재산권을 교묘히 이종교배해 만들어낸 은행권이 현금처럼 쓰이게 된다. 이 영란은행의 설립 과정에 어떤 정치적 역관계가 있었는지는 다음 장에서 자세히 분석할 것이다.

또한 현대 은행의 요구불 예금에는 중세와는 다른 도덕적·법적 변화가 담겨 있다. 중세에는 투자와 유저리를 구분해서 채권-채무 관계가 상업이나 산업 영역을 넘어서 확장되는 것을 막았다. 그러나 현대 은행은 이 구분을 무력화시키고 채권-채무 관계가 전全 사회 영역을 지배하도록 만든다. 금세공은행업자들이 이자 수취를 위해 일반 사람에게 돈을 빌려주거나 어음을 할인하는 행위는 중세에는 유저리로 여겨 불법화했던 것이었다.

현대 은행의 요구불 예금은 권리 행사의 형평성에도 문제를 일으킨다. 금세공은행업자가 발행한 은행권이 약속어음이냐 예금증서이냐에 따라 은행과 예금주의 법적 권리와 의무가 다르다. 만약 채권자-채무자 관계로 정의되었는데도 채권자에 걸맞지 않은 특권을 누리거나 마땅한 의무를 이행하지 않으면 사회정의 측면에서 문제가 생긴다. 현대 은행업에서 예금주는 법적으로 채권자에 불과한데도, 언제나 만기 이전에도 돈을 찾을 수 있는 재산권적 특권을 행사한다. 또한 금세공은행업자들은 은행권을 빌려주고 이자를 챙길 때는 채권자로 행사하지만, 이 은행권은 법적으로 약속어음에 불과하므로 그들은 사실 채무자에 불과하다. 채무자에 불과한 이들이 이자를 챙기는 채권자의 권리를 누리는 특권을 행사하는 것이다.

현대 은행의 요구불 예금은 사회적 자원이 여러 사회 영역에 자연스럽게 배분되는 것을 왜곡한다. 금세공은행업자들이 부풀려 발행한 은행권은 사회적 자원에 대한 통제권을 부풀린 것이다. 사회가 현재 확보한 자원은 한정되어 있는데, 통제권만 부풀려놓고 이 통제권을 선취한 사람들이 한정된 사회적 자원을 선취해서 이용할 수 있는 권리를 가지도록 한 것이다. 당시 몇몇 유명한 금세공은행업자들은 왕에게 10%의 높은 이자로 돈을 빌려줬고, 왕은 이 빌린 돈을 전쟁자금으로 사용했다. 즉 한정된 자원을 전쟁 영역으로 손쉽게 배분해주는 역할을 금세공은행업이 했다.

이렇게 은행이 군비를 조달하는 역할을 하는 것은 20세기 후반기에도 마찬가지였다. 20세기 미국의 경우 국채로 조달한 자금은 주로 군비지출을 위해 쓰였는데, 이 국채를 사준 것이 바로 투자은행들이었다. 이 투자은행들이 국채를 사서 군비를 대주는 대가로, 미국 정부는 투자은행에 대해 금융규제를 거의 하지 않았고, 족쇄 풀린 투자은행의 사업은 결국 2008년 금융위기를 일으킨다.[42]

3장

• • •

현대 금융의 본질

1. 금융과 페르소나

　2장에서는 현대 은행의 요구불 예금의 성격을 분석함으로써 미시적인 접근을 통해 현대 은행의 본질을 규명했다. 반면, 여기 3장에서는 현대 은행의 본질을 이해하기 위해 현대 은행이 탄생하게 된 정치경제적 관계와 철학적 배경을 분석하는 거시적인 접근을 택하려 한다.

　19세기 말 이후 새롭게 등장한 현대 정치철학은 17~18세기 서구 근대 정치철학의 전제들을 무너뜨리고 있다. 정치철학에서의 이러한 혁신에도 불구하고, 경제학자들은 새로운 정치철학적 관점에서 금융의 본질을 다시 분석하지 않고 있다. 경제학과 인문학이 서로 결별하여 소통하지 못한 탓일 것이다. 경제학자들은 경제가 정치·문화·철학으로부터 분리 가능한 독자적인 영역이라고 생각해왔다. 경제 현상의 본질은 경제만의 논리로 설명 가능하다고 믿었던 것이다. 더구나 이 불통은 감각 경험과 실증적 검증에 기반을 둔 것만이 확실한 지식이라고 믿는 실증주의적positivistic 방법론이 경제학의 대세를 이루면서 더 심해졌다. 정치, 문화, 그리고 철학적인 것들은 감각 경험 혹은 양적 데이터로 실증하기 어려운 측면이 있다는 이유로 이들과의 소통을 소홀히 해온 것이다. 그러나 이 불통을 타개해야 할 필요가 더욱 절실해지고 있다. 2008년의 국제금융위기 이후 경제학은 이 위기의 원인과 본질을 제대로 밝히지 못하고 있다. 그래서 금융위기에 대한 근본적인 해결책을 제시하지 못한 채 또 다른 금융위기가 예고되고 있다. 경제학자들이 믿고 있는 것과는 달리, 경제학은 근대 서구 정치철학의 관점에 기반을 두고 있다. 이 낡은 정치철학적 관점으로는 금융의 본질이 무엇이고 금융위기가 왜 발생하고 있는지 제대로 이해할 수 없고, 금융위기에 대해 근본적인 해결책을 제시할 수도 없다.

여기서 분석하는 역사적 시기와 장소는 17세기 후반 영국이다. 이 시기를 분석하는 이유는 이 시기 영국에서 근대적 형태의 은행업이 처음 시작됐고, 동시에 근대적 주체 개념인 '인격' 개념이 존 로크 등에 의해 철학적으로 발전했으며, 주식회사와 국가가 인격적 독립성을 획득했기 때문이다. 지금까지 학자들은 이 근대 은행의 등장, 근대적 인격 개념의 등장, 그리고 국가 등 집단인격의 등장 사이에 본질적인 관련성이 없다고 생각해왔지만, 필자는 이들 사이에 깊은 연관 관계가 있음을 보일 것이다. 즉 근대 은행이 정착되기 위해서는 근대적 인격 개념과 독립적 집단인격의 형성이 필수적이었다는 사실을 보일 것이다. 이 시기를 분석하는 또 다른 장점은 근대 인격 개넘과 근대 은행이 이 시기 이전의 주체 개념 혹은 기존의 금융과 어떻게 본질적으로 다른지를 분석할 수 있다는 것이다. 21세기를 사는 우리는 인격 개념과 근대 은행에 익숙해서 그 독특성을 실감하기 어렵지만, 이 초기로 돌아가면 실감할 수 있다.

로크의 인격 개념은 근대적 인격 개념의 대표적 사례이다. 물론 로크 이전에 토머스 홉스 등도 인격 개념을 사용하긴 했지만, 로크에 와서 인격 개념이 더욱 체계화되었다. 또한, 로크를 다루면 재산property 개념과 인격 개념 사이의 연관성을 충분히 살펴볼 수 있다는 장점도 있다. 그리고 로크의 인격 개념은 근대 금융이 발생한 17세기 후반기에 같이 등장했을 뿐 아니라, 이후 근대 금융이 잘 발달한 영미권에서 지배적인 관념이 되었다. 이런 점들 때문에 근대 인격 개념의 대표적 사례로 로크의 인격 개념을 분석하려 한다.

주식회사가 그 구성원인 주주들의 인격성으로부터 독립해서 처음으로 독자적인 인격성을 획득한 때가 바로 17세기 말 영국이었다. 근대 은행업을 체계화시킨 영란은행이 바로 그 시초다. 흔히 주식회사의 독립적 인격성은 1855~1862년 제정된 회사법들에서 유한책임제를 도입하면서 형성되었다고 알려졌지만, 사실은 이보다 150여 년 앞서 영란은행에 처음 도입되었다. 또한 국가가 그 구성원인 국민이나 정치가로부터 인격적으로 독립해서 독자적인 인격성을 획득한 것도 바로 영란은행 설립 6년 전인 명예혁명을 통해서였다. 필자는 이 두 집단의 독립적 인격성이 근대 은행이 정착하는 데 필요했음을 보일 것이다.

이 글의 다른 이론적 공헌은, 근대적 인격 개념이 사회적 관계를 '배타적 소유'와 '채권-채무' 관계로 환원하고 이 환원이 근대 금융의 존재론적 바탕을 이룬다는 점을 보인다는 데 있다. 근대적 금융은 배타적 소유와 근대적 채권-채무 관계를 교묘히 교배해서 배타적 권한은 더욱 확대하고 책임은 회피하기 위해 고안되었다.

또한 이러한 근대 금융이 정착하기 위해서는 근대적 집단의 성격이 바뀌어야 했다. 즉 국가나 주식회사 등의 근대적 집단이 독립적이고 영원한 인격성을 부여받고 이 영원히 존재하는 집단인격이 그 구성원의 채무자로 전락한 덕분이었다. 이것은 채권자의 권리가 획기적으로 강화되었음을 보여준다. 이전에 왕의 부채는 왕 개인의 부채였기 때문에, 왕이 죽으면 왕의 인격이 사라지면서 부채도 같이 사라졌다. 그러나 추상적 국가의 독립적 인격성이 형성되는 근대국가에서는 국가 채무는 돈을 빌린 정치가가 교체되더라도 사라지지 않고 영원히 남는다. 이제 국가에 돈을 빌려준 채권자들은 왕이라는 개인 인격의 유한성이 초래하는 문제를 극복하고 영생불사하는 국가를 상대로 자신의 채권을 행사할 수 있게 된다.

먼저 근대적 인격 개념과 근대적 재산권 개념의 독특한 관계를 분석하는 것으로부터 논의를 시작할 것이다. 그 다음으로는 재산권이 어떻게 계약권(채권)과 이종교배되어 근대적 금융으로 발전하는지 분석할 것이다. 그다음으로는 근대적 금융이 어떻게 근대의 여러 법인격체—기업과 국가—와 함께 발전하는지 분석할 것이다.

2. 페르소나와 재산: 근대적 인격 개념의 탄생

근대가 가장 먼저 시작된 영국의 사례를 살펴보면, 근대적 인격 개념은 근대적 재산 개념과 같이 등장하고 발전해온다. 이 두 개념

간의 연관성을 살피면서 어떻게 인격 개념이 영국에서 등장했는지 알아보자.

근대적 주체 개념인 인격 개념은 순환적 주체 관념을 대체한 것이었다. 종교학자 미르체아 엘리아데에 따르면, 근대 이전 지배적인 자아 관념은 순환론이었다. 겨울이 끝나면 봄이 새롭게 시작하고 해가 저물면 다음날 다시 해가 새롭게 뜨듯이, 사람의 존재도 마찬가지로 주기적으로 새롭게 시작한다고 믿었다.[1] 예를 들어, 고대 메소포타미아 문명에서 사람들은 '마르두크Marduk'라는 신이 한 해의 마지막 날에 세계를 소멸시키고 새해 첫날 다시 창조한다고 믿었다.[2] 여타 문화권에서 발견되는 신년 행사들도 세계가 매해 새롭게 창조된다는 순환적 세계관을 재현한 것이었다. 이 순환론을 대체한 것이 직선적 주체관인 근대의 인격 개념이다.

재산Property 개념도 17세기 초반 영국에서 극적으로 의미가 변화한다.[3] Property에는 '~의 속성'과 '(소유되는) 물건'이라는 두 가지 사전적 의미가 있다. 그런데 원래 17세기 초반 이전까지만 해도 첫번째 의미만 있었다. Property가 '자신에게 고유하게 속하는'이라는 뜻을 가진 라틴어 proprius에서 유래했고, 그래서 사람의 속성이라고 할 수 있는 몸·생명·자유 등을 사람의 property로 칭했다.[4] 그러던 것이 17세기 초반에 두번째 의미, 즉 '사람이 소유하는 물건'을 일컫는 말로 확장되는 극적인 변화가 생긴다.[5] 그래서 17세기에 살았던 로크에게도 재산은 노동·몸·생명·자유 등 사람의 속성뿐만 아니라 토지 등의 자산을 모두 포함하는 개념이었다.[6] 토머스 홉스도 그의 저서인 『리바이어던』에서 생명과 팔다리 등뿐 아니라 생활 수단과 자산 등을 모두 재산으로 간주했다.[7] 로크와 홉스와 동시대에 살았던 엘리트들도 마찬가지였다. 이러한 의미 확장을 통해 재산 개념은 17세기 명예혁명의 중요한 이데올로기로 사용된다. 토지소유자들이 왕을 상대로 싸우면서 토지에 대한 소유권을 왕이 간섭할 수 없는 그들의 '타고난 권리'라고 주장했던 것이다.[8] 사람의 몸·생명 등의 속성이 타고날 때부터 한 사람에게만 속하는 배타적인 재산인 것처럼 땅에 대한 소유도 그러하다고 토지소유자들은 주장했다.

여기서 로크가 이바지한 바는 property가 자유·생명·몸 등 사람의 속성을 뜻하는 것에서 '사람이 소유하는 물건'까지 뜻하는 말로 어떻게 확장되는지를 이론적으로 설명한 것이었다.[9] 로크의 설명은 다음과 같이 간단하다. 사람의 고유한 속성인 노동은 그의 재산이다. 그런데 이 재산을 자연의 한 부분에 섞게 되면, 이 섞인 부분 또한 섞은 사람의 재산, 즉 그에게 고유하게 속하는 것이 된다. 이 재산 형성은 타인의 동의가 필요하지 않다. 한 개인이 자신의 고유한 재산인 노동을 외부의 자연에 섞기만 하면 되기 때문이다. 토지 등의 자연은 모든 인류에게 공동의 자산으로 신으로부터 주어지지만, 한 개인의 고유한 재산인 노동을 그 자연의 일부에 섞는 순간, 그가 태어날 때부터 고유하게 소유한 속성처럼 된다는 것이다.

이렇게 자유와 생명뿐 아니라 토지나 물건을 재산으로 간주하는 것이 로크만의 독특한 생각이 아니라 당대의 엘리트층 다수가 공유했던 사고방식이었다면, 이 사고방식에 내재한 존재론도 당대의 엘리트층 다수가 은연중에 공유하고 있었을 것이다. 과연 이 공유된 존재론은 무엇일까?

바로 '인격'이라는 존재론적 개념이다. 자유와 생명 등 사람의 모든 속성을 사람이 소유하는 대상으로 본다면 이것들을 소유하는 주체를 설정할 수밖에 없다. 이것이 근대 철학의 인격 개념이다. 이 인격은 언어적 주체인데, 언어의 주어-술어 구조에서 주어에 해당하는 것이 인격이고, 술어에 해당하는 것이 재산이다. "나는 자유와 생명을 소유하고 있다"라는 언어적 표현에서 '나'는 인격에 해당하고 '자유와 생명'은 재산에 해당한다. 그런데 여기서 유의 깊게 보아야 할 점은 언어 구조상으로는 '나'와 '자유와 생명'이 분리되어 표현되고 있다는 것이다. 그래서 로크 등의 자연권 사상가들은 사람의 재산인 자유·신체·생명·활동을 소유 주체로부터 분리할 수 있다고 가정했다. 이렇게 분리하게 되면 결국 남는 것은 이들 재산을 자신의 것으로 인식하는 추상적인 인격뿐이다.[10]

이 추상적 인격은 시간상으로 연속성을 유지한다. 로크에 따르면, 과거에 어떤 행위를 한 사람이 현재 어떤 다른 행위를 했을 때 이 두 행위의 주체가 동일하다고 말할 수 있는 이유는 그 사람에게 인격이 있기 때문이다. 사람의 재산, 즉 속성과 자산은 시간이 흐르면서 변하므로 동일성의 기초로 삼을 수가 없다. 하지만 인격은 추상적이고 시간의 흐름에 관계없이 같으므로 한 사람의 동일성의 기초로 삼을 수 있다는 것이다. 이러한 추상적 동일성을 유지하는 주체 개념은 20세기 말에 니체와 화이트헤드 등에 의해 정면으로 비판받는다.(7장 4절에서 이에 대해 자세히 살펴보겠다.)

2-1 근대적 주체, 배타적 재산권, 그리고 채권

근대적 인격 개념은 사회적 관계를 '배타적 소유'와 '채권-채무'의 관계로 환원함으로써 근대 금융이 발전하는 데 존재론적 토대를 제공한다. 우선 이 환원이 어떻게 일어나는지 로크의 인격 개념을 더 분석해보자.

앞서 언급했듯이, 로크의 존재론에서는 토지 등 자산뿐 아니라 노동·몸·생명·자유 등 사람의 모든 특질도 인격이 소유할 수 있는 재산이다. 이렇게 되면, 사람의 본질은 인격과 그 인격이 소유하는 재산(특질), 이 둘의 관계로 정의된다. 즉 로크는 사람의 본질을 '재산의 소유자와 소유대상' 사이의 관계로 환원한다. 그리고 로크에게 이 소유 관계는 배타적이어서 타인이 간섭할 수 없다. 로크에게 인격은 한 사람의 고유한 영역으로, 그 영역은 배타적으로 그 사람에게만 속하기 때문이다. 그래서 로크는 노동을 외부 자연에 섞으면 그 섞인 자연도 섞은 사람의 배타적 영역에 속하는 재산이 된다고 주장한다. 그리고 이 배타적 영역은 확장될 수 있다. 즉 재산을 더 많이 소유하면 할수록 그 배타적 인격의 영역은 확장되는 것이다. 로크는 이 확장을, 자유의지를 지닌 자유로운 개인이 자기 의지를 실현해가는 과정으로 본다. 땅이 어떤 사람의 배타적인 소유물이 되는 과정이 바로 인격의 배타적 영역이 확장되는 하나의 사례이다.

이렇게 모든 것을 '소유자-소유대상'의 배타적 관계로 환원하고 이 배타성이 확장된다고 주장하는 로크의 인격-재산의 존재론은 주체 의지를 과장하게 된다. 예를 들어, 로크에게는 생명도 재산이기 때문에 생명 또한 양도할 수 있는 자유의지의 대상이다. 생명을 자발적으로 양도하는 대표적 사례는 노예의 경우다. 어떤 사람이 사형에 처할 범죄를 저질러서 생명이 몰수 혹은 양도되어 노예가 되었다면, 이러한 노예 상태는 정당하다는 것이 로크의 입장이다.[11] 로크의 주장에 따르면, 이 경우 노예의 주인이 어떤 가혹한 행위를 해도 그 노예에게 해를 끼치는 게 아니다. 왜냐하면 그 노예는 언제든지 자기 생명을 포기해 그 가혹한 행위를 피할 자유의지가 있기 때문이다.

생명을 물건같이 자발적으로 양도할 수 있는 것으로 취급하는 순간, 노예 또한 자유의지를 가진 인격체로 간주된다. 이렇게 로크의 '인격' 이론은 노예 상태에 빠지는 것도 노예의 자유의지에 의한 선택으로 표현한다. 하지만 노예가 자살했다면 주인에게 혹독한 취급을 당해 어쩔 수 없이 그랬을 것이다. 즉 그 노예는 자유의지를 발휘해서 자살한 것이 아니다. 이렇게 인간의 본질을 '소유자-소유대상'의 배타적 관계로 환원하는 근대 서구의 '인격' 이론은 주체의 의지를 과장해서 노예의 자살조차도 자유의지를 표현한 것으로 잘못 해석한다.

자유의지의 과장은 개인의 책임 또한 과장한다. 노예의 경우를 다시 보자. 로크에 따르면, 주인이 노예를 가혹하게 다루게 되더라도 주인을 탓할 수 없고 노예 자신을 탓해야 한다. 노예가 스스로 죽음 대신 노예 상태를 선택했기 때문이다. 그리고 로크에게 인격적 동일성은 어떤 사람에게 책임과 죄를 물을 수 있는 기초가 된다. 로크에 따르면, "이 인격은 (…) 현재의 존재를 넘어서서 과거의 것으로 자기 자신을 확장한다. 그럼으로써 인격은 현재의 행동에 대해서 하는 것과 꼭 같은 근거에서 같은 이유로 과거의 행동에 (…) 대한 책임을 갖게 되고, 이것을 자신의 것으로 여기고, 그것을 자신의 탓으로 돌린다."[12]

인격적 동일성과 책임 혹은 죄의식 사이의 관계를 이해하는 데는 종교학자 엘리아데의 시간관에 관한 연구가 도움이 될 수 있다. 엘리아데는 고대의 순환적 시간관과 근대의 직선적 시간관을 비교하면서, 순환적 시간관이 지배적인 고대 사회에서는 공동체의 제례를 통해 시간과 주체를 주기적으로 폐지하고 재창조하면서 과거의 모든 잘못과 죄를 씻어내었다고 한다. 즉 시간과 주체를 철폐함으로써 '시간의 지속'이 초래하는 죄책감·실수·상처·고통에서 벗어나려고 했다는 것이다.

그 단적인 사례가 앞서 언급한 고대 메소포타미아 문명권의 신년 행사이다. 이들 고대인은 신년 행사를 통해 신에 의한 시간의 소멸과 재창조를 재현했다. 그런데 직선적 시간관에서는 시간이 철폐되지 않고 지속적으로 쌓이기 때문에 근대인은 시간이 주는 모든 고통·죄의식·상처·사고 등을 무기력하게 직면해야 하는 처지에 빠진다.[13] 원죄는 씻을 수 없다는 근대 개신교의 원죄론은 시간과 주체를 철폐하지도 재창조하지도 못하는 근대인의 무기력함에서 비롯한 관념일 것이다. 이런 무기력을 개념화한 것이 로크의 인격의 동일성 개념이다. 시간과 주체가 영원히 철폐되지 않고 유지되므로 죄(혹은 빚)는 절대 씻어지지 않는다. 과거의 잘못과 빚에 대한 책임은 그 주체가 전적으로 짊어지고 가야 한다.

죄의 문제는 인류에게 채무의 문제이기도 하다. 대부분 언어에서 죄와 빚은 같은 단어였던 걸로 봐도, 많은 사회에서 이 둘은 거의 같은 것으로 여겨져왔다. 순환적 주체관이 지배적인 시대였던 메소포타미아에서는 대략 30~50년마다, 혹은 왕이 즉위한 다음해, 혹은 왕이 필요하다고 여길 때 신년 제례를 통해 죄뿐 아니라 농민의 채무도 탕감해주었다.[14] 그러나 로크식의 직선적 주체관이 지배적인 근대에는 죄가 절대 씻어지지 않는 것처럼 빚도 더는 탕감되지 않았고, "모든 빚은 반드시 갚아야 한다"라는 의무가 강하게 채무자에게 부여된다.

이러한 근대의 채무 관념은 중세 영국에서 유저리를 금지했던 관행과는 크게 다른 것이다. 중세시기에는 유저리와 투자를 구분해서 후자에서만 이자 수취와 채무변제 의무를 채무자에게 요구할 수 있게 했다. 이것이 도덕적으로 정당했던 이유는, 투자는 생산적인 부분에 투자되어 이윤이 날 것으로 예상하는 부채였기 때문이었다. 반대로 유저리는 생필품을 사는 등 당장 이윤을 낼 수 없는 곳에 지출해야 하는 채무로, 대표적인 것이 농민이 흉작 때 빌리는 부채이다. 이 경우 채무변제조차 힘든 상황에 놓인 채무자에게 이자까지 수취하는 것은 공동체 구성원끼리의 호혜성을 파괴하는 것으로 간주했다.[15] 그러나 근대에 들어서는 유저리가 합법화되면서 근대 은행은 유저리를 포함한 모든 부채에서 이자 수취와 채무변제를 채무자에게 강요할 수 있게 된다.

근대적 인격 개념은 개인 간의 권리와 의무를 이렇게 배타적인 재산권과 냉혈한 채무변제 의무의 문제로 재구성해낸다. 그래서 근대 초는 배타적 재산권과 채무 의무에 투철한 주체들을 창조해내는 기간이었다. 재산권 개념이 도입되면서 영국에서 15세기 후반기부터 18세기 후반기까지의 300년간 농민들을 농지와 가옥으로부터 쫓아내는 인클로저 운동이 일어난다. 이를 통해 소수 지주계급에 의해 토지가 독점되고 쫓겨난 다수의 농민은 군대식 규율 아래 공장 노동자로 훈육된다. 혹독한 노동에 시달린 노동자들이 기계를 파괴하는 러다이트 운동을 일으킬 때는 사업주의 배타적 재산을 침해한다는 이유로 탄압받는다. 다른 한편, 근대 초 빚을 갚지 못하는 농민들을 가두는 사설 감옥에서 근대적 형태의 감옥이 유래했다. 이런 감옥은 "모든 빚은 반드시 갚아야 한다"는 채무의식을 농민들에게 훈육하는 수단이었다. 이러한 고통스러운 훈육이 바로 인격의 존재론이 지배적인 사고방식이 되었을 때 자행되었다.

그런데 과연 배타적 재산권은 존재론적으로 정당화될 수 있을까? 왜 배타적 재산권이 존재론적으로 정당화될 수 없는지, 그리고 왜 인격 개념이 존재론적으로 부당한지는 7장에서 자세히 분석했다.

2-2 이종교배의 취약성을 어떻게 극복하려고 했는가?

근대적 인격 개념이 개인 간의 권리와 의무의 문제를 '배타적 소유'와 차가운 '채권-채무'의 문제로 재구축해냈다면, 근대적 형태의 금융은 '배타적 소유'와 '채권-채무'를 교묘히 교배함으로써 탄생한다. 그리고 이렇게 재산권과 채권을 이종교배하면 현대 금융에서 이중소유권이 성립한다.(이것에 대해서는 2장의 2절에서 자세히 설명했다.)

그런데 이런 이중소유권에는 근본적 취약점이 있다. 당시 금세공은행업자들의 지급준비율이 낮게는 10% 높아도 60%였는데,[16] 만약 상당수의 예금주가 한꺼번에 몰려들어 지급준비금을 넘는 액수의 예금을 찾아가려고 하면 은행업자들은 부도를 낼 수밖에 없다. 이러한 부도 가능성은 근대 은행업이 시작된 초기부터 현실이 되는데, 특히 천재지변·전쟁·민란 등의 정치사회적 격변이 일어났을 때 대량 예금인출 사태 등으로 은행업자들이 파산하는 일이 적지 않았다. 이렇게 부도를 낼 수밖에 없다면, 금세공은행업자들이 발행한 약속어음을 사람들이 신뢰하지 않을 것이며, 금세공은행업자들의 은행업은 지속될 수 없다. 이런 부도 위험성 때문에 사람들의 신뢰를 얻지 못하더라도, 발행한 약속어음이 돈처럼 지급수단으로 널리 쓰이게 할 방법이 있을까?

몇몇 금세공업자들은 예금업을 시작하기 전부터 왕의 귀중품을 세공해주면서 왕과 친분을 쌓았었다. 은행가로 변신한 몇몇 금세공은행업자들은 이제 전쟁자금을 조달하기 위해 돈이 필요했던 왕에게 장기로 돈을 빌려주며 왕과 친교한다. 이러한 왕과의 교류는 경제적으로 이득이었다. 법이 당시 6% 이상의 이자를 받는 것을 금지했는데, 왕은 예외여서 왕에게는 10% 넘게 이자를 받을 수 있었다. 왕과의 친교를 이용해서 자신들의 약속어음을 국가가 세금으로 받게 하면 어떨까? 금세공은행업자가 부도를 내더라도 이들이 발행한 약속어음을 세금으로 국가가 받아준다면, 이 약속어음은 사람들 사이에 지급수단으로 널리 쓰일 수 있을 것이다. 시민 대부분에게는 세금을 내야 할 의무가 있기 때문이다.

1670년대 초 유명한 금세공은행업자 에드워드 백웰Edward Back-well은 영국 왕이나 정부를 직접 설득하기보다는 우회로를 택한다. 당시 잉글랜드 정부는 세금으로 현금만 받았는데, 세금을 정부가 직접 걷지 않고 청부인들에게 세금징수를 맡겼다. 정부를 직접 설득하기는 어렵지만, 이 세금징수인들은 설득할 수 있을지 모른다. 사람들에게 세금을 걷을 때 자신의 약속어음도 받아달라고 할 수 있을 것이다. 받은 약속어음을 자기 은행에 예금하면 6%의 이자도 지급하겠다고 하고, 원할 때 언제든지 현금으로 바꿔주겠다고 약속할 수 있다. 그런데 문제는 세금 징수인들도 백웰이 부도를 낼 가능성이 있다는 사실을 잘 안다는 것이다. 이 거래를 받아들일 가능성은 낮다.

이때 백웰은 다른 식으로 접근한다. 당시 영국 왕이 돈을 빌릴 때는 재무부에서 채권자로부터 돈을 빌리고 차용증으로 톨리tallies라는 표찰을 채권자에게 주었다. 그리고 이 채무는 향후 걷게 될 특정 세금에 연동시켜놓고 이 세금을 걷어서 갚도록 했다. 그래서 세금 징수인은 사람들에게 현금으로 세금을 받아 재무부에 현금으로 건넬 수도 있었지만, 그 대신 표찰을 소지한 사람에게 표찰을 사서 재무부에 건넬 수도 있었다. 백웰은 이러한 상황을 이용한다. 그는 런던항의 관세징수인 리차드 몬트니Richard Mounteney와 거래를 추진한다. 우선 몬트니에게 필요한 표찰을 백웰이 구비한다. 왕에게 돈을 빌려주고 재무부로부터 관세에 연동된 표찰을 받아두는 것이다. 이제 몬트니에게 사람들에게 관세를 걷을 때 자신의 약속어음도 받아달라고 하고, 받은 약속어음을 자기 은행에 예금하면 6%의 이자도 지급하겠다고 약속한다. 그리고 언제든지 원할 때 예금해둔 약속어음을 표찰로 바꿔주겠다고 약속한다. 몬트니는 이제는 백웰과의 거래에 응할 만하다. 백웰이 가끔 자신의 약속어음에 부도를 낼 가능성이 있지만, 백웰이 가지고 있는 표찰만 받으면 별다른 문제가 없기 때문이다. 현금은 은행업자가 부도를 냈을 때 다른 채권자들도 가져가서 받아내기 힘들지만, 표찰은 그렇지 않기 때문에 거래에 더 응할 만했던 것이다.

백웰과 몬트니의 거래 규모는 실제로 상당했다. 1670년 3월부터 1671년 3월까지 12개월 동안 백웰의 은행에 개설한 몬트니의 계좌에 총 70만 파운드가 입금되었는데, 당시 전체 정부 세입 규모가 110만929파운드였으니 백웰과 몬트니의 거래 규모가 얼마나 컸는지 짐작할 수 있다.[17] 1670년 4월부터 9월까지 매달 중순이면 몬트니의 계좌에서 2~4만 파운드 정도가 감소했는데, 이것은 매달 15일이 재무부 출납부에 몬트니가 모은 세금을 제출해야 하는 날이었기 때문이다. 그런데 몬트니는 현금을 찾아서 재무부에 낸 것이 아니라 이 돈과 백웰이 소유하고 있던 표찰과 교환한 후 표찰을 재무부에 제출했다.[18] 이러한 형태의 금세공은행업자와 세금징수인의 거래는 이후 백웰의 견습공 찰스 던콤Charles Duncombe 과 세금징수인 리차드 켄트Richard Kent 와의 관계로 계속 이어진다.[19]

금세공은행업자들은 이렇게 정부 부채(표찰) 구입과 세금 징수인과의 거래를 통해, 자신들의 약속어음으로 10%가 넘는 높은 이자 수익을 내면서 세금납부를 할 수 있는 권력도 얻는다.[20] 이제 앞서 설명한 요구불 인출 기능과 더불어 세금 지급 기능까지 획득하면서 금세공은행업자들의 약속어음은 신비하게도 은이나 금과 같은 돈이 된다.

2-3 집단인격의 탄생과 근대 금융

그런데 1672년에 찰스 2세가 금세공은행업자들에게 빌린 돈을 갚지 않는 사건이 발생한다. '재무부 자금 동결The Stop of the Exchequer'이라고 불리는 사건인데, 이 사건으로 백웰을 포함해 많은 금세공은행업자가 파산하고 1670년대에는 금세공은행업자들이 발행한 은행권이 유통되지 못한다.[21]

근대 은행이 금세공은행업의 한계를 극복할 수 있는 계기는 명예혁명 직후 찾아온다. 혁명 직후 1694년에 수립된 영란은행은 왕 개인이 아니라 국가라는 추상적 인격체에 돈을 빌려줄 수 있게 되었다. 왕에 빌려준 돈에 비해 국가에 빌려준 돈은 떼일 가능성이 거의 없는데, 채무자로서의 왕과 국가는 다음 두 가지 측면에서 서로 큰 차이가 있었기 때문이었다.

첫째, 왕의 부채는 왕이 죽으면 채무변제 의무도 함께 사라졌다.

그래서 왕에게 빌려준 돈은 회수할 수 있을지 불확실하다. 왕위를 계승한 다음 왕은 그 채무가 본인이 빌린 돈이 아니므로 얼마든지 채무변제를 거부할 수 있었다. 반면 영국 국가라는 추상적 인격체는 영국 공동체가 사라지지 않는 한 영원히 존재하므로 국가의 채무변제 의무도 사라지지 않는다. 돈을 빌린 정치가는 국가라는 추상적 인격체를 대의할 뿐이므로 정치가가 교체되더라도 채무변제 의무는 국가에 계속 남게 된다.

둘째, 왕의 부채는 개인의 부채였고 국가의 부채는 영국 사회 전체의 부채였다. 왕이 지출하는 비용은 왕의 가족에게 속한 땅이나 재산에서 충당하도록 하는 것이 중세시기 일반적인 관행이었다. 그래서 왕이 진 빚을 국민 세금으로 갚을 수 있는가 하는 문제를 두고 17세기 후반에 의회와 왕이 대립했을 때도, 의회는 왕의 부채를 관례에 따라 왕의 개인재산으로 갚으라고 요구하기도 했다.

정치권력이 진 채무의 성격이 변화한 계기는 1688년에 일어난 명예혁명이었다. 명예혁명은 왕과 의회의 투쟁 과정에서 일어났는데, 주요한 논쟁점은 세금을 걷을 권리와 부채를 갚을 의무가 누구에게 있느냐는 것이었다. 의회의 승리로 대의제가 수립되면서 주권은 국가라는 추상적 인격체에 있고 정치가는 국가를 대의하는 자에 불과하다고 선언되었다. 이로써 세금을 걷을 권리와 부채를 갚을 의무 또한 왕이나 정치가가 아니라 추상적 인격체인 국가에 있게 된다. 명예혁명 이전부터 전쟁비용이 늘면서 왕이 은행가로부터 돈을 많이 빌렸고 이 채무를 갚을 왕의 개인재산은 고갈 상태에 있었다. 왕의 요구로 의회가 여러 차례 세금으로 왕의 개인부채를 대신 갚아주었지만, 여전히 의회는 왕의 요구를 못마땅해했다. 의회가 왕의 부채를 세금으로 갚아주지 않는다면, 은행가는 왕에게 빌려준 돈을 떼일 수밖에 없다. 이러한 상황에서는 은행업이 불안정할 수밖에 없었고, 언제나 대량예금인출 등의 위험에서 벗어날 수 없었다. 그 단적인 사례가 앞에 언급한 '재무부 자금 동결' 사건이었다.[22] 그러나 명예혁명 이후에는 은행가가 빌려준 돈이 국가 채무national debts 가 되면서 은행가들의 은행업은 전보다는 안정적인 상황에 놓이게 된다. 즉 국가라는 믿을 만하고 영생불사하는 추상적 집단인격체가 채무자가 되면서 근대 은행업이 전보다 훨씬 안정적인 기반 위에 서게 된 것이다.[23]

국가는 영란은행이 발행한 은행권을 세금으로 받아준다. 앞서 설명했듯이, 국가가 은행권을 세금으로 받아주느냐 마느냐에 따라 위험하고 불안정한 은행권이 널리 유통되느냐 마느냐가 결정된다. 그런데 영란은행은 주주들의 소유인 개인기업이었다. 개인기업이 발행한 약속증서에 불과한 은행권을 세금으로 받아준다는 것은 은행권에 국가가 발행한 화폐와 같은 권한을 부여한 것이나 마찬가지였다. 그렇다면 이러한 특혜를 왜 국가는 영란은행에 제공했을까? 더구나 당시 많은 의회 의원은 영란은행의 주주들이었던 금융가들을 하루아침에 벼락부자가 된 교양 없는 사람들로 멸시했다. 그런데도 이들에게 엄청난 특혜를 선사했다. 왜 그랬을까?

결론부터 말하면, 명예혁명 직후 국가가 전쟁자금을 효율적으로 빌리는 수단으로 근대 은행업을 활용할 필요가 있었기 때문이다. 이때 국가는 법인이라는 추상적 집단인격체를 이용한다. 이 과정을 설명하면 다음과 같다. 명예혁명 전후로 영국은 제국주의적 정책을 펼치면서 유리한 무역거점을 차지하기 위해 다른 서유럽 국가를 상대로 전쟁을 치르고 있었다. 명예혁명 이후 당시 네덜란드의 왕이었던 윌리엄 3세가 영국 왕으로 즉위하자 전쟁 상대국이 네덜란드에서 프랑스로 바뀌는데, 전쟁자금을 조달하기 위해 정부가 빌린 단기부채가 정부 재정으로는 더 감당하기 어려운 규모인 600만 파운드에 이른다. 전쟁을 계속하기 위해서는 전쟁자금을 낮은 이자율로, 그것도 장기로 빌려야 하는 상황이 된 것이다.

1693년에 이 필요를 충족할 수 있는 방식을 런던시의 금융가 그룹이 제안한다. 국가에 돈을 빌려준 채권자들을 법인화하자는 제안이었다. 이 제안은 현재 많이 사용되는 금융기법인 증권화Securitization였다. 채권자는 장기보다는 단기로 돈을 빌려주는 것을 선호하는 반면, 채무자는 단기보다는 장기로 돈을 빌리는 것을 선호한다. 증권화는 이 상반된 선호를 모두 충족시켜주는 금융기법으로, 이를 위해 항상 추상적 집단인격체인 법인이나 신탁회사를 매개로 이용한다. 17세기 후반에도 마찬가지였다. 왕이 칙령을 내려 법인을 하나 만들고, 영국 국가에 돈을 빌려주는 채권자들을 그 법인의 주주로 삼는 것이다.

이 기법으로 가장 먼저 만들어진 법인이 바로 영란은행이다. 주주는 영국 정부에 돈을 빌려주고, 채권 대신 주식을 받는다. 주식은 채권보다 유동적인 자산이라서 주주들은 언제든지 이 주식을 팔아 현금을 손에 쥘 수 있으므로, 주주들로서는 '단기로' 영국 정부에 돈을 빌려준 셈이 된다. 반면 영국 정부는 '영구히' 돈을 빌린 셈이 되는데, 영란은행이라는 법인이 폐지되지 않는 한 영란은행으로부터 빌린 돈을 영원히 갚지 않아도 되기 때문이다. 영란은행이 국가에 빌려준 돈은 주주가 투자한 돈으로, 영란은행이 지속하는 한 영란은행은 이 돈을 주주에게 돌려줄 필요가 없기 때문이다.

영국 정부는 영구적으로 돈을 빌리는 대신 영란은행에 은행권을 이중으로 발행하는 것을 허가하고, 이 은행권을 위조하는 사람은 사형에 처하게 하여 은행권을 보호해준다. 그리고 영란은행의 은행권으로 세금을 내는 것을 허가하여 널리 유통될 수 있도록 해주었다. 1833년에는 영란은행의 은행권을 법정화폐로 인정해준다. 법정화폐 제도는 국가가 특정 화폐를 시민들 간에 강제로 통용시키는 제도이다. 이로써 영국 정부에 장기로 돈을 빌려준 대가로, 개인기업인 영란은행의 약속증서가 국가 화폐로 신비하게 진화한다.

영구 국채와 은행업을 둘러싼 영국 정부, 영란은행, 주주들의 이러한 관계가 제도적으로 정착하는 데 결정적이었던 것은 전쟁이었다. 전쟁이 장기화되고 대규모화하지 않았다면 근대 은행업은 일회적인 사건에 불과했을 것이고, 제도적으로 정착되지도 못했을 것이다. 당시 의회 의원들의 상당수는 은행가들을 미천한 신분에서 갑자기 벼락부자가 되어 거들먹거리는 무리로 간주했고, 이들이 자신들 지주세력을 위협한다고 생각했다. 그리고 1702년 토리당Tory Party의 한 그룹은 전쟁을 해상전으로만 축소해서 세금과 단기부채로만 전쟁자금을 조달하자고 제안한다. 대규모 전쟁을 수행하다 보니 장기부채를 은행가로부터 조달할 수밖에 없게 되고, 결국에는 영국 전체 국민이 이기적인 은행가 집단에 예속되고 있다고 주장했다.[24] 이들의 주장이 받아들여져 전쟁을 축소했다면 근대 은행업이 더는 생존할 수 없었을 것이다.

전쟁자금을 조달하는 데 효율적이라는 게 입증되면서 은행업은 제도적으로 정착된다. 프랑스는 전쟁자금을 조달하는 데 주로 세금과 국왕 개인의 단기부채에 의존했는데, 이 두 가지 방식으로는 대규모 전쟁자원을 신속히 조달하는 게 어려웠다. 세금은 납세자들의 저항을 불러오기 때문이었다. 반면, 영국은 당장 갚지 않아도 되는 대규모 자금을 납세자들의 저항 없이 신속하게 빌림으로써 효과적으로 전쟁을 치를 수 있었고, 덕분에 18세기 후반에 프랑스를 제치고 서유럽에서 가장 지배적인 세력으로 부상한다.[25]

이후 네덜란드 등 유럽대륙에서 발달했던 은행업은 쇠퇴하고 영국식 은행업이 근대 은행업의 지배적인 형태가 된다. 유럽대륙식 은행의 대표격은 1609년 설립되었던 네덜란드의 암스테르담은행이라는 국립은행이다. 이 은행은 예금업과 대부업을 엄격히 분리해서 운영했고, 창설 후 150여 년간 예금업에서 100% 준비금을 보유하는 정책을 유지한다.[26] 따라서 이 기간 동안 네덜란드 정부에 전쟁자금으로 돈을 빌려주지 않았다.

3. 신탁의 정치학: 독립적 집단인격, 국채, 그리고 대의제

3-1 신탁의 정치학

이렇게 군사-금융의 복합체가 영국에서 가능했던 이유는 국채를 매개로 새로운 정치체제가 등장한 덕분이었다. 이 새로운 정치체제는 신탁으로 특징지을 수 있다. 신탁은 두 가지 특성이 있다. 첫번째 특징은 재산권과 계약권을 이종교배해서 이중소유권을 설정하는 것이다. 두번째 특징은, 이중소유권을 유지하기 위한 독특한 통치체제가 신탁에 있다는 점이다.

먼저 첫번째 특징이 근대 은행, 주식회사, 대의제의 세 제도 모두에 있다는 점에서, 이 세 제도를 신탁의 세 가지 유형으로 볼 수 있다.(주식회사의 이종교배 특성은 1장의 3절에서, 그리고 근대 은행의 이종교배 특성은 2장의 2절과 6-2절에서 자세히 논의했다.) 현행법상 예금주는 예금에 대한 형평법적 소유자로 규정되지 않고 채권자로 규정되어 있다. 그러나 형식적으로는 채권자이지만, 언제나 돈을 찾아 쓸 수 있는 실질적인 재산권이 예금주에게 있다는 점에서, 예금주는 실질적으로 형평법적 소유권자로 보는 것이 합당하다.

[그림 1]의 (b)에서처럼, 신탁은 집단을 독립적 인격체로 창조하고 이 집단을 채무자로 전락시켜 통치하는 독특한 통치체제이기도

[그림 1]두 가지 신탁의 융합

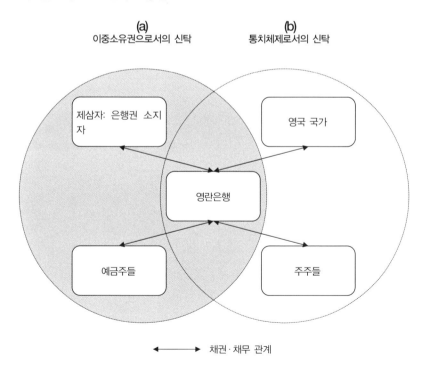

하다. 이 독특한 통치체제 덕분에 17세기 말 영국에서 군사-금융의 복합체가 생겨날 수 있었다.

영란은행이 설립된 이후 17세기 말 영국에서는, 국채·은행업·정부·영란은행 그리고 주주들 간의 관계에 이전 시대에는 없었던 몇 가지 새로운 정치적 변화가 생긴다. [그림 1]의 (b)에서 보듯이, 첫째로 영국 국가와 영란은행 두 집단인격체가 집단 구성원들로부터 독립된 인격성을 지니게 되고, 둘째로 이 두 집단인격체가 집단 구성원들에게 영원히 빚을 진 채무자가 된다. 필자는 이것을 '집단인격의 정치학'이라 칭한다.

이 집단인격의 정치학은 신탁적 성격을 지닌다. 신탁에서 신탁받은 사람은, 신탁 자산에 대해 법적 소유권을 양도받지만 신탁 자산을 신탁의 수혜자를 위해 사용하고 정기적으로 배당금을 지급해야 한다는 점에서, 채무자라고 볼 수 있다. 그런데 신탁할 때는 한 사람이 아니라 여러 사람에게 신탁하고 이 중에 누군가가 사망할 경우 다른 사람으로 교체하게 하여, 신탁받은 사람들이 하나의 집단으로 영구하게 존재할 수 있도록 한다. 즉 신탁은 영원히 존재하는 집단을 창조하고 이 집단을 영원한 채무자로 만드는 체제이다.

국채는 고대 그리스나 고대 로마에도 없었던 매우 근대적이고 서유럽적인 현상이다.[27] 특히 왕권 사회에서는 주권자인 왕이 그 신하나 백성들에게 빚을 진다는 개념 자체가 용인될 수 없었다. 그래서 중세 시대 서유럽 왕들은 자기 국민이 아니라 피렌체 등 이탈리아 도시국가의 은행업자들로부터 돈을 빌렸다. 그런데 17세기부터 영국 국왕들이 자국민들에게 돈을 빌리기 시작했다. 이것은 기존 통치자와 피통치자 간의 정치적 관계가 변하기 시작했음을 의미한다. 명예혁명을 통해 의회가 왕과의 투쟁에서 승리하고 왕의 빚이 국채가 되면서, 주권자인 국가the state 가 피통치자들에게 빚을 진 채무자로 전락하게 된다.

국채에는 세 가지 근본적인 문제점이 있다. 첫번째 문제는, 공동체와 그 구성원 간의 관계를 채권-채무 관계로 정의한다는 점이다. 17세기 말 영국 정부는 주로 국민에게서 돈을 빌린다. 21세기 현재도 국채는 대부분 자국민으로부터 돈을 빌리는 제도이다. 일본 국채의 대부분을 일본 국민이 구입하고 있고, 미국 국채도 70% 정도는 자국 회사가 구입하고 있다. 그런데 국가라는 공동체가 그 구성원에게 빚을 진다는 개념은 윤리적으로 성립할 수 없다. 공동체가 없다면 개인은 있을 수 없기 때문이다.

국채는 부유층의 사회적 공헌에 이자를 붙여 되돌려주는 제도이다. 부유층이 공동체에 더 많은 공헌을 할 수 있는 것은 공헌할 것을 많이 가졌기 때문일 뿐이다. 그들이 지닌 많은 부 중에 그들의 개인적 노력만으로 얻은 것은 아주 미미하다. 도로, 건축물, 축적된 기술 등등 몇천 년 동안 이루어진 공동체의 유산에 비교해 본인이 거기에 더한 노력이란 미미할 수밖에 없다. 그리고 본인의 노력이나 능력이나 성실한 태도라는 것도, 가정환경과 교육에 의해 형성된 것이다. 그 사람의 능력이 높게 평가받는 것 또한 시대에 따라 달라지는 우연적인 일이기 때문에 개인 노력의 결과라고 할 수 없다. 부유층이 사회에 많은 공헌을 한다는 것을 그저 긍지로 여겨야지, 국채라는 제도를 통해 미래에 그 대가를 이자까지 덧붙여 받아내고야 말겠다는 태도는 공동체를 사적 이익을 위해 이용하겠다는 것에 불과하다.

두번째 문제점은, 국채는 국가를 국가 구성원들과는 분리된 인격체로 취급하게 한다는 점이다. 그래야 국가와 그 구성원 간의 채권-채무계약이 가능하기 때문이다. '국가부채'라는 명칭에서 '국가'는 '국민들의 모임'을 의미하지 않고 국민으로부터 분리된 추상적 인격체를 의미한다. 이것은 논리적 모순이다. 국가는 국민들의 모임이다. 그러면서도 국가는 국민들로부터 분리된 추상적 인격체여야 한다. 모순된 이 두 가지 사실이 '국가부채'라는 현상에 들어 있다.

세번째 문제점은, 국가부채가 커지면 채권자의 입김이 정부 정책에 작용할 수밖에 없어서 민주주의의 근간을 해치게 된다는 점이다.

근대적인 국채 제도, 즉 국가가 그 구성원들로부터 분리된 인격성을 지니게 되고, 이 국가가 국민에게 빚을 진 채무자로 전락하는 사례는 명예혁명 직후 영국이 역사상 최초이다. 사실 국채 제도가 처음 등장한 곳은 12세기경 이탈리아 도시국가인 베네치아였다. 그리고 이후 제노바와 피렌체에서도 등장한다. 하지만 영국처럼 근대적 형태의 국채는 아니었다. 국채의 등장과 더불어 이들 이탈리아 도시국가들에서 국가에 추상적 인격성이 있다는 정치이론이 13세기와 14세기에 등장한다.[28] 이 정치이론을 주장했던 대표적인 학자들로는 당시 로마법을 연구하던 바르톨루스 데 삭소페라토Bartolus de Saxoferrato 와 발두스 데 우발이드Baldus de Ubaldis 등이 있었다.[29] 그런데 이때는 아직 국가가 국민으로부터 분리된 인격성을 갖고 있지 못했다. 이탈리아 공화국의 책임과 권리가 시민의 책임과 권리와 충분히 분리되지 않았기 때문이었다. 이 당시 공화국은 국채를 시민들에게 강제로 팔기도 했고, 만약 공화국이 국채 변제를 못 하면 채권자가 특정 부유한 시민들에게 상환을 요구할 수도 있었다. 그러나 17세기 후반 명예혁명 후 영국의 국채에서는 이런 일이 있을 수 없었다. 개인의 사적 재산권이 옹호되면서, 정부가 강제로 시민들에게 국채를 팔 수 없었고, 설혹 정부가 국채를 못 갚는 일이 있더라도 채권자가 부유한 시민에게 국채변제를 요구할 수 없었다. 국채에 대해서, 국가의 권리와 의무가 각 시민의 권리와 의무로부터 확연히 구분되었던 것이다.

법인 회사corporation는 중세 때부터 널리 사용된 정치기법이다. 교회·도시·대학·병원·길드 등이 모두 법인 회사로 조직되었고, 법인 회사에 자치권을 준 대신 왕은 법인 회사의 대표만 상대하여 통치했다. 왕 또한 법인 회사로 간주되었다. 법인 회사는 집단을 의미하는데 왕 혼자를 법인 회사로 간주한 것은 희한한 일이지만, 특정 시점에서 왕은 한 명이지만 대대로 계승되는 왕들을 모아 생각하면 법인 회사로 간주할 수 있다는 사고방식이 있었다. 그래서 특정 시점에 구성원 한 명만 있는 법인 회사로서의 왕은 'corporation sole'로 불렸고, 교회나 길드 등 한 시점에 많은 구성원을 갖는 법인 회사는 'corporation associate'로 칭했다. 영국의 중세 정치는 이 두 가지 법인 간의 관계로 조직되어 있었고, 이런 통치체제를 흔히 'corporate politics'라고 부른다. 그래서 국가에 돈을 빌려주는 투자자들을 1694년에 영란은행이라는 법인 회사로 묶은 것은 이 중세 통치체제의 연장선에서 이루어진 것이라 볼 수 있다.

그러나 중세 영국의 통치 체제에서는 법인 회사가 그 구성원에게 빚을 지는 일은 없었다. 공동체를 떠난 개인은 생존할 수 없으므로 개인이 공동체에 빚을 졌다는 의식은 종종 있었지만, 공동체가 개인 구성원에게 빚을 진 채무자로 전락한 사례는 거의 없었던 것이다. 그런데 영란은행과 국채의 사례에서는 법인 회사가 그 구성원들에게 빚을 진 채무자가 된다.

영란은행의 사례에서는, 법인 회사의 권리와 책임이 주주의 권리와 책임으로부터 분리되면서 영란은행이 주주로부터 독립된 인격성을 갖는다. 1장의 4절에서는 '블라이 대 브렌트'의 판례와 1855~1862년의 회사법들로 인해 회사가 주주로부터 독립된 인격성을 지니게 되었다고 설명했다. 이 설명은 회사법의 변화에 주목해서 살펴본 것이었다. 그러나 영란은행은 회사법이 변화하기 이전에 이미 명예혁명 직후 왕의 칙령에 따라 설립되면서 독립적 인격성을 허가받는다.

영란은행을 시작으로 1698년에 신동인도회사the New East India Company가, 1708년에는 통합동인도회사the United East India Company가, 그리고 1710년에는 남해회사the South Sea Company가 왕의 칙령에 따라 설립되는데, 이 회사들도 모두 독립적 인격성을 지녔다. 그러나 남해회사의 주식이 폭등하고 폭락하면서 영국 정부가 1720년에 거품규제법the Bubble Act을 만들어 정부의 허가 없이 주식회사를 설립하는 것을 금지한다. 이후 '블라이 대 브렌트'의 판례와 1855~1862년의 회사법들 이전까지는 독립적 인격성을 갖는 주식회사는 법적으로 더 허용되지 않았다. 이런 점에서 독립적 인격성을 지닌 최초의 회사는 영란은행이다.

물론 최초의 주식회사는 네덜란드에서 1602년에 설립되었던 네덜란드동인도회사the Dutch East India Company이다. 이 회사는 근대적 형태의 법인 회사는 아니다. 근대적 형태의 법인 회사는 1장의 3절에서 자세히 설명한 바와 같이, 재산권과 채권이 이종교배되어 법인 회사가 주주의 합이기도 하고 주주들로부터 분리된 독립적 인격체이기도 한 것이다. 그러나 네덜란드동인도회사는 이러한 재산권과 채권의 이종교배의 특성을 지니지 못했다. 이 회사의 이사진은 주주들에 의해서가 아니라 시 의회에서 선출되었기 때문에, 주주들에게 회사를 통제할 의결권이나 인사권이 없었다.[30] 즉 회사에 대한 재산권을 행사하지 못했다. 이 주주들은 권리의 측면에서 채권자에 불과했던 것이다. 따라서 회사와 주주들 간의 분리는 채무자와 채권자 간의 전통적인 분리이지, 공동체와 구성원들 간의 근대적 형태의 분리는 아니었다. 반면 영란은행의 경우는 주주가 이사진을 선출하고 경영의 중요한 사안에 대해 의결권을 행사하는 등 재산권을 행사했다. 그리고 이사진들은 주주들의 이해를 증진하기 위해 일해야 할 의무가 있었다. 이와 동시에 주주들은 유한책임만을 졌다. 이 유한책임으로 인해, 영란은행의 책임과 주주들의 책임이 분리된다. 이런 점에서 영란은행이 최초의 근대적 형태의 법인 회사다.

3-2 신탁으로서의 대의제

국가가 독립된 인격성을 갖는 현상이 왜 서구의 근대에 생기게 된 걸까? 여기서 대의제가 큰 역할을 했다. 특히 대의 개념이 인격 개념 및 사적 재산권 개념과 합쳐지면서, 대의제가 국가의 독립적 인격성을 만들어내는 데 이바지한다.

대의는 representation의 번역어이다. representation은 재현再現이라고 번역하는 게 원래 뜻에 가까운데, "어떤 것을 다시 현재에 있게 한다"를 뜻하는 라틴어 repraesentare에서 유래했기 때문이다. 그래서 representation은 예술 행위의 신비로운 능력을 가리키기 위해 원래 쓰였다. 예를 들어 초상화를 그리거나 조각상을 만드는 예술 행위가 단순히 원래 인물을 모방한 것이 아니라 그 인물을 초상화나 조각상에 실제로 담아낸다고 믿었는데, 이런 행위를 재현이라고 칭했다.[31] 이후 기원후 4세기경부터는 representation은 인격 개념과 합쳐져서 발전한다. 그래서 다른 사람의 이름으로 대신 말하거나 행동하는 것을 뜻하는 데로 의미가 확장된다. 예를 들어 시장市長은 도시의 인격성을 자신의 몸에 재현한다고 믿었고,[32] 엘리자베스 1세 여왕은 영국 국가라는 인격성을 그녀 자신의 몸으로 재현한다고 믿었다. 이렇게 인격을 재현한다는 의미의 representation은 개신교 사상에도 도입되어 "아담과 예수 그리스도가 전체 인류를 재현representation 한다"라고 개신교도들은 믿었다. 그러다가 17세기 중반부터는 의회가 representation 개념을 왕과의 투쟁에 사용하기 시작한다. 영국 국민the English people 이라는 인격체를 재현하는 것은 왕이 아니라 의회라고 주장하기 시작한 것이다.

그러나 이 주장에는 치명적인 문제가 있었다. 과연 의회가 재현한다는 영국 국민이라는 단일한 인격체가 실제로 미리 존재하고 있느냐는 문제다. 근대 정치학에는 'people'로서의 국민과 'the people'로서의 국민을 구분한다. 전자는 다양한 이해관계를 가진 개인들의 모임이다. 반면 후자는 하나의 의지와 이해관계를 갖는 단일한 인격체이다. 의회가 재현하기 앞서서 후자로서의 국민이 미리 존재할 수 있느냐가 문제가 된 것이다. 이 문제는 홉스와 로크가 제기하는데, 원래 국민 각자는 다양한 이해관계를 가지고 있어서 하나의 의지와 이해관계를 갖는 'the people'로서의 국민은 존재하지 않는다고 홉스와 로크는 지적한다. 옳은 지적이다.

홉스와 로크는 단일한 의지를 공유하는 단일한 인격체로서의 국민the people은 대의representation의 과정을 통해 창조될 수 있다고 주장한다. 국민 각자가 자신의 자유와 자신을 통치할 수 있는 권리를 자발적으로 왕 혹은 의회에 신탁하게 되면, 국민people은 많고 다양하지만 왕 혹은 의회는 하나의 몸 혹은 작은 조직이기 때문에 단일한 인격성을 쉽게 달성할 수 있다고 주장한 것이다.[33]

이렇게 홉스와 로크가 주장했던 신탁으로서의 대의제 개념은 정당한 것일까? 결코, 그렇지 않다. 두 학자의 논리가 성립하려면, 자유를 신탁 가능한 물건과 같이 취급할 수 있어야 한다는 전제가 필요하다. 앞서 언급했듯이, 자유나 노동 등 사람의 속성을 양도 가능한 물건처럼 취급하는 것은, 세계를 소유자와 소유대상의 관계로 환원하려는 근대 초 영국 엘리트층의 사고방식을 반영한 결과이다. 그렇지만 사실 자유는 사람으로부터 분리되어 양도될 수 있는 물건은 아니다. "당신에게 내 자유를 맡깁니다"라는 언어적 표현은 얼마든지 가능하지만, 이것은 "당신에게 복종하겠습니다"라는 의미일 뿐이다. 홉스와 로크의 논리는 소수 정치가의 독점적 지배를 마치 국민이 자발적으로 신탁한 결과인 양 포장한 데 불과하다.

신탁으로서의 대의제는 재산권과 채권의 이종교배 그리고 이중소유권적 특성을 만들어낸다. 대의제의 '대중신탁의 원칙the doctrine of public trust'에 의하면, 국민 주권이 정치가들에게 신탁된다entrust. 주권의 법적 소유권이 대중으로부터 정치가들에게 양도된다는 점에서, 국민people은 더는 주권을 법적으로 소유하지 않는다. 주권이 정치가들에게 양도되었으므로, 정치가들은 정책 결정이나 활동에 있어서 국민에게 구속받지 않고 자유롭다. 이것이 대의제의 무기속위임의 원칙이다. 그래서 로크와 홉스가 주장하듯이, the people이라는 추상적 인격체를 창조하고 the people이 원하는 공공선이 무엇인지를 정하는 것은 국민people의 몫이 아니라 정치가들의 몫이다. 이에 따라 정치가들은 최상의 통치권력을 행사하고, 이 권력에 국민 개개인은 복종해야 한다. 정치가들이 고의로 국민the people의 공공선을 배신하지 않는 한, 국민은 정치가들에게 위임한 권력을 철회할 수 없다. 그러나 이 통치권력은 국민으로부터 정치가들이 위임받은 혹은 빌린 것이기에 정치가들은 개인적 이해관계를 떠나 the people의 공공선을 증진시킬 의무가 있다. 여기에서 정치가들이 행사하는 주권에 이종교배적 성격이 있음을 알 수 있다. 즉 정치가들은 주권의 법적 소유권을 누리는 재산권자이기도 하면서도, 이 주권을 국민으로부터 빌린 채무자이기도 한 것이다. 다르게 표현하면, 주권의 법적 소유권은 정치가들이 소유한 반면, 국민people은 주권에 대한 형평법적 소유권을 소유한 셈이다.

the people이라는 인격체가 있고 the people의 보편적 의지가 있다는 홉스와 로크식의 사고방식은 몇몇 포스트 모더니스트 정치학자들에게 여러 면에서 비판받아왔다. 이들의 비판은 첫째, the people이라는 인격체도, 그리고 the people의 보편적 의지라는 것도 실제로 존재하지 않는다는 것이다. 실제 국민 각각은 저마다 다른 이해관계와 의지를 지녔고, 따라서 국민은 추상적 인격체로의 the people이 아니라 다양한 국민 개개인들이 합쳐진 people일 뿐이다. 둘째, the people이라는 인격체와 the people의 보편적 의지를 만들어내려는 정치적 행위는 반反민주적이라는 것이다. 셋째, the people이라는 인격체와 the people의 보편적 의지를 만들어내려는 대의제도는 다양성을 동일성으로 환원하려는 욕구에서 비롯된다는 것이다. 포스트 모더니스트 시몬 토미Simon Tormey가 말한 것처럼, "The people이 원하는 것은 people이 원하는 것이 아니다. 어떤 사람이 생각하기에 the people이 원하는 그 무엇이다. 결국, the people이 원하는 것은 the people의 보편적 의지를 대의한다는 사람들이 원하는 그 무엇이다."[34]

포스트 모더니스트 정치학자들에 따르면, the people이라는 인격체와 the people의 보편적 의지를 만드는 정치적 행위는 몇몇 정치 엘리트층의 특수한 계급적 이해를 국민의 보편적 이해로 정당화하는 행위일 뿐이다. 극단적 사례는 2003년 조지 부시가 비인륜적으로 이라크를 침공하면서 자신의 선택이 미국의 보편적 이해를 위해서였다고 정당화한 것을 들 수 있다.

국가의 독립적인 인격성이 연속적으로 가장 확실히 유지되는 분야는 바로 국채다. 정부가 바뀌더라도 국채에 대한 변제 의무는 확실히 계승되고 있다. 근대 이전 왕의 빚은 왕이 죽으면 채무변제 의무도 함께 사라졌지만, 정부가 국가라는 집단인격체를 대리한 것이라고 여기는 대의제에서는 정부가 선거 때문에 바뀌더라도 그 정부가 빌린 돈에 대한 채무변제 의무는 국가라는 집단인격체에 영원히 남게 된다.

국채를 대규모로 발행하게 되면서 영국 정부는 18세기에 들어서부터 행정의 투명성과 책임성을 높여 국채변제 의무를 충실히 이행할 수 있도록 행정개혁을 여러 차례 단행한다. 이것은 특히 채권자들의 압력에 의한 것이었다. 대표적 행정개혁의 사례는 영국 정부가 18세기 후반 작성한 「공공 재정 조사 위원회 보고서the Reports of Commissioners for Examining the Public Accounts」(1780~1787)인데, 영국 행정부 개혁의 중요한 사례가 된다.[35] 영생불멸하며 채무 의무를 충실히 이행하면서 국민의 재산권도 충실히 보호해주는 국가를 채무자로 두고 연합함으로써 근대 은행업은 이후 꾸준히 성장한다.

5. 소결: 현대 금융의 필요 요건으로서의 인격-재산의 존재론

국가라는 추상적 인격이 만들어질 수 있었던 이유 중 하나는 '인격'이 법적 개념이고 그래서 얼마든지 법적으로 만들어낼 수 있었기 때문이다. 로크도 자신의 인격 개념이 '법률' 용어임을 『인간지성론』에서 털어놓고 있다.[36] 즉 허구적인 인격 개념은 법을 통해 현실적인 힘을 발휘하는 것이다. 이 책의 머리말에서 밝혔듯이, 인격은 단순히 사람을 의미하지 않고, 사람이라고 해서 다 인격을 지닌 것으로 취급받는 것은 아니며, 사람이 아닌 추상적 존재도 인격을 부여받는다.

인격은 권한과 책임을 따지는 인위적인 틀이다. 어떤 사람이 누리는 권한이 사회적 관계에서 유래한 것이 아니라 그 사람에게 원래 배타적으로 속한 것으로 간주하는 틀이 바로 근대 '인격' 개념이다. 이런 인격 개념을 토대로 어떤 사회적 문제가 터졌을 때, 그것을 어떤 인격이 전적으로 저지른 죄의 문제로 환원하고 그 인격에 벌을 가하는 방식으로 사회를 운영해가는 것이 가능해진다.

이런 점에서 근대 은행업은 인격의 존재론이라는 토양에서 자라난 것이다. 인격의 존재론은 한 개인에 과도한 권한과 책임을 부여하는데, 이러한 윤리적 기반이 없었다면 근대의 은행업은 발달하지 못했을 것이다. 그러나 동시에 근대 은행업은 재산권 행사에 따르는 책임을 회피하기 위해 채권을 재산권에 교배한다는 점에서, 인격의 존재론이 무겁게 부여하는 도덕적 짐을 회피하려는 시도이기도 하다.

빚은 그 어떤 경우에도 반드시 갚아야 한다는 투철한 채무의식으로 훈육받은 채무자들이 있어야, 근대 금융은 자신에게 내재한 불안정성을 조금이라도 통제할 수 있다. 이 채무자들은 개인 채무자만 포함하는 것이 아니라 국가와 회사 등 채무자로 전락한 공동체 집단도 포함한다. 이런 충실한 채무자들이 등장하기 위해서는 인격의 존재론이 필요했다. 따라서 인격의 존재론과는 다른 형태의 존재론이 지배적이었던 다른 문명권에서는 근대 금융이 결코 제도화될 수 없다. 예를 들어, 불교에서는 매 순간 다시 생성되는 것이 존재라고 여긴다. 법정 스님은 『무소유』에서 존재란 맥박과 같다 했다. 존재는 매 순간 다시 태어난다. 이슬람에서도 알라가 매 순간 이 세상을 파괴하고 다시 창조한다. 유대교의 희년 사상에서는 안식년인 7년마다 농부의 빚을 탕감해주고, 희년인 50년마다 빚 탕감과 더불어 토지를 평등하게 농민에게 되돌려준다. 물론 유저리에 해당하는 비생산적 부채만 탕감했다. 이 빚 탕감과 토지 반환을 통해 여호와가 세상을 다시 창조한다고 고대 이스라엘 사람들은 믿었다.

이러한 순환론적 사고관에서는 권한과 책임이 존재의 폐지와 함께 사라진다. 이러한 사고방식이 팽배한 문명권에서는 배타적 재산권을 인정하지 않았고, 유저리를 금지해서 공동체 성원끼리 채무변제를 강요하는 것을 불법화하거나, 주기적으로 비생산적 부채를 탕감했다. 그리고 채권-채무 관계는 공동체 밖 사람과의 관계에서나 혹은 교역을 하는 상인끼리만 허용되었다. 근대 금융이 비생산적 부채와 생산적 부채의 차이를 모호하게 만들고, 사회 전체를 자신의 채무자로 만들고, 모든 개인을 모든 빚은 반드시 갚아야 한다는 채무변제 의무에 투철한 인격체로 만들며, 그리고 타인이 손해를 입더라도 재산권 행사는 정당하다고 여기는 한, 근대 금융은 인격의 존재론이 필요하다.

4장

• • •

21세기 국제금융위기의 본질

1. 왜 재산권 개념의 복원이 필요한가?

재산권property rights 개념은 19세기까지만 해도 사회과학에서 자본주의의 본질을 설명하는 핵심적인 개념이었다. 예를 들어, 카를 마르크스와 막스 베버는 재산권의 등장이 봉건제에서 자본주의로 이행하는 데 핵심적 원인이었다고 주장했다. 또 근대 정치학의 아버지로 불리는 존 로크는 '재산property의 양도'라는 개념을 사용하여 대의민주주의를 정당화한 바 있다.[1] 그리고 19세기 말 경제학자 헨리 맥클라우드는 재산권 개념 없이는 은행업을 과학적으로 연구할 수 없다고까지 주장했다.[2]

그러나 20세기 들어서면서 재산권 개념은 사회과학에서 그 중심적 입지를 잃기 시작했다. 재산권 개념이 더는 자본주의의 핵심적인 제도들을 설명하는 데 쓰이지 않게 된 것이다. 특히 금융론에서는 흔

적도 없이 사라졌다.

이 장은 재산권이라는 고전적인 개념을 부활시켜 21세기 금융의 본질과 2008년 국제금융위기의 원인을 설명하려고 한다. 이러한 재산권 개념의 부활에는 두 가지 의의가 있다. 첫번째 의의는 국제정치경제학의 근시안을 극복할 수 있다는 것이다. 국제정치경제학은 2008년 국제금융위기를 예상하는 데 실패했고, 위기 이후에도 근본적인 해결책을 제시하지 못하고 있다. 국제정치경제학자 벤자민 코헨Benjamin Cohen은 국제정치학이 이렇게 실패한 원인이 경제학의 근시안적인 실증주의적positivistic 방법론을 수입해서 의존했기 때문이라고 진단한다.[3] 그리고 그 실패를 극복하려면 보다 역사적 · 제도적 · 학제적interdisciplinary인 접근법으로 "큰 체제적 질문big systematic questions"을 던지고 답해야 한다고 주장한 바 있다. 여기서 필자는 재산권 개념의 부활을 통해 큰 체제적 질문을 던지고 거기에 답하려고 한다.

두번째 의의는 재산권 개념을 통해 금융의 본질을 설명함으로써 정치학의 지평을 넓히는 데 공헌할 수 있다는 것이다. 재산권 개념은 정치적 · 법적 개념이다. 즉 재산권을 보호해주는 행위란, 한 개인이 소유물에 대한 독점적인 재산권을 갖고 있을 수 있도록 경찰력과 감옥 등의 물리적인 정치 권력을 동원해 보호해주는 정치적 · 법적 행위인 것이다. 따라서 21세기 금융의 본질을 재산권 개념으로 설명할 수 있다는 사실은 현대 금융을 정치적 현상으로 이해할 수 있다는 것을 의미한다.

필자는 2장과 3장에서, 17세기 후반 영국에서 재산권을 확장하려는 시도로부터 현대 은행업이 탄생하게 되었음을 지적하고, 현대 은행업이 법적·정치적인 역학 관계와 동기 속에서 발생했음을 고찰했다.[4] 즉 자본주의 화폐와 은행업을 정치적 현상으로 이해하고 고찰한 것이다. 여기서는 필자의 역사적 고찰과 주장을, 오늘날 현대 금융의 본질과 위기를 이해하는 데까지 확장할 것이다.

경제학에서 재산권 개념이 사라지기 시작한 것은 케인스경제학이 뜨기 시작한 1930년대 이후로, 케인스경제학이 재산권 개념 대신 유동성liquidity 개념을 사용하기 시작하면서부터다. 유동성은 2008년 금융위기가 발발한 후 학자들이 가장 많이 사용한 용어 중 하나다. 2008년 2월 프랑스 중앙은행이 "유동성"이라는 이름의 학술제를 개최했는데, 여기 참가한 15인의 세계적인 경제학자들은 작금의 국제 금융위기가 "유동성 위기"라는 데 입을 모았다.[5] 유동성 개념은, 케인스학파 경제학자 존 힉스가 주장했듯이 케인스학파의 용어이다. 케인스경제학이 제2차 세계대전 이후 경제학의 대세를 이루면서, 존 메이너드 케인스가 들여온 용어인 '유동성'도 금융론의 대표적인 용어가 된 것이다.[6]

경제학자들은 유동성을 "자산을 필요한 시기에 손실 없이 화폐로 바꿀 수 있는 정도"로 정의하면서, 이 정의가 매우 모호하다는 점을 인정하고 있다. 예를 들어, 앞에서 말한 학술제에 참가한 경제학자 앤드류 크로켓Andrew Crockett은 유동성이 정의하기가 쉽지 않은 개념이라고 지적했고, 참가한 다른 경제학자들도 이러한 견해에 동의했다.[7] 일찍이 1955년에 경제학자 케네스 보울딩은 유동성이 분명하지 않고 측정하기도 어려운 개념임을 역설한 바 있다.[8] 케인스학파의 힉스도 1962년 「유동성」이라는 글에서 이 개념에 모호한 부분이 있다고 지적한다.[9]

이렇게 모호한 유동성 개념이 재산권 개념을 대체하면서, 현대 경제학은 재산권과 계약권의 차이에 더는 관심을 두지 않는다. 앞에서 여러 차례 강조했듯이, 재산권 개념은 계약권 개념과 법적으로 대치되는 개념으로, 재산권은 계약권과는 달리 특권적 권리이다. 계약권은 사회적 합의에 의해 한 개인에게 부여된 것이기 때문에, 그 권리의 행사가 다른 사람에게 부정적인 영향을 초래할 가능성이 있다면, 공동체가 그 권리의 행사에 간섭할 수 있다. 반면 재산권은 공동체의 간섭을 배제하는, 보다 특권적 권리이다. 따라서 재산권과 계약권에 대해 공동체가 간섭할 수 있는 여지가 확연히 다르고, 그래서 두 권리의 행사가 사회에 미치는 영향이 매우 다를 수 있으므로, 사회과학은 투자자가 두 권리 중 어느 것을 행사했는지에 관심을 기울일 필요가 있다.

　　그러나 유동성 개념에 몰두하고 있는 현대 경제학은 이러한 구분에 전혀 관심이 없다. 투자자가 투자자산을 필요한 시기에 손실 없이 화폐로 바꿀 수 있느냐에만, 즉 투자자산이 유동적인지 아닌지에만 관심이 있지, 그 투자자가 그 자산에 대해 행사할 수 있는 권리가 재산권인지 계약권인지는 중요치 않게 여기는 것이다. 그러나 이 재산권과 계약권의 차이가 현대 금융의 본질을 밝히는 데 핵심적이라는 점에서 재산권 개념의 복원이 시급하다.

　　1970년대 후반기부터 정부 규제로부터 상대적으로 자유로운 투자은행들이 급성장하면서 이들이 새로운 금융기법들과 시장들을 개발해왔다. 그 대표적인 것이 머니마켓펀드money market funds 와 환매조건부채권repurchase agreements(이하 레포repo) 시장이다. 이 두 새로운 금융기법의 본질을 재산권 개념을 사용해서 규명하고자 한다.

머니마켓펀드와 레포는 투자의 유동성을 강화하기 위해 고안된 기법이다. 앞으로 자세히 살펴보겠지만, 유동성을 강화하는 방법이 바로 재산권과 계약권을 교묘히 융합하는 것이었다. 즉 재산권과 계약권을 교묘히 섞어서 둘 다의 이점을 취하여, 책임은 최소화하고 권한은 확대하는 것이다. 이 융합을 통해 머니마켓펀드와 레포에 투자한 채권자들은 일반 채권자들이 누릴 수 없는 특권적 권리인 재산권을 누리게 되고 이 권리의 행사는 결국 2008년 국제금융위기를 초래하게 된다.

2. 미국 금융체제: 은행, 머니마켓펀드, 레포 간의 관계

미국발 국제금융위기가 발생하자 언론과 학계는 서브프라임 모기지 부도 문제에 관심을 집중했다. 그러나 곧 학계와 핵심적인 금융 실무가들은 서브프라임 모기지 부도가 국제금융위기의 근본적인 원인이 아님을 깨닫게 된다. 대표적인 사례가 2011년 당시 미국 연방준비제도 이사회 의장 벤 버냉키의 진단이다. 거대한 금융위기의 규모를 서브프라임 손실로 설명하기는 역부족이라고 진단한 것이다.[10] 또한 2007년 뱅크런에 직면해 부도를 맞은 베어스턴의 CEO였던 제임스 케인이 2010년 5월 미국 의회 청문회에서 한 진술에 따르면, 베어스턴은 서브프라임 모기지에 매우 제한적으로만 개입했다고 한다.[11] 이후 학술계는 서브프라임 모지기 부도에서가 아니라, 머니마켓펀드와 레포에서 2008년 금융위기가 초래되었다는 분석을 내놓기 시작한다.[12] 또한 미국발 금융위기가 유럽으로 전파된 원인이 미국의 머니마켓펀드에 의한 것임을 입증하는 분석도 등장한다.[13] 이 분석에 따르면, 2007년 8월 이후 미국의 머니마켓펀드는 2007년의 서브프라임 모기지 위기를 피하고자 좀 더 안전한 투자처를 찾아 유럽 은행이 발행한 양도성예금증서Certificate of deposit, CD에 집중적으로 투자하기 시작했다는 것이다. 그러다가 2008년 9월에 머니마켓펀드가 보유하고 있던 이 CD를 헐값에 처분하면서 미국발 금융위기가 유럽 은행의 부도 위기로 전이되었다고 한다.[14] 그리고 부도 위기를 맞은 유럽 은행들에 유럽 국가들이 구제금융을 제공하면서 유럽 사私은행의 위기가 유럽 나라들의 국가 부채위기로 진화했다.

2008년 금융위기가 어떻게 머니마켓펀드와 레포 시장에서 발생했는지 알기 위해서는 미국 금융체제가 어떻게 구성되어 있는지 살필 필요가 있다. [그림 2]를 보면 그 대략의 면모를 알 수 있다.

[그림 2]는 1980년대부터 발달한 부외簿外 금융시스템을 단순화시켜서 표현한 것이다. 이는 고전적인 은행업인 은행업과 1970년대 이후 급성장한 그림자금융의 관계를 묘사하고 있다. 은행은 자신의 채권 자산을 증권화하여 그림자금융에 공급하고, 머니마켓펀드 또는 다른 기관투자들이 이 증권화된 금융상품을 산다. 그리고 판매와 구매 사이에서 투자은행들은 중개업을 하는데, 투자은행들은 레포 시장을 발달시켜 이 중개업에 필요한 자금을 조달한다. 이 투자은행들로는 메릴린치, 모건스탠리, 베어스턴 등이 있다.

[그림 2]의 ① 부분은 은행업이 예금업과 대부업을 합친 것임을 나타내고 있다. 예금받은 돈을 은행의 명의로 제삼자에게 빌려주는 것이다. 예금업과 대부업의 융합은, 2장의 2절에서 자세히 설명했듯이, 하나의 예금액에 대해 재산권을 이중으로 창조해서 새롭게 화폐

[그림 2] 부외 금융(Off-balance-sheet Financing)

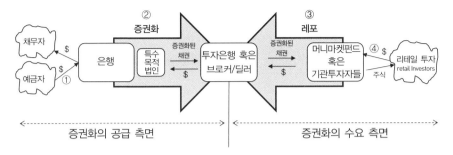

(Kim 2014a, 438쪽에서 인용)

를 창조하는 메커니즘이다.[15]

　이러한 예금업과 대부업의 융합은 17세기 후반 영국에서 합법화
되기 전에는 유럽대륙에서 불법적 횡령으로 간주되던 것이었다.[16] 예
금자의 돈을 은행업자가 맘대로 자기 명의로 사용한 것이기 때문이
다. 이러한 횡령을 합법화하면서 하나의 예금에 대해 재산권이 이중
으로 생기게 된 것이다. 예금자가 예금을 자기 것으로 계속 사용하는
동시에 은행가가 그 예금을 자기 명의로 사용할 수 있도록 하면서,
한 예금에 대해 이중의 재산권이 성립한다.

　이런 이중소유권 때문에 17세기 후반부터 뱅크런 등의 금융위기
가 은행에서 발생해왔다.[17] 이중으로 창조된 재산권이 경기를 확장시
키다가 어떠한 시점에서 문제가 발생하기 시작하면, 예금자들은 자
기 통장에 찍혀 있는 예금이 실제로 은행 금고에 없다는 걸 새삼 깨
닫게 되고 갑자기 은행으로 몰려들어 찾는 뱅크런이 일어나는 것이
다.[18]

　지금까지 설명한 내용은 부외 금융시스템Off-balance-sheet financing

에서든 부내 금융시스템On-balance-sheet financing에서든 모두 같다. 1970년대까지만 해도 부내 금융시스템이 대세였다. 은행은 예금을 받아 주로 장기로 빌려주는데 그 대표적인 사례가 주택대부이다. 주택대부는 만기가 보통 몇십 년 단위고 이 기간에 은행은 채무자로부터 월마다 이자와 원금 일부분을 상환받는다. 이것이 은행의 정기 수입원이며, 그래서 이 대부는 은행의 대차대조표balance sheet 의 자산란에 기입된다. 부내 금융시스템에서는 은행이 이 자산을 대차대조표에 계속 두었다.

그런데 1980년대 들어서 은행이 이 채권 자산을 자기 대차대조표에 남기지 않고 증권화하여 팔기 시작하면서 부외 금융시스템이 발전하기 시작한다.[19] 이렇게 부외 금융이 발전한 이유는 대략 두 가지를 들 수 있다, 첫째로, 1988년 바젤 협약 I에 의해 은행에 부과된 자본규제를 피하려는 수단으로 은행이 이 부외 금융시스템을 이용했다. 하지만 무엇보다도 다음의 두번째 이유가 더 큰데, 증권화된 금융상품의 수요가 매우 커졌기 때문이었다. 특히 1970년대 이후 머니마켓펀드 등이 급성장하면서 고품질의 안전자산에 대한 투자수요가 늘었는데, 증권화된 금융상품이 이 수요를 충족시켜준다.[20]

이제 그림의 ② 부분에서 은행이 어떻게 증권화를 하는지 살펴보자. 우선 은행은 독립된 특수목적법인을 세운 후 이 법인에게 보유하고 있던 채권 자산들을 판다. 이 특수목적법인은 사들인 채권 자산을 모아 풀pool 을 형성한 후 안정성과 품질에 따라 몇 개의 등급으로 쪼개 상품화하여 투자자들에게 팔았다. 이 상품들은 자산유동화증권 asset-backed securities 혹은 CDOs collateralised debt obligations 라고 불린다. 그리고 구조화 투자법인structured investment vehicles 도 설립하는데,

이 법인은 안전하고 질 좋은 채권재산을 은행으로부터 사 풀을 형성한 후 '단기자산 유동화 기업어음asset-backed commercial papers, ABCPs'으로 증권화하여 판매한다. 이 ABCPs 중 트리플A 등급을 받은 어음은 주로 머니마켓펀드에 팔렸다. 그리고 이 판매와 구매를 중개한 것이 메릴린치나 모건스탠리 등의 투자은행들이다.

이 부외 금융시스템은 2008년 금융위기 전까지만 해도 '부도 위기가 없는bankruptcy proof' 시스템으로 여겨졌다. 몇 가지 이유가 있었는데, 우선 특수목적법인(그리고 구조화 투자법인)과 이 법인을 설립한 모母기업인 은행 간 관계의 특수성 때문이었다. 특수목적법인은 모기업인 은행으로부터 독립된 법인이어서, 모기업에 부실 혹은 부도가 생기더라도 특수목적법인에는 전혀 영향을 미치지 않았다. 더욱 이 특수목적법인이 파산하지 않도록 보호하기 위해, 모기업인 은행은 특수목적법인에게 위기시 신용보증을 제공할 것을 약속했다.[21] 또한 투자자들은 증권화된 금융상품의 안정성이 크게 증가했다고 여겼다.

우선 부도가 나더라도 ABCPs에 투자한 투자자들은 이 상품의 담보를 이루는 채권 자산들을 압류할 수 있다. 그리고 레포 시장에서 팔린 CDOs는 대부분 가장 안전한 등급이었으며, 투자자들은 CDOs를 사면서 CDOs가 부도가 날 때 그 투자금을 모두 변상해주는 신용파산스왑credit default swap이라는 보험을 샀다. 그리고 서브프라임 모기지 등의 낮은 등급 채권 자산은 은행이 그대로 보유하고 있는 경우가 대부분이어서 부외 금융시스템에 거의 투입이 되지 않았다. 이런 이유들로, 개별 투자자들의 입장에서 부외 금융시스템은 매우 안전했다. 하지만 개별 투자자들 입장에서 안전한 것이 전체 시스템에도 안전한 건 아니었던 것으로 판명이 난다. 왜냐하면 이 부외 금융 시스템 내부에서 부도가 발생하면서 2008년 금융위기가 촉발되었기 때문이다. 2008년 9월 머니마켓펀드인 리저브 프라이머리Reserve Primary Fund에 뱅크런이 발생하고, 그 여파로 머니마켓펀드들이 자신들이 보유한 ABCPs와 CD 등의 자산들을 헐값에 처분하면서 뱅크런이 레포 시장으로 확산되었으며, 이윽고 국제금융위기가 발생했던 것이다.

3. 유동성 증가 기법: 채권의 재산권화

투자자들의 입장에서는 현금이 가장 안전한 자산이다. 그리고 유동성이 큰 자산일수록 안전한 자산인데, 유동성이 큰 자산은 손실 없이 빠르게 현금화될 수 있기 때문이다. 이 절에서는 유동성 증가 메커니즘의 본질을 재산권 개념을 통해 설명하려고 한다. 즉 머니마켓펀드와 레포가 채권 투자자들에게 어떻게 재산권을 부여해줌으로써 투자의 유동성을 증가시키고 있는지 살필 것이다. 채권 투자자들은 투자금에 대해 더는 재산권자가 아니다. 채무자에게 투자금의 재산권을 이미 일정 기간 양도했기 때문이다. 그런데도 채권 투자자들에게 재산권이라는 특권을 부여해줌으로써 유동성을 증가시키는 금융기법을 월스트리트 금융가들이 부단히 개발해왔다. 그 대표적인 금융기법이 머니마켓펀드와 레포이다.

개별 투자자들 관점에서 본인이 투자한 금융상품의 유동성이 증가한다는 것은 본인 투자의 안정성이 증가한다는 것을 의미한다. 재산권의 부여가 유동성을 증가시킨다면, 개별 투자자들이 더 많은 재산권을 행사할 수 있다는 것은 본인 투자의 안정성이 증가한다는 것을 의미한다. 하지만 2008년 금융위기가 일어났다는 사실은 이러한 개별 단위의 유동성·재산권·안정성 증가가 전체 시스템 관점에서는 반대로 불안정성을 증가시켜왔다는 것을 보여준다.

3-1 머니마켓펀드

전통적 은행은 대공황 이후 정부의 엄격한 규제하에 놓인다. 예를 들어, 1933년부터 2011년까지도 은행은 '레귤레이션 Q'라는 정부 규제가 정한 한도 이상으로 요구불 예금에 이자를 높게 주지 못했다.[22] 이 때문에 대규모 현금을 소지한 글로벌 기업이나 기관 투자자들에게는 은행이 매력적인 투자처가 되지 못했다. 이때 이들에게 매력적인 투자처를 제공한 것이 머니마켓펀드였다. 머니마켓펀드는 정부의 규제에 놓이지 않아 이자가 높으면서도 언제나 찾을 수 있는 요구불 예금 서비스를 제공했고 이를 통해 급성장을 거듭할 수 있었다. 머니마켓펀드의 성장은 1970년대 후반기부터 급격하게 이루어지는데, 1974년에 20억 달러 규모에서 1978년에는 110억 달러 규모로, 그리고 1980년에는 760억 달러 규모에서 1997년에는 1조 달러 규모로 급성장하다가 2009년에는 거의 4조 달러 규모에 이르게 된다.[23]

이러한 머니마켓펀드의 성장은 미국 금융체계를 이전의 은행 중심에서 투자은행 중심으로 전격적으로 변모시킨다. 머니마켓펀드가 미국 금융체제에서 얼마나 중요한 위치를 점하는지는 2008년 위기 발발 이후 미국 정부가 가장 먼저 취한 조치를 보면 미루어 짐작할 수 있다. 2008년 9월 16일 머니마켓펀드인 리저브 프라이머리 펀드가 396억 달러 규모의 뱅크런에 직면하면서 2008년 금융위기가 촉발되자, 미국 재무부는 전체 머니마켓펀드들의 자산 3조4500억 달러에 대해 임시 예금보험을 제공한다. 머니마켓펀드의 부도가 미국 금융체제 전체를 붕괴시킬지 모른다는 두려움이 없었다면 이러한 전대미문의 조치는 없었을 것이다.

머니마켓펀드는 주식회사이고, 투자자는 이 펀드의 주식을 산다.([그림 2]의 ④)[24] 머니마켓펀드는 크게 세 가지 점에서 일반 주식회사와 다르다. 우선 머니마켓펀드가 다른 머니마켓펀드의 주식을 사는 게 법적으로 크게 제한되어 있다. 한 머니마켓펀드가 다른 머니마켓펀드 총 주식의 3% 이상을 살 수 없다.[25] 이것은 소수 대주주가 머니마켓펀드 기업집단 전체를 지배하는 일이 없도록 하는 법적 조치다. 두번째 차이는 일반적인 주식가격은 회사의 매출 혹은 수익 그리고 그 전망을 반영해서 등락하는 데 반해, 머니마켓펀드의 주식가격은 1달러로 계속 유지되는 걸 머니마켓펀드가 보장한다는 점이다. 머니마켓펀드의 주식투자자들은 1주당 1달러로 사고 이 가격이 계속 유지된다는 약속을 받는 것이다. 이 약속을 머니마켓펀드가 깨는 순간 2008년 금융위기가 발생한다. 2008년 9월 16일 머니마켓펀드의 하나인 리저브 프라머리 펀드가 1주당 1달러 약속을 깨고 주식가격이 97센트라고 공표하자 396억 달러 규모의 주식 태환 요구가 일어났던 것이다.[26]

세번째 차이는 머니마켓펀드의 주식투자자들은 자신의 주식들을 원할 때 언제든지 현금으로 태환할 수 있다는 점이다. 본래 다른 일반 주식은 현금으로 태환되지 않고 현금화하려면 다른 사람에게 주식을 팔아야 한다. 머니마켓펀드의 이런 자유로운 태환은 1977년

메릴린치가 최초로 자신의 머니마켓펀드 주주들에게 종합자산관리 계좌cash management accounts, CMA를 제공하면서부터 시작된다.[27] 머니마켓펀드 주주들은 이 계좌를 통해 언제든지 원할 때 개인 수표를 발행해서 주식을 현금으로 태환할 수 있었다. 이는 은행 요구불 예금의 예금주가 예금을 언제든지 원할 때 찾아 쓸 수 있는 것과 같은 셈이다.

이 세 가지 차이점 중에서 뒤의 두 가지는 머니마켓펀드 주식의 유동성을 크게 증가시키는 요인이다. 주식을 빠르고 손실 없이 현금화할 수 있는 조치들이니 말이다. 그 결과 머니마켓펀드의 주식은 은행의 요구불 예금과 같은 특징을 띠게 된다. 요구불 예금에서 재산권이 이중으로 창조되는 현상이 머니마켓펀드에도 동일하게 나타나는 것이다.

예를 들어 누군가가 머니마켓펀드의 주식을 1000만 원어치 샀다고 가정해보자. 이 주식 소유자의 계좌에는 1000만 원이 찍히고, 언제든지 이 1000만 원의 주식을 현금으로 태환해서 다양한 지출을 한다. 반면 머니마켓펀드는 이 1000만 원을 이용해서 머니마켓펀드의 명의로 다른 곳에 투자한다. 여기서 1000만 원에 대해 두 명의 배타적인 재산권자가 생긴 걸 볼 수 있다. 한 명은 주식투자자이고 다른 한 명은 머니마켓펀드 주식회사 법인이다. 그리고 이로써 경제에는 1000만 원만큼의 재산권이 추가로 창조되어서 유통되고 있는 셈이다. 이것이 머니마켓펀드에 의한 화폐창조 메커니즘이다.

지난 30여 년간 미국이 누린 부는 이 부외 금융시스템의 화폐창조 기능 덕분이었다. 우선 [그림 2]의 왼쪽에서 부외 금융시스템에 투입된 증권화된 금융상품은, 은행이 창조한 화폐가 둔갑한 것이다.

즉 은행이 추가적으로 창조한 화폐를 빌려주면 이것이 은행의 채권 자산이 되는데, 이 자산을 증권화하여 부외 금융시스템에 투입한 것이다. 그리고 이 증권화된 금융상품을 구매하는 자금은 머니마켓펀드가 재산권을 이중으로 생성함으로써 창조된 것이다. 이렇게 부외 금융시스템에서 창조한 돈으로 미국은 세계로부터 대규모 물자를 구입해 흥청망청 쓴다. 그렇게 공짜로 전 세계의 자원을 쓴 결말은 안타깝게도 2008년 국제금융위기가 일어나 미국의 위기가 세계화되는 것이었다.

머니마켓펀드에서 이렇게 이중소유권이 생성되는 이유는 머니마켓펀드의 주식 소유자가 재산권과 계약권을 모두 누리기 때문이다. 우선 이 펀드의 주식 소유자는 크게 두 가지 점에서 재산권을 행사한다. 우선 의결권과 인사권을 가지고 있어서 소유주로서 회사를 통제할 권한이 있다. 다음으로 주식을 현금으로 태환하여 쓸 수 있다는 점에서 투자금에 대해 재산권을 계속 지니고 있는 셈이다. 하지만 동시에 주식 소유자는 두 가지 점에서 채권자에 불과하다. 우선 채권자처럼 유한책임만을 진다. 회사가 부도가 나더라도 투자한 금액만큼만 손실을 보는 것이다. 또한 회사가 투자한 돈으로 어떤 악행을 저지르더라도 도덕적 법적 책임을 지지 않는다. 두번째로는, 머니마켓펀드가 주식 소유자가 투자한 돈을 펀드의 명의로 제삼자에게 투자한다는 점에서, 투자금의 재산권이 펀드로 양도되었다고 볼 수 있다.

이렇게 재산권과 채권(계약권)이 섞인 현상은 고전적인 로마법 전통 아래에서는 횡령으로 간주되었다.[28] 머니마켓펀드든 주식 소유자든 어느 한쪽에서 다른 쪽의 소유에 속한 돈을 자기 이름으로 사용한 셈이므로, 횡령에 해당하는 것이다. 만약 한 거래에서 한 사람이 재산권도 누리고 채권도 누린다면 그 자산의 재산권을 양도했으면서도 보유하고 있기도 한 모순적인 일이 벌어진 것이다. 이러한 모순이 성립되는 곳이 바로 머니마켓펀드와 은행을 포함한 현대 금융이다.

정리하면, 2008년 국제금융위기는 채권자에 불과한 머니마켓펀드의 주식투자자들이 재산권을 행사함으로써 촉발된다. 이들은 책임의 측면에서 채권자에 불과하다. 이자를 취하고 유한책임만을 지며, 머니마켓펀드가 한 행위에 대해 어떤 도덕적 법적 책임도 지지 않는다. 그런데 이들이 언제든지 투자금을 태환할 수 있는 권리는 재산권자의 권리에 해당한다. 이들이 투자금에 대한 재산권자의 권리를 행사하려고 투자금을 현금으로 태환하기 위해 한꺼번에 몰려가면서 2008년 9월 16일에 국제금융위기가 시작되었다.

3-2 레포

이제 레포에서 어떻게 재산권과 계약권이 섞이는지 살펴보자. 레포 시장의 규모에 대한 공식적인 기록은 없지만, 그 크기가 어마어마한 것으로 알려졌다. 2008년 중반에 미국의 레포 시장의 규모가 10조 달러를 넘었다고 추산된다.[29] 그리고 머니마켓펀드가 레포에 투자한 금액이 2008년 12월에 5520억 달러 규모였다고 한다.[30] 그런데 2008년 9월 머니마켓펀드가 레포 시장에서 뱅크런을 일으키는데, 이 뱅크런이 미국 금융시스템의 위기를 일으켰던 주요한 요인이 되었다.[31]

레포는 담보대부의 일종이다. 하지만 대략 세 가지 점에서 일반 담보대부와는 차이가 있다. 첫번째 차이는, 레포 거래에서 주로 제시되는 담보물이 증권화된 금융상품이나 미국 국채 등의 유가증권이라는 것이다. 그런데 유가증권의 가격은 수시로 등락하기 때문에 만기 전이라도 시가평가時價評價, Mark to Market를 주기적으로 해서 담보물의 시장가치가 떨어지면 추가 유가증권을 담보물로 채권자에게 더 제공하고, 그 시장가치가 오르면 그만큼 채권자로부터 되돌려 받는 식으로 담보물의 시장가치를 유지한다.

두번째 차이는, 일반 담보대부의 경우 담보물의 재산권이 채무자에게 계속 남고 채무자가 빚을 못 갚았을 때만 채권자가 담보물을 압류할 수 있다. 이에 반해, 레포 거래는 매매의 형태를 취하기 때문에 채권자에게 판매된 담보물의 재산권이 처음부터 채권자에게 양도되는 효과가 발생한다. 레포 거래의 채권자는 만기가 될 때까지 이 담보물을 자기 명의로 마음대로 사용하거나 판매할 수 있는데, 만기가 되었을 때도 동일한 유가증권을 채무자에게 돌려줄 필요가 없으며, 동일한 가격의 다른 유가증권으로 되돌려 주기만 하면 된다. 그래서 채권자는 담보물로 받은 유가증권을 다른 레포 거래의 담보물로 제공하는 식으로 사용할 수 있으며, 그런 사례가 빈번했다. 이런 경우를 '재담보 설정rehypothecation'이라고 부르며, 이를 이용해서 브로커-딜러인 투자은행들이 레포 시장에서 자기 초기자본을 20배까지 레버리지하는 효과를 종종 냈었다.[32] 베어스턴과 리먼 브라더스도 부도 직전까지 레포를 이용해서 자기자본을 30배까지도 레버리지했다.[33]

세번째 차이는, 담보대부는 법적으로 '대부'라는 거래 형태를 취하는 반면, 레포는 법적으로 '매매sale'라는 거래 형태를 취한다는 점이다. 그래서 레포repo=repurchase agreement(환매조건부채권)라는 이름으로 불린다. 앞서 말했듯이, 레포는 투자은행이 증권화된 금융상품에 대해 중개업을 할 때 필요한 자금을 빌리는 방식이다. 이 방식이 두 번의 매매형태를 띠는데 다음과 같다. 우선 채무자는 채권자에게 유가증권을 시가보다 낮게 판다. 이것이 첫번째 매매이다. 그리고는 만기가 되면 판 가격보다 높은 가격에 되사기로 채권자에게 약속하고 만기 때 되산다. 이것이 두번째 매매인 환매이다. 여기서 처음 판매가격이 채무자가 빌린 원금에 해당하고, 이 판매가격과 환매 가격의 차액이 채무자가 내는 이자에 해당한다. 그리고 사고판 유가증권은 담보물에 해당한다. 채권-채무 관계의 기간은 처음 판매 시기부터 환매 시기까지가 된다.

레포가 본질적으로 '대부'의 일종인데 왜 법적 형식으로 '매매'를 택했을까? 두 가지로 해석할 수 있는데, 첫째는 채권자의 권리를 강화하기 위한 목적에서, 둘째로는 법적 규제를 피하기 위한 목적에서 그렇게 했다고 볼 수 있다.

우선 첫번째 목적을 살펴보자. 앞에서 말했듯이, 일반 담보대부의 경우 담보물의 재산권이 채무자에게 계속 남고 채무자가 빚을 못 갚았을 때만 채권자가 담보물을 압류할 수 있다. 반면 레포 거래에서는 담보물의 재산권이 처음부터 채권자에게 양도된다. 즉 채권자가 즉시 담보물에 대한 재산권을 행사하는 정도까지 채권자의 권리가 강화된 것이다. 이것은 레포의 법적 형식이 '매매'이기 때문에 가능하다. 법적으로 '매매'는 동등한 가치의 상품 혹은 현금을 지급하고 재산권을 완전히 이전하는 행위이기 때문이다. 법적 형식을 '매매'로 함으로써 담보물의 재산권을 채권자에게 이전시키는 효과를 낸 것이다. 그러나 레포가 취한 매매 형식은 정상적인 매매가 아니다.

동등한 가치의 금융상품 혹은 현금을 지급하지 않고 실제 가치보다 낮게 지급하고서 산 것이기 때문이다. 그리고 완전히 재산권을 이전한 것도 아니고 특정 기간, 즉 환매 때까지만 담보물의 재산권을 일시적으로 이전한 것뿐이다. 채권자의 권리를 편법으로 강화하기 위해 실질적으로는 '대부'인 것을 법적으로만 '매매'라는 형식을 취하고 있을 뿐이다.[34]

두번째 목적에 대해 살펴보자. 서유럽의 중세 시대에도 레포와 유사한 거래가 있었는데, 이는 이자 금지라는 국가의 규제를 피하고자 고안되었다. 싸게 샀다가 비싸게 되사는 거래를 해서 그 차액을 이자로서 챙긴 것이다. 이렇게 실질적으로 이자를 받는 대부 거래를 하면서도 형식은 매매로 가장해서 국가의 규제를 피할 수 있었다.[35] 21세기의 레포도 정부의 규제를 피하기 위한 수단으로 고안된 것으로, 특히 미국 파산법 11장Chapter 11 bankruptcy process의 규제를 피하기 위해서였다. 유동성 위기에 몰린 기업이 이 파산법을 통해 회생 절차를 신청하면서 사업재조직계획서를 법원에 제출하면, 파산법 법원은 채권자들의 경쟁적인 채권회수로부터 이 기업을 보호하여 기초자산을 확보하도록 도와 채권자의 빚을 장기적으로 상환하게 했다.

이 파산법 11장의 취지를 달성하기 위해 파산법 법원은 두 가지 규정을 두는데, 하나는 자동중지제도automatic stay이고 또 하나는 부인권否認權, avoidance이다. 자동중지제도는 채권자들의 경쟁적인 채권회수로 인한 파산을 막기 위해, 채권자들 모두의 권리 행사를 동시에 중지시키는 제도이다. 부인권은 법원에 파산 신청하기 전에 특정 채권자에게 먼저 변제한 것을 무효화시키는 제도를 말한다. 기업이 파산에 직면한 것을 미리 알고 특정 채권자가 기업과 공모하여 파산절차 신청 전에 그 기업으로부터 먼저 변제받으려고 하는 경우가 있는데, 부인권은 이를 방지하고자 하는 제도이다. 그래서 레포 등의 파생상품 거래에 제공된 담보물이 파산신청 90일 안에 제공된 것이라면 이 부인권의 대상이 되었다.

레포는 이 자동중지제도와 부인권을 피하고자, 법적 형식을 '대부'가 아닌 '매매'로 가장한다. 레포의 투자자는 실제로는 채권자이지만, 레포가 '매매'라는 형식을 취했기 때문에 채권자가 아닌 구매자로 법적으로 규정되며, 파산법 11장의 자동중지제도와 부인권의 규제 대상에서 벗어날 수 있다. 그래서 레포 거래의 채권자는 유동성 위기에 직면한 채무자 기업이 파산을 신청하기 전에, 혹은 파산신청 이후에라도 빠르게 담보물을 팔아 거의 손실 없이 투자를 현금화할 수 있었다.

이렇게 대부를 매매로 가장하는 행위를 통해 레포는 유동성을 크게 증가시켰고, 레포 투자자는 채무자가 파산에 직면했을 때 투자금을 빠르고 손실 없이 현금화할 수 있었던 것이다. 반면 레포 외의 다른 채권자들은 법원의 판결이 날 때까지 투자금을 회수할 수 없다. 이 점에서 레포 투자자가 누리는 유동성의 이점은 다른 채권자들이 누릴 수 없는 특권이라 할 수 있고, 이 특권은 재산권자의 권리라 볼 수 있다.

이 특권이 재산권의 특징이라는 점을 이해하기 위해서는 재산권과 채권의 차이 혹은 물권과 대인권의 차이를 이해할 필요가 있다.(이 차이점은 1장의 2절에서 자세히 논의한 바 있으니 참조하길 바란다.) 재산권 혹은 물권 개념은 로마법의 고유하고 독특한 개념으로, 로마법 이외의 법체제에서 절대적인 재산권 개념을 찾기가 쉽지 않다. 반면 계약법의 대인권은 역사적으로 여러 문명권에서 재산 배분과 거래를 다루는 분야에서 매우 흔히 나타나는 법개념이다. 앞서 강조했듯 로마법의 고유한 재산권 개념은 서유럽의 근대 초기에 재등장했고 자본주의 소유 관계의 밑바탕이 된다.

파산법 11장에 근거해 법원이 채무자인 기업의 회생을 돕고 채권자 간의 공평성을 추구하는 절차는 대인권(채권)의 고유한 특징이라고 할 수 있다. 대인권이란 타인과의 사회적 합의의 산물이며, 이러한 합의는 사회적 필요에 따라 얼마든지 다시 할 수 있는 것이다. 법원이 채무자 기업의 회생을 돕는 건 사회적 필요에 의한 것이며, 이를 위해 채권자의 권리를 일시 중지시키고 채권자들이 다시 합의하도록 법원이 중재할 수 있는 이유는 대인권이 절대적 권리가 아니기 때문이다. 반면 레포 투자자가 이러한 법원의 합의 절차에서 벗어나 자신의 투자금을 자유롭게 회수하는 건 절대적 권리를 행사하는 것이라 볼 수 있다. 레포 투자자들은 채무자인 기업이 파산하든 말든, 그로 인해 어떤 사회적 피해가 발생하든지 상관하지 않고 권리를 행사할 수 있다. 즉 그들의 권리는 재산권에 해당한다. 2008년 9월 레포 투자자들, 특히 머니마켓펀드는 이러한 재산권을 행사해 레포 시장에서 뱅크런을 일으켰으며, 이 뱅크런은 미국 금융시스템의 위기를 일으켰던 주요한 요인이 되었다.

정리하면, 레포는 담보채권의 일종으로 레포 투자자들은 본질적으로 채권자들이다. 하지만 법적 형식을 '매매'로 가장함으로써 이 채권자들은 재산권이라는 특권을 누린다. 담보물의 재산권이 레포 거래 초기부터 채권자들에 양도되어 담보물에 재산권을 행사한다.

레포 투자자들은 담보물을 시장가격보다 낮은 가격에 구입했으므로, 실제로는 한 푼의 돈도 채무자들에게 빌려주지 않으면서도 오히려 시세차액만큼을 이자로 챙기게 된다. 그리고 레포 투자자들이 자기 투자금을 자유롭게 회수할 수 있는 권리는 일반 채권자가 누릴 수 없는 특권인 재산권이다.

이러한 특권은 미국 의회의 정치적 지원 없이는 유지되기 어려운 것이었다. 그 단적인 예가 1984년 미국 의회가 파산법원의 결정을 뒤집은 사건이다. 1982년 파산법원은 레포를 담보채권으로 규정하고, 레포의 채권자가 담보물을 채무자에게 돌려주라고 명령한다.[36] 이런 결정은 레포가 파산법 11장의 두 가지 규제인 자동중지제도와 부인권이 적용되는 대상임을 선언하는 것이었다. 법원이 이런 결정을 내린 이유는, 레포를 파산법 11장의 규제를 피하려고 대부를 매매로 교활하게 가장한 사례라고 인식하고 이러한 이기적인 행위를 타파하고자 했기 때문이다.[37] 허나 이러한 법원의 조치는 월스트리트 금융계와 정부 그리고 미국 연방준비은행의 커다란 반대에 직면하는데 이들은 법원의 조치로 레포 시장이 크게 위축될 것을 두려워했다.[38] 미국 의회는 1984년에 파산법을 개정해서 법원의 이 결정을 뒤집는데, 레포를 파산법 11장의 규제에서 제외시켰던 것이다.[39]

재산법이 계약법하고는 독립적이고 배타적으로 존재하는 로마법 전통에서는, 어떠한 거래를 대부로 정의하느냐 아니면 매매로 정의하느냐에 따라 그 판결이 크게 달라진다. 대부로 규정하게 되면 그 거래의 투자자는 계약권의 일종인 채권을 지닌 것으로 간주되고, 반면 매매로 규정하게 되면 그 거래의 투자자는 재산권을 지닌 것으로 간주되기 때문이다. 그래서 1984년 미국 국회의 파산법 개정 이후,

미국의 파산법원은 레포를 '대부'가 아닌 '매매'로 정의해야만 했다.[40] 그런데 이러한 파산법원의 결정은 다른 미국 법원들의 결정과는 큰 차이가 있다. 레포 투자자들이 취득하는 이자에 세금을 부과할 수 있느냐 없느냐를 논의한 판례들을 보면, 법원들은 지금도 여전히 레포를 '매매'가 아닌 '대부'로 규정하고 있는 것이다. 이 법원들이 레포를 대부로 규정하는 이유는 간단하다. 레포가 '실질적으로 그리고 본질적으로' 대부이기 때문이다. 예를 들어, 아래의 1994년 법원의 판결문은 레포를 매매로 규정할 수 없는 이유를 명백히 밝히고 있다.

> [레포 거래의 채권자인] 신탁회사와 [레포 거래의] 채무자인 레포 판매자들 그들끼리 자신들의 레포 거래를 판매와 환매로 규정한다고 해서 신경 쓸 일이 아니다. [레포] 거래의 본질과 경제적 현실이 입증하는 바는 [그 레포 거래의 채권자인] 신탁회사가 [그 레포 거래의 채무자인] 레포 판매자에게 현금을 빌려줬고 그에 대해 이자를 받고 있다는 사실이다.[41]

즉 레포의 본질이 대부 거래임을 분명하게 선언하고 있는 것이다. 1984년 미국 국회가 레포를 파산법 11장의 규제 대상에서 제외한 조치는 이런 레포의 본질을 외면한 결과라고 볼 수 있다. 미국 국회가 그런 조치를 하는 데 월스트리트의 로비가 어떤 영향을 미쳤는지 연구한다면 레포를 둘러싼 정치경제학적 요인들이 보다 잘 밝혀질 수 있을 것이다.

4. 소결: 새로운 금융위기 해법이 필요하다

재산권과 계약권을 융합하는 제도는 두 가지 역사적 전제가 필요하다. 첫번째 전제는 계약권(혹은 계약법)과는 배타적으로 독립된 재산권(혹은 재산법)이 창조되는 것이고, 두번째 전제는 이 두 배타적 권리가 융합되도록 법적으로 허용하는 것이다. 첫번째 전제는 고대 로마공화정 후기에 마련되었다. 1장의 2절에서 자세히 설명했듯이, 법학자 패터슨은 고대 로마공화정 후기에 어떻게 재산권이 노예소유를 정당화하기 위해 창조되었는지를 분석하면서, 이 재산권이 형이상학적으로 허구적인 개념임을 보인 바 있다.[42]

두번째 전제는 17세기 후반 영국에서 마련되었는데,[43] 재산권과 계약권의 융합이 합법화된 건 유럽대륙과는 달랐던 17세기 후반 영국의 독특한 법적·정치적 상황 때문이었다. 영국은 유럽대륙과는 달리 일찍이 13세기부터 물권(재산권)과 대인권(계약권)을 섞는 것을 서서히 법적으로 허용하다가 17세기 후반 현대 은행업이 제도화되는 것과 같은 시기에 '신탁법'으로 확립되었다.[44] 신탁법은 매우 영국적인 법으로, 물권과 대인권을 융합하는 행위를 불법으로 간주하던 당시 유럽대륙의 시민법 전통에서는 용납될 수 없는 법개념이었다. 이 법은 땅에 대한 배타적인 재산권을 강화하려는 영국 귀족 지주계급의 요구를 반영한 것이었다.

국가의 간섭이나 공동체에 대한 책임으로부터 면제된 재산권을 누리기 위해 귀족 지주계급이 취한 방식은 실질적인 재산권(물권)을 포기하지 않으면서도 법적으로는 이를 대인권(채권)으로 간주되도록 한 것이다. 즉 재산권과 계약권의 융합을 시도한 것이다. 신탁이 정착되는 과정은 13세기 이래 왕과 귀족 지주계급 사이의 지난한 투쟁의 역사를 반영하는데, 왕은 신탁을 불법화하여 막으려고 했으나 귀족 지주계급이 승리한 결과 17세기 후반 신탁법이 확립되었다.(2장의 6-2절에서 현대 은행업의 본질이 신탁임을 주장했으니 참조해주길 바란다.)

재산권과 계약권의 융합인 신탁이 17세기 후반에 탄생한 은행의 본질을 이룰 뿐 아니라, 여전히 21세기 그림자금융의 본질을 이루고 있다는 것이 필자의 주장이다. 머니마켓펀드와 레포는 투자의 유동성을 강화하려는 목적으로 월스트리트에서 개발되었는데, 이 유동성 강화의 핵심적 방법은 채권자에 불과한 투자자들이 재산권을 행사할 수 있도록 하는 것이었다. 이를 통해 머니마켓펀드에서 화폐가 추가로 창조되어 이 이점을 투자자들이 무상으로 누리다가, 유동성이 확장된 결과로 시스템적 위기가 발생할 것 같으면 재빨리 재산권 행사를 해서 투자자산을 급히 회수함으로써 시스템적인 금융위기를 폭발시키고 그 위기를 사회화한다.

이 시스템적인 금융위기를 해결하기 위해 정부는 세금으로 부실채권을 사주었다. 머니마켓펀드와 레포의 탄생이 채권자에게 재산권을 부여해줌으로써 채권자의 권리를 강화해주는 조치라면, 국민의 세금으로 부실채권을 사주는 행위는 채권자가 투자에 대해 마땅히 감수해야 할 위험을 국민 전체가 대신 떠안고 세금으로 보전해줌으로써 채권자에게 과분한 특혜를 주는 조치이다. 이러한 조치가, 채권자의 권리가 우선되는 자본주의 사회 규범 속에서 우리가 상상할 수 있는 유일한 금융위기의 대책으로 간주되고 있다.

그러나 역사적으로 더 오랜 시기 동안 인류는 채권자의 권리를 제약하는 공동체적 조치를 통해 시스템적인 부채위기를 극복해왔다.[45] 농가부채 등의 소비성 부채는 주기적으로 탕감하거나(메소포타미아 문명) 이자 수취를 금지하여(중세 유럽·이슬람·중국 등) 채무자를 보호해주었다. 반면 상업 부채 등의 생산적 부채에 대해서는 이자 수취를 허용하지만 투자된 사업이 부득이한 사정으로 파산하거나 할 때는 채권자도 투자금과 이자를 받지 않는 식으로 사업의 위험을 공유했다. 이러한 전통적인 해결책을 어떻게 현대적으로 재탄생시킬지 고민하는 과제가 현대 지식인들에게 주어져 있다고 생각한다.

앞에서 설명한 미국 파산법 11장의 조치도 바로 투자의 위험을 채권자가 채무자와 함께 공유하도록 하는 것이었다. 2008년 금융위기는 파산법 11장의 조치를 개별 사례가 아니라 시스템적으로 적용해서 극복했어야 했다. 채권자의 양보를 얻어내어 회사를 장기적으로 살리게 되면, 채권자와 공동체 모두 손실을 최소화할 수 있었을 것이다. 이와 같은 해결책에 관해 필자는 차후 자세하게 연구할 계획이다.

또한 재산권과 계약권의 융합이 현대 은행업의 본질이라는 사실은 우리 사회가 재산권을 어떻게 다룰 것인가의 문제를 새롭게 고민하게 한다. 재산권은 배타적이고 절대적인 권리를 특정 개인에게 법적·정치적으로 부여해주는 행위인데, 이 재산권을 현대 금융업에서 활용하면서 특정 소수가 이익은 사유화하고 손실은 사회화해오고 있는 것이다. 이런 점에서 재산권에 대해 본질적인 성찰을 하는 것이 지식인들에게 요구된다고 할 수 있다. 그리고 레포와 머니마켓펀드의 주식 등 채권에 불과한 금융상품에 대해 재산권을 행사할 수 없도록 하는 조치를 실행해야 한다. 즉 재산권과 계약권이 융합되지 않도록 하는 것이 현대 금융의 문제점을 근본적으로 해결하는 방법이다.[46] 현대 금융을 어떻게 개혁할 것인가에 관한 자세한 연구는 다음 과제로 남겨두도록 하겠다.

5장

• • •

신용경제, 화폐경제, 그리고
자본주의 화폐경제

1. 모든 경제는 화폐경제인가?

이 장에서는 화폐money와 신용credit을 동일시하려는 경향을 비판하려 한다. 2004년에 제프리 임햄의 『돈의 본성The Nature of Money』이 출간되면서 화폐론에 대한 관심이 높아졌다. 그러나 아쉽게도 잉햄은 화폐와 신용을 동일한 것으로 취급하는 오류를 범한다. 그래서 화폐경제와 신용경제의 차이점을 설명하는 데도 실패했다. 다행히도 잉햄의 실패를 극복할 만한 연구가 최근 데이비드 그레이버에 의해 수행되었다. 그는 화폐경제와 신용경제의 차이점을 밝히고, 이 두 경제체제가 역사적으로 서로 교체되어왔음을 입증하고 있다. 여기서 그레이버의 연구 성과를 바탕으로 잉햄의 오류를 수정하고자 한다.

그러나 안타깝게도 그레이버 또한 자본주의 화폐경제의 독특성을 설명하는 데는 실패한다. 그레이버의 주장처럼 자본주의 경제는 화폐경제의 일종이다. 그러나 자본주의 화폐경제에는 기존의 화폐경제와는 근본적 차이점이 있다. 여기서는 이 차이점을 밝혀서, 그레이버의 한계를 극복하여 자본주의 화폐경제의 본질을 더 명확히 분석하려 한다.

　필자의 주장은 다음과 같다. 자본주의 화폐경제는 화폐와 신용이라는 두 이질적인 것을 조합해서 화폐를 팽창시킨다는 점에서 이전의 화폐경제와 차이점이 있다. 또한 이 조합은 정치적이고 법적인 과정을 통해서 일어나는데, 화폐를 신용과 똑같이 취급하는 잉햄은 이러한 정치적·법적 조합 과정을 설명하지 못한다. 그레이버 또한 자본주의 화폐경제의 독특성을 파악하지 못해서, 화폐와 신용이 조합되는 과정, 그리고 이 조합을 가능하게 하는 정치적이고 법적인 요인들을 설명하지 못한다.

　자본주의 화폐경제는 재산권을 강화하려는 자산소유자들의 노력으로 인해 등장했으며, 이 재산권을 강화하는 방법은 재산권과 계약권을 교묘히 섞어서 둘 다의 이점은 취하여 책임은 최소화하고 권한은 확대하는 것이다. 이렇게 서로 이질적인 재산권과 계약권을 섞는 행위가 바로 화폐와 신용을 조합하는 행위이다. 이러한 재산권과 계약권의 융합(혹은 화폐와 신용의 융합)은 자본주의 이전 시대에는 불법이었으나, 17세기 후반 영국에서 전쟁비용을 조달하고자 했던 정치가들에게 은행업자들이 자금을 대는 대가로 합법화된다. 이러한 자본과 권력의 야합은 3장에서 자세히 설명했었다.

　이렇게 자본주의 화폐경제가 재산권을 확장하려는 노력의 결과로 등장했고, 이 확장이 독특한 법적·정치적인 역관계와 동기 속에서 발생했다는 사실은, 자본주의 화폐경제를 정치적 현상으로 이해할 수 있도록 해줄 것이다. 재산권의 탄생과 보장은 법적·정치적 현상으로, 자본주의 화폐경제의 본질과 기원을 설명하려면 재산권에 대한 정치학적 접근이 필수적이다.

2. 신용경제와 화폐경제: 부채청산의 정치학

신용과 화폐를 동일시하는 잉햄은 신용과 화폐가 본질에서 같고 양적 차이만 있다고 주장한다. 어음 등의 신용수단을 소지한 사람은 이것을 발행하고 유통한 '몇몇' 사람들에게만 채무이행을 요구할 수 있는 반면, 화폐를 소지한 사람은 이 화폐가 통용되는 사회의 '모든' 사람들에게 채무이행을 요구할 수 있다는 것이다.'

과연 신용과 화폐는 동일한 것인가? 2장의 3-1절에서 자세히 살펴보았듯이, 신용과 화폐에는 본질에서 다른 점이 있다. 신용발행은 채권-채무 관계를 일정 기간 만들어내지만, 화폐는 채권-채무 관계를 없앤다.(화폐의 이 부채청산기능을 영어로 finality라 한다.) 신용과 화폐는 정반대의 기능을 수행하는 것이다. 이런 화폐의 부채청산기능을 고려한다면, 화폐가 신용이라는 잉햄의 주장을 받아들이기 어렵다.

화폐의 부채청산기능을 잉햄은 왜곡해서 표현한다. 화폐를 소지한 사람은 이 화폐가 통용되는 사회의 "모든 사람에게 채무이행을 요구할 수 있다"라는 것이다. 과연 그럴까? 어떤 사람이 어느 가게에 어떤 물건을 사러 갔다고 가정해보자. 그런데 그날따라 그 사람의 기분이 좋지 않아서 그랬는지, 2만 원짜리 물건을 하나 집어 들고 가게 주인에게 2만 원을 건방지게 던지듯 건넸다. 이 불손한 사람에게 가게 주인이 물건이 팔지 않을 자유가 있다면, 그 돈에 모든 사람에게 채무이행을 요구할 수 있는 힘은 없는 셈이다. 그날 그 가게 주인은 불손한 사람에게 물건을 팔지 않았다. 결국 불손한 사람의 돈은 가게 주인에게 물건을 반드시 팔아야 할 의무를 지우지 못했다.

화폐의 부채청산기능은 다르다. 그 불순한 사람이 다른 사람에게 2만 원을 빚졌다고 가정해보자. 그날도 기분이 언짢아서 채권자에게 2만 원을 던지듯이 건넸다. 만약 기분이 상한 채권자에게 이 돈을 받지 않을 자유가 있다면, 돈은 모든 채권자를 대상으로 부채청산을 할 수 없다. 그런데 이 채권자에게는 이런 자유가 없다. 건넨 돈이 법정화폐이기 때문이다. 법정화폐란 강제로 통용되도록 법으로 정해진 화폐이다. 기분이 상한 채권자가 2만 원을 받지 않았다면 법을 어기게 된다. 정리하면, 화폐는 부채청산기능이 있다. 그러나 화폐가 '모든' 사람에게 채무이행을 언제나 요구할 수는 없다.

화폐와 신용을 구별해주는 화폐의 부채청산기능에 대해 검토해보도록 하자. 최근 데이비드 그레이버의 인류학적 연구는 화폐의 부채청산기능이 사회적으로 어떤 역할을 해왔는지 잘 보여준다. 그의 연구를 들여다보자.[2]

우선 그의 연구는 경제학의 기존 통념을 부수는 것부터 시작된다. 통념에 따르면, 경제시스템의 역사적 발전의 순서는 물물교환경제-화폐경제-신용경제 순이다. 즉 물물교환의 불편함을 극복하기 위해 화폐가 등장하고 화폐를 많이 축적한 사람들이 다른 사람들에게 화폐를 빌려주게 되면서 신용경제로 발전했다는 것이다. 그레이버에 따르면, 인류학자들의 연구결과로 이 통념이 틀렸다는 것이 밝혀졌다. 물물교환이 한 사회의 지배적인 경제시스템이 되었던 적은 없었으며, 물물교환에서부터 화폐가 발전하지도 않았다. 또한 화폐경제에서 신용경제로 발전한 게 아니라 오히려 그 역순이라는 것이다. 즉 실제 경제 시스템의 역사적 발전 순서는 인간경제-신용경제-화폐경제 순이다. 이후 신용경제와 화폐경제는 순환적으로 교체되어온다.

그레이버가 이름 붙인 '인간경제a human economy'는 공동체 성원끼리의 상호부조에 의해 운영되는 경제를 말한다. 그레이버에 따르면, 이 경제에는 빌린 건 반드시 빌린 만큼 꼭 갚아야 한다는 채무 관념이 없었고 따라서 이자를 매기는 채무도 없었다. 인간경제에서는 현대적인 의미의 화폐도 없었다고 한다. 즉 교환수단으로 사용되면서 부채를 청산할 수 있는 화폐는 없었다. 오히려 부채청산이 '불가능'하다는 의미의 화폐가 있었다고 한다. 예를 들어, 당시 살인이 일어나면 공동체 수장들이 모여 화해를 주선했는데 이때 살인을 저지른 사람의 가족 측에서 죽임을 당한 사람의 가족에게 귀중한 물품들을 내놓도록 했다고 한다. 이 물품의 의미는 가족이 죽은 이들의 슬픔이 얼마나 큰지를 보이는 것이었다. 이 귀중품의 지급이 인간경제에서 화폐라고 불릴 만한 것이었지만, 인류학자들의 연구에 따르면, 이 귀중품은 살인자가 진 빚이 오히려 청산될 수 없다는 걸 표현하는 것이었다. 당시 사람들은 생명은 생명으로만 보상될 수 있다고 믿었기 때문이다.

빌린 것은 반드시 갚아야 한다는 채무변제에 대한 책임의식이 생기고 채무에 대해 이자를 매기는 관습이 생기면서 인간경제가 신용경제로 이행한다. 기원전의 대표적인 신용경제의 사례가 메소포타미아 문명이다. 흥미로운 사실은 소비성 부채보다 생산적 부채가 먼저 생겼다는 것이다.[3] 지배계층이 작업장이나 도구 혹은 원료 등을 장인들이나 무역을 하려는 상인들에게 이자를 매겨 빌려주면서 생산적 부채가 생긴 것이다.[4] 그런데 이러한 채권-채무의 관습이 상업투자가 아니라 곤궁한 농민을 대상으로 행해지면서 사회적 문제를 일으켰다. 흉작으로 당장 자식과 아내가 먹을 것이 없어 궁핍해진 농가에게 대부를 해주고 이자를 물리는 행위가 궁핍한 농민들을 핍박하는 결과로 이어진 것이다. 빚을 갚지 못해 채권자의 집에서 하인으로 일하거나 딸과 아내를 채무 노예로 팔거나 혹은 땅을 뺏기는 일이 종종 벌어졌다. 이러한 농가부채는 상업 부채와는 달리 소비성 부채이다. 이러한 소비성 부채로 인해 자영농이 붕괴하면서, 토지 소유가 불평등해지고 계층간 양극화가 생겼다. 이는 공동체를 방어할 군사력의 쇠퇴를 의미하는 것이기도 했다. 군역을 담당할 자영농이 붕괴했기 때문이었다.[5]

　메소포타미아 문명에서 이 부채위기를 해결하기 위해 채택한 방법이 주기적으로 소비성 부채인 농가부채를 탕감하고 땅을 원래 농민에게 반환해주는 것이었다. 신이 새해 첫날에 세상을 파괴하고 다시 창조하듯이, 새해 첫날 제례를 통해 신의 창조 행위를 모방하면서 신이 창조한 최초의 질서와 규범을 회복하려 했다. 이 회복 행위의 하나가 빚 탕감과 토지반환이었다. 그래서 왕이 농민의 빚을 탕감하거나 토지를 원래 농민에게 돌려주는 것도 주로 새해 첫날에 했다. 물론 이런 빚 탕감과 토지반환이 매년 행해진 것은 아니며, 주로 왕이 처음 왕위에 오를 때 또는 즉위 30년이 되었을 때, 또는 특별히 왕이 필요하다고 여겼을 때 행해졌다고 한다.[6] 이러한 주기적인 빚 탕감과 토지반환을 통해 평등한 사회관계와 규범을 다시 회복함으로써 부채위기를 해결했던 것이다.[7] 이와 유사한 사례는 구약성서에도 등장한다. 대표적인 예가 구약성경 「이사야서」에 등장하는 선지자 이사야에 대한 얘기다. 당시 이사야가 바빌론에서 돌아와서 가장 먼저 실행하려고 했던 정책이 바로 빚 탕감과 토지반환이었다.[8] 성경에서는 이것을 희년이라고 부른다. 빚 탕감은 고대 유대 사회의 전통이기도 했다.

그런데 기원전 6세기경에 이르러 이러한 빚 탕감과 토지반환 대신에 부채위기를 해결하는 새로운 방법이 등장하면서 신용경제는 화폐경제로 이행한다. 이 새로운 방법이란 정화正貨, 즉 주조된 화폐를 사회에 투입해 각 개인이 스스로 부채를 청산할 수 있도록 하는 것이었다. 정화가 등장하는 것은 화폐경제의 특징이다. 물론 신용경제에서도 화폐가 있었다. 그러나 금과 은 등의 주조되지 않은 귀금속 형태로 신전이나 왕궁 혹은 국책은행에 쌓여 있었지, 상업 거래에 교환수단으로 직접 쓰이는 경우는 거의 없었다. 대신 어음 같은 신용수단이 상업 거래에서 교환수단으로 쓰였다.[9]

정화가 상업 거래에 교환수단으로 널리 쓰인 대표적인 사례가 고대 로마의 화폐이다. 화폐가 주조되기 전에 로마는 부채위기를 겪었는데, 그 위기가 귀족과 가난한 평민 간의 갈등과 대립으로 나타났다. 다수의 가난한 평민들은 귀족들에게 빚을 지고 있어서 자신들의 땅을 귀족들에게 뺏기거나 돈을 다 갚을 때까지 귀족들 집에서 하인으로 일해야 했다고 한다. 이러한 사회적 대립을 해소하기 위해 로마가 택한 것이 제국주의적 침략 정책과 정화의 도입이었다. 로마는 이웃나라를 침략하여 신전 등에 쌓여 있던 금과 은과 동을 약탈해서 화폐로 주조한 뒤 군인들에게 급여로 지급하거나 로마 시민들에게 배당금 형태로 지급했다. 이렇게 로마에 투입된 화폐는 로마 시민들이 채무를 변제하는 데 사용된다.

이후 유럽과 중국 등에서 로마 등의 제국들이 내부로부터 붕괴하고, 소비성 부채에 대해 채무자를 보호하는 평화의 종교인 가톨릭·이슬람·유교 등이 등장하면서, 중세 시기에 신용경제로 다시 이행했다고 한다. 그리고 근대에 와서 화폐경제로 다시 이행되었다. 이상이 신용경제와 화폐경제가 역사적으로 어떻게 교체되었고, 정화正貨의 부채청산기능이 어떻게 부채위기를 해결하는 수단으로 쓰였는지 설명한 그레이버의 논의다.

신용경제와 화폐경제의 중요한 차이점은, 부채위기를 해결하려는 방식이 달랐다는 것이다. 빚 탕감과 토지반환이라는 해결책과 정화(주조된 화폐)라는 해결책에는 몇 가지 큰 차이점이 있다. 우선 전자에서는 채권자가 돈을 돌려받지 못할 뿐 아니라 압류한 토지를 농민에게 돌려주어야 하지만, 후자에서는 채권자가 돈을 돌려받을 수 있을 뿐 아니라 여전히 빚을 못 갚는 농민의 땅을 빼앗을 수 있다. 두 번째로, 후자는 제국주의 정책에 기대기 때문에 폭력과 전쟁을 필수적으로 동반한다. 화폐의 재료가 되는 금·은·동을 다른 나라로부터 수탈해야 하기 때문이었다. 반면 빚 탕감과 토지반환 정책은 종교를 매개로 공동체 내에서 갈등을 해결하는 평화적인 방법이라고 할 수 있다. 그래서 그레이버는 신용경제는 상대적으로 평화로운 시기였고, 화폐경제는 강력한 폭력과 전쟁이 난무한 시기였다고 지적한다. 세번째 차이점은, 빚 탕감과 토지반환과는 달리 화폐에 의한 해결책은 임시방편에 가깝다는 것이다. 타국을 수탈해서 모을 수 있는 귀금속의 양이 제한되어 있으므로 화폐를 무한정으로 주조할 수 없기 때문이다. 그래서 고대 로마제국 말기에 이르러 정복을 통한 영토의 팽창이 한계에 이르면서, 지방의 평민 대부분은 돈을 다 갚을 때까지 귀족들 집에서 일하는 하인으로 전락하게 된다.

여기서 로마의 화폐에 어떤 정치학적 의미가 있는지 간단히 평가해볼 필요가 있겠다. 우선, 화폐가 가진 부채청산의 힘은 국왕의 신성한 정치적 힘을 의미했다. 이를 잘 보여주는 일화가 로마제국의 두 번째 황제 티베리우스가 한 선언이다. 티베리우스가 선포하길, 초대 황제 아우구스투스의 모습이 찍힌 화폐를 사창가나 화장실에 가지고 가면 사형에 처하겠다고 했다.[10] 화폐에 대한 모독이 바로 왕의 신성한 정치적 힘을 모독하는 일이라고 여겼던 것이다.

그리고 화폐의 부채청산기능은 원래는 '정치적' 수단으로 쓰였지 경제적 수단으로 쓰이지 않았다. 부채위기를 둘러싸고 발생한 계급갈등이라는 문제를 해결하기 위한 정치적 수단이었던 것이다. 로마의 황제들은 부채위기가 발생했을 때 화폐를 투입해서 해결하는 등 직접적인 개입을 했다. 예를 들어 기원후 33년경에 로마의 대부업자들이 빌려준 돈을 한꺼번에 회수하려 하자 부채위기가 발생했다. 채무자들이 자기 땅을 헐값에 처분해야 되는 사태가 벌어졌다. 이때 티베리우스 황제가 직접 개입해서 은화 일백만을 무이자로 채무자들에게 빌려줘서 부채위기를 해결한다. 흥미로운 사실은 기원전 63년, 49년, 44년에 통화 부족 사태가 벌어져서 상업에 큰 지장이 초래되었을 때는 위와 같은 정치적 개입이 없었다는 것이다. 이 대조적인 국가의 화폐 사용이 의미하는 바는, 화폐는 원래 부채위기를 해결하기 위한 정치적 수단이었지, 상업을 장려하기 위한 경제적 수단이 아니었다는 것이다.[11] 고대 로마제국에서 화폐는 교환수단으로 중요한 역할을 했지만, 이런 경제적 기능은 화폐의 일차적 기능이 아니었다. 역사학자 크로포드가 말했듯이, 이 경제적 기능은 "화폐라는 존재의 우발적인 결과였지, 화폐가 존재하는 이유는 아니었다".[12]

고대 로마제국에서 있었던 부채청산을 위한 화폐의 정치적 역할은 매우 중요한 역사적 사례임에도 불구하고, 잉햄은 이에 대해 전혀 언급하지 않는다. 화폐의 부채청산 역할을 언급하게 되면 화폐가 신용의 대립물임을 인정할 수밖에 없기 때문이었을 것이다.

로마제국이 쇠퇴하면서 화폐경제도 막을 내리고 중세는 신용경제로 대체된다. 중세 서유럽 왕들이 은화나 금화를 주조하기는 했지만, 대부분의 상업활동이 이 화폐들 없이 표찰tallies, 토큰, 장부 등의 신용수단으로 행해졌다.[13] 금과 은은 신성한 장소 특히 수도원 등에 점차로 쌓여 보관되었다. 그리고 중세 후기에 이르러서는 베니스 등 이탈리아 도시국가에서 신용수단인 어음이 널리 사용되었는데, 이 어음은 중세 이슬람에서 널리 쓰여왔던 것을 도입한 것이다. 그런데 중세 말부터 신용경제가 서서히 해체되며, 포르투갈·스페인 등은 금과 은을 수탈하기 위해 식민지 개척과 전쟁을 시작한다.

3. 자본주의 화폐경제

이제 중세의 신용경제가 해체되고 자본주의 화폐경제가 등장한다. 자본주의 화폐경제가 이전의 화폐경제와 다른 독특한 점은 중첩 구조라는 데 있다. 한 층은 금·은·동 등의 원료를 제국주의 정책을 통해 수탈해 와서 국가가 주조해서 발행하는 국정 화폐(현금)이다. 제2차 세계대전 이전까지 서구 열강이 금과 은을 약탈하기 위해 식민지쟁탈 전쟁을 벌였던 것은, 고대 로마가 금·은을 약탈하기 위해 일삼았던 제국주의 정책과 유사하다. 식민지쟁탈 전쟁이 두 차례 세계대전으로 격화되면서 더는 금과 은을 식민지로부터 약탈할 수 없게 되자, 서구 열강은 1971년까지는 금본위제를 국가 간에만 유지하다가 결국 폐지한다. 이후 미국은 중동의 패권국인 사우디아라비아와의 연합을 통해, 중동 산유국의 석유독점권을 인정해주는 대신 미국 달러로만 석유 대금을 결제하도록 함으로써 페트로–달러 시스템을 구축한다. 이 시스템 덕분에, 미국 달러가 국제 기축통화로서의 특권을 누리게 된다. 현재 미국 달러는 국가가 발행하는 국정 화폐가 아니다. 미국 달러는 사私은행들의 연합체인 연방준비은행이 발행하기 때문이다. 미국 정부는 연방준비은행이 발행한 달러를 사지 않고 빌린다. 달러를 발행하는 데 든 비용 정도만 지불하고 연방준비은행으로부터 달러를 살 수 있을 텐데 그러지 않는 것이다. 마치 진짜 금화를 빌리는 것처럼 일정한 이자를 정기적으로 지급하고 원금은 약속한 날짜에 돌려주기로 약속하고 빌린다. 이러한 정부의 정치적 행위를 통해 종이쪽지에 불과한 달러는 마치 금처럼 가치가 있는 것이 된다.

다른 한 층은 예금된 하나의 현금에 대해 이중으로 현금을 창조하는 은행업의 역할이다. 17세기 후반 런던 금세공은행업자들이 하나의 예금에 대해 은행권을 이중으로 발행하는데 이것이 1694년 영란은행에 의해 합법화되면서 은행의 화폐창조 기능이 제도화된다. 이후 1884년 은행권의 이중 발행이 불법화되지만, 은행은 이중으로 예금을 창조하는 다른 방식으로 화폐창조 기능을 계속하고 있다.

앞의 2장에서 자세히 살펴보았듯이, 이 화폐창조의 과정은 신용을 화폐로 둔갑시키는 일종의 연금술이다. 다만 이 연금술은 화학적 방법이 아니라 제도적 방법을 이용한다. 이 제도적 연금술로 자본주의 화폐를 추가로 발행하는 것이 가능해지는데, 이것은 화폐의 역사에서 혁명적인 일이었다. 고대에는 화폐를 더 찍으려면 다른 나라를 수탈해서 금·은·동을 더 확보해야 했지만, 이제 자본주의 시대에서는 신용을 화폐로 둔갑시키는 연금술로 인해 금·은·동이라는 물리적인 한계를 극복할 가능성이 생긴 것이다.

그러나 이 은행에 의한 화폐창조에는 자원 배분을 왜곡하고 주기적으로 금융위기를 초래하는 치명적인 부작용이 있다. 이 부작용에 대한 자세한 설명은 2장의 4절과 4장을 참조해주길 바란다. 은행에 의한 화폐창조는 뜨거운 감자다. 배고파서 먹긴 해야겠는데 먹다가는 입을 데는 꼴이다. 화폐경제에서는 거래가 늘면 화폐가 증가해야 한다. 더구나 사람들에게는 화폐를 축장, 즉 모아 감추어두려는 경향이 강하게 있다. 화폐를 늘려야 할 필요성이 커지면서, 근대 초 서구 열강은 식민지쟁탈 전쟁을 통해 금과 은을 확보했다. 그러나 이런 식의 폭력적인 식민지 확장은 결국 세계대전으로 결말을 맺을 수밖에 없었다. 이후 종이쪽지에 불과한 달러를 연방준비은행으로부터 마치 귀한 금처럼 빌리는 정치적 행위를 통해 현금을 확대하지만, 국가와 민간이 무한대로 빌릴 수는 없다. 이 문제를 해결할 방안이 은행에 의한 화폐창조이다. 그러나 여기에는 자원 배분이 왜곡되고 주기적으로 금융위기가 발생하는 문제가 있다. 이것이 화폐경제의 모순이다.

이 모순은 신용경제에는 없다. 경제거래에 화폐를 거의 사용하지 않기 때문이다. 신용경제에서는 거래를 할 때 상인들끼리 맺고 있는 채권-채무 관계를 이용해서 서로 지급의무를 상쇄한다. 신용경제의 대표적인 교환수단인 어음을 통해 더 설명해보면 다음과 같다. 어음으로 대금 지급을 하는 원리는, 2장의 3-1절에서 중고차 구매의 사례를 통해 설명했듯이, 내가 맺고 있는 채권-채무 관계로 대금을 지급하는 것이다. 중고차 구매 사례에서, 당신은 1000만 원짜리 중고차를 구입하기 위해 판매자인 김철수에게 3개월 후에 홍길동으로부터 1000만 원을 받으라는 어음을 주었다. 문제는 3개월 후에는 홍길동이 김철수에게 지불할 화폐가 필요하다는 것이다. 그런데 화폐가 없어도 되는 방법이 신용경제에는 있었다. 중세 서유럽에는 페어fair 라는 시장이 정기적으로 열렸다. 상인들은 이곳에 물건을 사고팔기 위해 모였지만, 거래 말고 다른 중요한 이유도 있었다. 이들은 이곳에 소지하고 있던 어음을 다 가지고 와서 한데 모았다. 이렇게 모아놓으면 상인들끼리의 채권-채무 관계가 서로 상쇄가 된다. 어음 거래가 빈번해서 각 상인은 어떤 이의 채권자이기도 하고 다른 이의 채무자이기도 하기 때문이다. 이렇게 상쇄하고서 남은 어음들만 놓고서 화폐로 채권-채무 관계를 청산했다. 이런 식의 신용경제에서는 거래가 늘어난다고 화폐가 더 많이 필요하지는 않다.

17세기 초 암스테르담에서는 페어가 했던 역할을 암스테르담은행이 대신했다. 당시 암스테르담은 서유럽에서 상업의 중심지 중 하나였다. 1609년 설립되었던 암스테르담은행은 국립은행이었다. 이 은행은 예금업과 대부업을 엄격히 분리해서 운영했고, 그래서 창설후 150여 년간 예금업에서 100% 준비금을 보유하는 정책을 유지한다. 당시 암스테르담에서 활동하는 상인들은 암스테르담은행에 예금계좌를 개설하게 되어 있었다. 그리고 상업 거래를 하면서 다른 상인들에게 받은 어음도 모두 이 은행에 정기적으로 제출하게 되어 있었다. 이런 어음들을 한 은행에 정기적으로 모두 모으면 상인 간의 채권과 채무를 상쇄할 수 있다. 상쇄할 때는 상인들의 예금을 장부상에서 조정하기만 하면 됐다. 이렇게 화폐는 암스테르담은행이라는 국책은행에 쌓여 있었고, 상인들 간의 거래는 화폐가 아니라 대부분 어음으로 행해졌다. 이 경우 거래가 늘어난다고 화폐가 더 많이 필요하지는 않다.

4. 잉햄의 오류

잉햄은 어음이 금세공은행업자들의 은행권으로 발달했다고 주장한다. 잉햄에게는 이 발달 과정에 질적 변화는 없다.[14] 왜냐하면 잉햄이 보기에 어음과 은행권 모두 질적으로 동일한 신용이기 때문이다. 다른 점이 있다면 금세공은행업자들의 은행권의 경우, 어음이라는 신용수단이 예금업이라는 보관업과 융합되었을 뿐이다. 이 융합을 위해 어음이라는 신용수단이 익명화되는 과정이 필요할 뿐이라고 잉햄은 주장한다.

익명화란 어음에 돈을 받는 사람의 이름이 명시되지 않는 걸 말한다. 정해진 이름이 없다는 건, 어음을 소지한 사람은 누구나 돈을 청구해서 받을 수 있다는 의미다. 익명화는 화폐의 특징 중 하나이다. 현금에는 주인의 이름이 적혀져 있지 않기 때문에 현금을 소지한 누구든지 그 현금을 사용할 수 있다. 17세기 후반 런던 금세공은행업자들이 발행한 은행권은 익명화되어 있었다. 잉햄은 이 은행권의 특징을 보고, 어음이 익명화되는 과정을 거쳐서 은행권으로 발달했다고 여긴 것이다.

잉햄의 주장에 담긴 두 가지 오류를 살펴보려고 한다. 첫번째 오류는 잉햄의 주장과는 다르게 17세기 후반 영국에서는 어음이 그리 발전하지 못했을뿐더러, 어음이 익명화되는 경향도 일어나지 않았다는 것이다.[15] 즉 어음이 익명화될 정도로 많이 발전해서 은행권이 되었다는 잉햄의 주장은 역사적 사실과 어긋난다. 잉햄의 두번째 오류는 그가 신용수단인 어음과 금세공은행업자들의 은행권 사이에 본질적 차이가 없다고 보았다는 점이다.

우선 첫번째 오류부터 검토해보자. 당시 영국은 유럽대륙과 비교하면 상업이 덜 발달했고 그래서 어음도 상대적으로 덜 발달했다는 사실에 주목할 필요가 있다. 잉햄의 주장이 맞다면 금세공은행업의 은행권은 영국에서가 아니라 오히려 어음이 많이 발달한 유럽대륙에서 발전했어야 한다. 그런데 그렇지 않았다. 잉햄은 신용과 화폐가 동일한 것이라는 이론적 오류에 빠져 있기 때문에, 어음이 발달해서 금세공은행업자의 은행권으로 발달했다고 착각하는 것이다.

그리고 잉햄은 어음이 발달할수록 익명화된다고 전제하는데, 이 것도 역사적 사실에 어긋난다. 오히려 그 반대의 경향이 일반적이었다. 네덜란드의 암스테르담이 대표적인 예이다. 17세기 암스테르담은 서유럽의 금융 중심이었는데, 어음이 주요 지불수단으로 쓰였다. 암스테르담의 경우 초기에는 어음이 익명으로 거래되다가, 어음이 발전하면서는 비익명화되었다. 어음으로 대금을 지급하면서 지급하는 사람과 받는 사람의 이름을 어음 뒷면에 명기하는 배서제도가 정착돼갔던 것이다.[16] 17세기 영국의 법원도 네덜란드와 마찬가지로 어음에 배서제도를 정착시키려고 노력했으며, 배서제도가 점차 상업 거래의 관습으로 정착되었다. 이렇게 배서제도가 발전될 수밖에 없었던 건, 신뢰를 강화해서 어음을 안전한 지불수단으로 정착시키려고 했기 때문이다.

좀 더 설명하면 다음과 같다. 어음의 경우 처음 발행 때에 관련자가 네 명이다. 어음의 최초 매입자, 발행은행, 수취인, 그리고 지불인이다. 예를 들어, 런던에 있는 어음의 최초 매입자는 발행은행으로부터 100파운드짜리 어음을 산 후 이 어음을 수취인에게 줘서 대금결제를 한다. 이 어음에는 보통 3개월 후에 특정 지불인에게서 100파운드를 받으라는 문구가 적혀 있다. 수취인은 3개월 후에 그 지불인에게서 어음을 주면서 100파운드를 청구하게 된다. 그런데 수취인이 지불인에게 청구하기 전에, 제삼자에게 어음을 건네서 대금지불을 할 수 있으며, 널리 그럴 수 있도록 영국의 보통법원이 장려했다. 이것이 신용수단인 어음이 교환수단으로 사용되는 경우이다.

그런데 이렇게 어음이 여러 사람을 거치면서 교환수단으로 쓰이게 되면, 어음을 받은 사람은 어음의 발행인이나 최초 매입인이 누군지 모르게 되고, 만약 지불인이 지불을 거절하면 어디서도 손해를 변제받을 수 없는 경우가 생긴다. 이러면 어음의 신뢰성이 떨어져서 지불수단으로 기능하지 못하게 될 수 있다. 이 문제를 해결하기 위해 영국의 보통법은 어음을 건넬 때 건네는 이의 이름을 어음 뒷면에 반드시 명기하도록 했다. 그래서 만약 지불인으로부터 지불을 거절당하더라도 배서한 사람들 중 누구에라도 변제를 요구할 수 있게 법적으로 어음소지자를 보호해주게 된다. 이처럼 신용수단이 익명화되면서 화폐로 진화했다는 잉햄의 논의는 역사적 사실과 부합하지 않는다.

둘째로, 잉햄은 신용수단인 어음과 금세공은행업자들의 은행권 사이에 본질적 차이가 없다고 주장하지만 이 또한 오류이다. 어음과 은행권은 다음의 세 가지 점에서 구별된다. 첫번째는 부채청산기능, 두번째는 요구불 지불payable on demand, 그리고 세번째는 화폐창조가 그것이다.[17]

우선 앞서 설명한 바와 같이 부채청산기능은 화폐에 고유한 것이다. 금세공은행업자의 은행권에도 화폐와 유사한 부채청산기능이 있었는데, 이는 앞서 언급한 암스테르담의 배서제도를 17세기 후반 영국의 보통법 법원이 적극적으로 도입했던 것과 밀접하게 관련이 있다. 법원은 어음의 신뢰성을 높이기 위해 배서제도를 도입하고자 했는데 이를 위해, 배서된 어음을 배서되지 않은 어음과 구분하고서 각각 다른 법적 범주를 적용했다. 대부(혹은 신용)와 판매는 법적으로 구별되는데, 법원은 배서된 어음 거래는 대부로 취급하고, 배서되지 않은 어음 거래는 판매로 취급했던 것이다. 배서된 어음의 경우는, 법원이 어음으로 대금을 지불한 사람과 이 어음을 받은 사람의 관계를 채무자와 채권자의 관계로 규정했다는 의미이다. 이렇게 되면, 어음의 지불인이 지불을 거부하거나 파산하여 지불을 못하는 상황이 발생하는 경우, 어음을 건넨 사람이 법적으로 채무를 지게 된다. 어음을 건넨 사람을 일종의 채무 보증인으로 취급하는 것이다. 어음 소지자는 어음을 건넨 사람을 상대로 법적 소송을 걸어 돈을 받을 수 있다.

그런데 배서되지 않는 어음이 유통되었을 때는 보통법 법원이 다른 입장을 취했다. 이 경우 당시 보통법 법원은 이 거래를 신용거래가 아니라 판매라는 법적 범주로 분류했다. 배서가 안 된 어음으로 대금을 지불한 사람에게는 채무변제 의무가 없다고 간주한 것이다. 이는 마치 화폐를 지불한 사람처럼 규정한 것과 같다. 물건을 살 때 현금인 화폐로 지불했다면 채무변제 의무가 전혀 남지 않는 것처럼 말이다. 반면 신용카드 같은 신용수단으로 지불했다면 채무변제 의무가 남는다. 이것이 부채청산기능과 관련된 화폐와 신용의 차이인 것이다. 배서되지 않은 어음을 받은 사람은 어음의 지불인에게 돈을 받지 못하더라도, 본인에게 어음을 건넨 사람을 상대로 법원에 소송을 제기할 수 없었다. 이렇게 법원이 배서된 어음에 한해서만 어음 소지자의 권리를 보호하려 한 것은 앞서서 말했듯이 배서제도를 장려해서 어음의 신뢰성을 높이려 했기 때문이었다.

2장의 3-2절에서 자세히 설명했듯이, 이런 법원의 양면적인 태도를 자신에게 유리하게 이용한 사람들이 바로 런던의 금세공은행업자들이었다. 그들이 발행한 은행권은 익명화된 증서였기 때문에 이것으로 대금을 지불한 사람들은 채무변제에 대한 의무로부터 완전히 자유로울 수 있었다.[18] 이는 신용수단을 화폐로 둔갑시키는 일종의 연금술이다. 은행권을 건넨 사람이 채무변제 의무로부터 자유롭게 함으로써, 즉 부채를 청산할 수 있도록 함으로써, 금세공은행업자들이 발행한 은행권(신용수단)을 마치 화폐인 양 둔갑시킨 것이다.

어음과 은행권의 두번째 차이는 '요구불 지불'과 관련된다. 금세공은행업자들이 발행한 은행권은 언제든지 환전이 가능한 요구불 지불의 특징을 지닌다. 이 특징은 만기일이 있는 어음과 대조된다. 어음은 만기가 도래한 이후에야 지불을 청구할 수 있고, 17세기 후반 영국의 경우 만기는 보통 3개월이었다. 어음거래 같은 신용거래에 요구불 지불은 어울리지 않는데 신용거래의 본질은 현금의 이용가능성을 미래로 미루는 데 있기 때문이다. 17세기 후반 당시 상인들은 금세공은행업자가 발행한 은행권을 어음과는 다른 무엇, 즉 현금으로 취급했다.[19] 이는 은행권이 앞서 설명했듯이 부채청산기능이 있었으며, 언제든지 현금으로 교환되었기 때문이다.

어음과 뚜렷이 구별되는 은행권의 세번째 특징은, 어음이 발행될 때와는 달리 은행권이 발행될 때는 '화폐가 창조'된다는 점이다. 이 화폐창조 기능을 경제학자들은 '신용창조'라고 부르는데, 엄밀히 말해서는 '화폐창조'가 맞다. 왜냐하면 은행이 은행권을 발행할 때 하나의 현금에 대해 추가적으로 또 하나의 은행권을 발행한 셈이기 때문이다. 예를 들어 한 은행업자가 1000파운드의 현금을 예금으로 받았다고 가정해보자. 이 예금자에게 예금 영수증으로 1000파운드짜리 은행권이 건네진다. 이 은행권에는 1000파운드의 현금을 언제든지 찾아갈 수 있다고 명시되어 있다. 그런데 이 은행업자는 예금의 10%인 100파운드만 지급준비금으로 보관하고, 900파운드에 대해 추가적으로 은행권(예금 영수증)을 발행하여 제삼자에게 빌려줘 유통시킨다.

이상의 세 가지 점에서 어음과 은행권은 구별되며 17세기 영국의 금세공은행업자들이 발행한 은행권은 사실상 화폐로 기능했다는 점에 주목할 필요가 있다. 잉햄은 이러한 차이를 보지 못하고 있으며, 그의 이런 무지는 그가 신용과 화폐를 동일시하는 잘못된 견해에서 나온다.

5. 소결: 화폐경제의 위험성

잉햄처럼 화폐를 신용과 동일하게 취급하면, 화폐가 지닌 본질적 위험성을 간과할 수 있다. 반면 필자의 자본주의 화폐경제에 대한 법적·정치적 논의는 화폐의 근본적인 위험성이 무엇인지를 먼저 살핀다.

먼저 화폐가 상업거래의 중요한 교환수단으로 쓰이게 된 배경은 전쟁과 관련 있다. 부채위기와 양극화 문제를 공동체 내부에서 풀지 못하고 제국주의 전쟁을 통해 해결하려고 등장한 것이 화폐경제였다. 화폐의 부채청산기능으로 시민들의 부채를 청산하기 위해 다른 나라의 금과 은을 약탈하는 방법을 택한 것이다. 현재도 미국의 경우, 금융과 전쟁은 직접적인 연관 관계가 있다. 현대 은행이 어마어마한 규모의 군비를 미국에 조달해주는 역할을 하고 있기 때문이다. 특히, 미국의 경우, 국채로 조달한 자금은 주로 군비에 지출되었는데 이 국채를 사준 것이 바로 투자은행들이었다. 그 대가로 미국 정부는 투자은행에 대한 규제를 거의 하지 않았고, 이런 족쇄 풀린 투자은행의 사업은 결국 2008년 금융위기를 촉발한다.

화폐의 다른 위험성은, 부채로부터 완전히 자유로울 수 있는 권리를 개인에게 준다는 것이다. 그러나 이러한 자유는 사회적 관계 속에서만 살아갈 수 있는 인간이 누릴 수 없는 것이다. 모든 의무로부터 자유롭게 혼자 살 수 있는 존재는 오직 신뿐이다. 타인의 도움 없이는 살 수 없는 유한한 존재인 인간이 타인에 대한 의무로부터 완전히 자유로울 수는 없는 것이다. 그래서 신용경제 사회에서 화폐는 신전 혹은 국책은행에 쌓여 있고 경제거래는 신용수단인 어음으로 행했다. 사람들 간에 물건을 사고파는 행위는 사실 서로의 권리와 의무를 교환하는 행위이다. 따라서 서로의 권리와 의무를 상징하는 신용수단으로 경제거래를 하는 것은 매우 당연한 현상이다. 다른 사람들에 대한 의무로부터 완전히 자유로울 수 있도록 하는 화폐가 경제거래로 쓰여서는 안 되는 것이다.

자본주의 화폐는 재산권이라는 무소불위의 권력을 개인에게 부여해주는 재산권 때문에 가능하다. 즉 자본주의 화폐경제는 재산권이라는 특정 법체제가 있기 때문에 가능하다. 이 법체제는 고대 로마법에 기반해서 서구에서 발전했는데, 재산법이 계약법과는 별도의 법으로 독립해 있다. 즉 로마법 전통의 독특한 재산권 제도 없이는 자본주의 화폐경제도 불가능했을 것이다.

그래서 필자의 논의는 잉햄과는 다른 대안을 모색할 가능성을 제시한다. 화폐의 본질적인 위험성을 제거하기 위해, 교환수단을 화폐에서 신용으로 대체하여, 신용경제로 이행하는 것이다. 이는 근본적인 법적 개혁이 수반되어야 한다. 재산권이라는 법적 제도를 근본적으로 철폐하고 대인권으로만 법체제를 재구성하는 것이 고려되어야한다. 이러한 실천적 개혁에 대한 구체적 논의는 다음의 연구과제로 남겨놓겠다.

글로벌 금융위기를 맞아 기존 경제학자들은 이 위기를 기술적인 문제로 환원해버리기 일쑤다. 침체한 경기를 살리기 위해 이자율을 낮출 것인가 말 것인가라는 협소한 기술적 문제로 위기를 이해하거나, 자본주의 금융시스템에 대한 근본적 개혁 없이 좀 더 강한 금융규제를 해야 한다고 주장하는 게 고작이다. 그러나 금융위기가 초래하는 부의 양극화 문제는 이런 경제주의적 경향을 벗어날 것을 요구한다. 금융위기가 지식인에게 던지는 질문은 보다 본질적이다. 화폐와 채무의 본질적인 위험성이 무엇이고 이 위험성을 해결하기 위해 어떤 정치적·법적 개혁이 필요한가라는 질문 말이다.

6장

. . .

기본자산제: 공정한 사회를 위한 정책

1. 왜 기본자산제가 필요한가?

극심한 소득 불평등과 자산 불평등, 가계부채, 높은 청년 실업, 저출산, 직장 내의 비민주성, 과도한 장시간의 노동시간, 위험의 외주화, 부당한 하청관계, 노사갈등, 부채주도성장, 채무의 노예가 된 한계계층의 확대, 농촌과 도시의 격차 심화 등으로 인해 우리 사회의 많은 사람이 고통받고 있다.

이 문제들을 개선하기 위해 지난 2017년 대선 후보들은 다양한 공약을 제시했는데, 그중 가장 인상적인 것을 뽑자면 이재명 캠프의 기본소득basic income 정책이 아닌가 싶다. 기본소득은 각 개인의 기본적 삶을 보장해주기 위해 보편적으로 모든 국민에게 지급되는 소득으로, 이재명 캠프는 모든 국민에게 30만 원씩 똑같이 배분할 것을 제안했다.[1] 그러나 이 참신한 정책 대안은 비인권적인 노동계약에 포섭되지 않도록 어느 정도 도울 수는 있지만, 위에 열거된 양극화의 문제들을 근본적으로 풀기에는 역부족이다. 예를 들어 재벌의 소유 구조 문제나 직장 내 비민주적 문화, 혹은 노사 간의 대립 등의 문제를 해결하는 데는 크게 공헌하지 못한다.[2]

이러한 한계를 극복할 대안으로 기본소득제 대신 기본자산제를 제안한다. 기본소득제보다는 기본자산제가 기업의 소유지배 구조 문제나 직장의 비민주성 그리고 노사 간의 대립과 갈등 등의 문제를 크게 개선 혹은 해결할 수 있다.(그래서 필자는 '기본소득-국토보유세' 연계 정책 대신 '기본자산-국토보유세' 연계 정책을 주장한다.) 그리고 기본소득제와는 달리 기본자산제는 기본자산에 생산적 활용 의무를 부과함으로써, 자산 분배의 공정성뿐 아니라 자산 활용의 효율성을 동시에 달성할 수 있다.

기본자산제는 기본소득제와도 사회적 지분제도Stakeholder grants(기본자본제basic capital라고도 불림)와도 다르다. 특성상 기본자산제는 두 제도의 장점만을 가지고 있다고 할 수 있지만, 학계에서 아직 논의되고 있지 않은 개념이다. 그렇다고 전혀 새로운 개념은 아니다. 플라톤이 그의 후기 저서『법률』에서 이상사회를 그리면서 제시한 이상적 자산배분 원칙이 바로 기본자산제였다. 그리고 고대 혹은 중세 사회에서 역사적으로 여러 차례 개혁적인 토지제도로 실현된 적이 있다. 그러나 현대에 와서는 잊힌다. 제2차 세계대전 후에 제임스 미드James Meade 등 몇몇 영국 노동당의 지식인들이 논의한 '재산 소유적 민주주의' 개념이 기본자산제에 근접하긴 하지만 충분하지는 않다. 필자는 플라톤이 이상적 자산 배분의 원칙으로 제시한 기본자산제를 현대적인 형태로 발전시킬 필요가 있다고 주장한다. 플라톤의 기본적 개념은 충분히 살리되, 플라톤이 당시 상상하지 못한 문제들, 예를 들어 기업의 소유구조 문제나 상속권 문제 등과 연계하여 기본자산제를 발전시킬 필요가 있다.

기본소득제나 사회적 지분제도는 훌륭한 제도임에도 불구하고 여전히 불공정한 시장경제구조 자체를 개선하지 못한다는 점에서 근본적인 한계가 있다. 첫째, 기본소득제나 사회적 지분제도는 배타적 재산권에 대해 근본적 문제제기를 하지 못한 채 사후적으로 배타적 재산권이 초래하는 문제를 완화하는 데 그치고 있다. 둘째, 사회적 지분급여는 모든 빚은 반드시 갚아야 한다는 현대적 도덕관에서 벗어나지 못하고 있어서, 배분된 사회적 지분이 채권자에게 약탈당하는 것을 공동체가 방관하도록 한다. 셋째, 기본소득제는 각 개인이 자립할 수 있게 하는 생산수단을 마련하는 데 목적을 두지 않고, 월별로 생활경비를 보충해주는 데만 집중하기에 생산자의 실질적 자율성을 향상하는 데 한계가 있다. 특히, 협동조합의 활성화와 연계시켜 사고하지 못함으로써, 불평등한 자본주의적 임노동 계약 관계 자체를 없앨 방도를 마련하지 못한다.

이 글은 기본자산제가 재산권, 상속권, 그리고 부채관념에 근본적인 문제를 제기하며, 기본소득제와 사회적 지분제도의 한계를 극복할 수 있다고 주장한다. 얼마간의 기본소득을 재분배하여 소득 불평등을 완화하는 기본소득제와는 달리, 기본자산제는 배타적 재산권과 자산 불평등을 대물림하는 상속권에 근본적 문제를 제기함으로써 불평등한 자산 구조 자체를 개선하는 데 목적을 둔다. 이를 통해 기본자산제는 각 개인이 자립할 수 있도록 생산수단을 마련해주며, 협동조합을 활성화해서 고용 관계의 공정성을 높이고 직장 민주주의를 강화해 실질적 자유를 향상하는 데 효과를 발휘할 수 있다. 그리고 기본자산제는 모든 빚은 반드시 갚아야 한다는 기존의 도덕관에 문제를 제기하여, 배분된 기본자산이 채권자에게 약탈당하는 것을 공동체 차원에서 방지한다.

2. 기본자산제의 개념, 역사 그리고 철학

기본자산이란 한 개인이 자율적이고 독립적인 인격체로 바로 서는 데 필요한 최소한의 자산을 말한다. 이 기본자산을 몸의 일부처럼 간주하는 제도를 기본자산제라 칭하는데, 마치 다리 혹은 팔이 없으면 한 인격체로 사는 데 불편하듯이 기본적인 자산도 모든 이에게 필수적이라 보는 것이다. 그래서 다른 사람의 팔과 다리를 함부로 빼앗거나 상하게 하면 안 되듯이, 기본자산도 채권자를 포함한 어떤 누구도 빼앗거나 훼손하게 할 수 없도록 한다. 즉 국가에 기본자산을 등록하게 하여, 이 등록된 재산만큼은 개인이 채무를 얼마 졌든 관계없이 개인의 채무변제 의무로부터 자유롭도록 국가가 보호해준다. 또한 자신의 팔과 다리 혹은 장기를 함부로 상하게 하거나 타인에게 팔 수 없듯이, 국가에 등록된 기본자산만큼은 스스로 없애거나 혹은 비생산적으로 소비해버리거나, 타인에게 팔거나 양도할 수 없도록 한다. 기본자산은 또한 반드시 생산적으로만 활용되어야 한다.

2-1 플라톤과 기본자산제

앞서 언급했듯이, 기본자산제는 플라톤이 그의 후기 저서『법률 Nomoi』에서 이상사회를 그리면서 제시한 이상적 자산 배분 원칙이다. 플라톤은 『법률』에서 새로운 지역에 이주하는 사람들을 가정하고, 이들이 어떻게 이상적 사회를 설계할지를 논의한다. 이 이상사회의 자산 배분은 기본자산만큼씩 추첨으로 각 시민에게 주는 것으로 시작되는데, 이 기본자산에 대해서는 본인 스스로도 훼손하거나 팔 수 없도록 법을 제정한다. 플라톤이 주장하길, "추첨으로 갖게 된 가옥이나 토지를 사거나 파는 자는 이에 마땅한 벌들을 받게 될 것임을 말입니다".[3] 또한 채무에 대해 이자와 원금을 취하는 것을 금지함으로써, 기본자산을 채권자도 압류하거나 수취할 수 없도록 한다. 플라톤이 주장하길, "이자를 조건으로 돈을 빌려주지도 말 것이니, 돈을 빌린 사람은 이자도 원금도 전혀 갚지 않아도 되기 때문입니다".[4] 기본자산을 유지해 가난의 하한선을 설정하면서, 플라톤은 부의 상한선도 설정하는데, 기본자산의 4배를 초과해서 자산을 축적해서는 안 된다. 플라톤이 주장하길,

> 나라가 어쩌면 가장 큰 질환에, 곧 불화나 내란이라 불리는 게 더 옳을 것에 말려들지 않으려면, 극심한 가난도 부도 그 나라의 일부 시민들에게 있어서는 안 된다고 우리는 주장합니다. 양쪽 것 다가 그 둘을 낳기 때문입니다. 그러므로 이제 입법자는 이것들 각각의 한도를 선언해야만 합니다. 가난의 한도는 추첨에 의한 할당 토지의 값이게 하죠. 이 한도는 유지되어야만 하며, (…) 그 누구의 경우에도 이 한도보다 더 적게 되는 걸 간과하게 되어서는 안 될 것입니다. 입법자는 이를 척도로 정하고서, 이의 두 배와 세 배 그리고 네 배까지는 획득하는 걸 허용할 것입니다.[5]

박종현에 따르면, 플라톤이 제시한 기본자산은 실제 스파르타 등

몇몇 도시국가를 제외하고 고대 그리스 도시국가 대부분에서 실행된 바 있었다.[6]

필자는 플라톤의 이러한 견해를 현대적인 형태로 복원하고자 한다. 단 부 축적의 상한선을 설정하지는 않으며, 모든 이자 수취를 금지하지도 않는다. 소비성 부채에 대해서만 이자 수취를 금지할 것을 제안하고, 개인 채무로 인해 기본자산이 압류당하는 등의 일은 없도록 한다. 그러나 기본자산의 배분 방식은 플라톤이 말한 추첨의 방식이 아니라 '사회적 상속제'라는 방법을 택한다. 뒤에서 자세히 설명하겠지만, 사회적 상속제는 재산을 사회에 환원하는 제도로서, 현재의 상속세 관행을 비판적으로 극복하려던 '재산 소유적 민주주의' 주창자들의 논의를 필자가 발전시킨 것이다. 그리고 기본자산제를 협동조합을 활성화하는 데 이용함으로써 일반 대중들이 자본주의적 임노동에서 벗어날 방안을 모색한다.

2-2 정전제와 기본자산제

기본자산은 우리 역사에도 등장하는데, 대표적으로, 통일신라시대 성덕왕 21년에 실시되기 시작한 정전제丁田制를 들 수 있다.(고대 중국의 이상적인 토지제도인 정전제井田制도 이와 다소의 차이는 있지만 기본 이념은 같다.) 정년(20세~59세)에 달한 일반 백성이 일정한 면적의 토지를 분배받고 경작하여 수확 일부를 세금으로 국가에 내고 나머지는 본인이 갖는 것인데, 60세가 되면 국가에 반납했다.[7] 정전제는 대표적인 생산수단인 토지를 각 개인에게 몸의 일부처럼 붙여주는 것으로, 전형적인 기본자산제로 볼 수 있겠다. 죽기 전 60세가 되어 국가에 반납하는 것은, 기본자산제에서 재산을 사회에 환원하는 것과 같은 취지라고 볼 수 있다.

정전제井田制는 중국과 한국 등에서 2000여 년 동안 이상적인 토지제도의 원형으로 생각해왔던 제도이다. 정전제는 특히 중세시기 동아시아에서 왕조 교체기에 사회를 개혁하는 중요한 수단이었다. 기존의 부패한 왕조에서 농민 대부분이 부채에 눌려 자식과 부인을 노예로 팔고 토지를 잃으면서 사회가 내부로부터 붕괴할 때, 민란 등을 통해 수립된 새로운 왕조가 정전제를 이상으로 삼아 토지개혁을 단행했다. 그리하여 토지를 농민들에게 되돌려주고 부채를 탕감하며 노예로 팔렸던 가족을 집으로 돌려보내면서 사회의 질서를 다시 회복해왔다.[8] 예를 들어, 조선 건국의 주도세력이었던 정도전과 조준 등 사대부 개혁파는 정전제를 가장 이상적인 토지제도로 보고 정전제를 구현하여 고대 요순시대의 이상을 복원하고자 했다.[9] 그리고 조선 말 부패한 사회를 개혁하기 위한 방책으로 정약용과 다수의 실학자 또한 정전제를 도입할 것을 주장했다. 정전제와 마찬가지로 기본자산제 또한 극심한 양극화로 인해 민중이 고통받는 상황을 타개하고 새롭게 사회 질서를 회복하려는 것을 목표로 삼는다.

기본자산제와 마찬가지로, 정전제는 생산자인 농민이 일정 자산, 특히 토지를 항상 가지고 있도록 하는 것을 목적으로 한다. 맹자는 이런 자산을 항산恒産이라 부르고, 정전제를 통해 백성이 일정량의 토지를 유지할 수 있어야 백성에게 정의를 좇는 항심恒心이 생긴다고 주장했다.[10]

각 개인에게 항산을 유지하게 하는 정전제와 기본자산을 유지하게 하는 기본자산제는 다음 네 가지 원칙을 준수한다.

(1) 우선 기본자산과 정전은 개인 채무에 대해서는 채무변제의

대상이 되지 않는다. 정전제의 경우, 정전은 명목상 왕의 재물이므로 정전을 분급받은 농민이 얼마의 채무를 졌든 상관없이 채권자는 그 정전을 대상으로 채권을 행사할 수 없다. 기본자산제도 유사하게, 국가에 기본자산을 등록하게 하여 이 등록된 재산만큼은 그 소유자가 얼마의 채무를 지든 상관없이 개인의 채무변제의 대상에서 제외되도록 국가가 보호해준다.

(2) 정전과 기본자산은 비생산적으로 소비해버리거나, 타인에게 팔거나 양도할 수 없다. 정전제의 경우, 정전을 분급받은 농민은 그 토지를 경작해서 수확한 것을 소유할 수 있는 권리를 누리지만, 그 토지를 경작하지 않고 놀리거나 타인에게 팔거나 양도할 수 없다. 기본자산제의 경우도 마찬가지로, 자신의 팔과 다리 혹은 장기를 함부로 상하게 하거나 타인에게 팔 수 없듯이, 국가에 등록된 기본자산만큼은 스스로 파괴 또는 소비해버리거나, 타인에게 팔거나 양도할 수 없다.

(3) 정전제와 기본자산제에서는 상속권이 인정되지 않는다. 상속권이 부의 양극화를 대물림해서 특정 계급이 자산을 독점할 수 있도록 만들기 때문이다. 이런 독점이 생기면 다수의 농민이나 생산자가 항산 혹은 기본자산을 잃게 된다. 통일신라 시기 정전제의 경우, 60세가 되면 국가에 토지를 반납했다. 기본자산제에서도 마찬가지로, 가족을 유지하는 데 필요한 최소한의 상속재산을 제외한 개인의 모든 재산은 죽음과 더불어 사회로 환원된다. 내 몸이 자연물을 섭취해서 이루어진 것이기에 내 것이라고 고집할 수 없듯이, 내 재산도 내 것이라고 고집할 수 없으며 죽을 때는 나를 떠나 사회로 당연히 되돌아가야 한다는 취지에 입각하고 있다. 단, 기본자산제에서는 환원하

는 과정에서 상속하는 사람의 자율성을 보장해준다. 이에 대한 설명은 뒤에서 자세히 할 것이다.

(4) 정전과 기본자산은 생산 활동을 할 수 있는 사람에게만 주어지고 생산적으로만 활용된다. 정전제에는 경작득전耕作得田, 즉 농사를 짓는 사람에게만 토지를 배분한다는 원칙이 있다. 정전제를 주장한 정약용의 주장을 살펴보면, 경작득전의 원칙은 대략 두 가지 때문에 수립된 것으로 보인다. 첫째는 경작득전의 원칙을 무시하고 농사를 짓지 않는 양반·사대부·상인·공인 등에게까지 일정한 토지를 분배하면 결국에는 토지 소유의 불평등이 생길 수밖에 없다는 것이다. 모든 백성에게 일정한 토지를 분배하는 제도를 균전제라고 부르는데, 균전제에서는 경작하지 않는 사람이 땅을 소유하도록 허용하기 때문에 경작자와 소유자가 불일치하는 경우가 다반사라 다른 사람의 명의로 땅을 소유하는 것을 국가가 알아내기도 어렵고 규제하기도 어렵다. 따라서 균전제에서는 명목상으로는 모든 사람이 균등한 토지를 소유한 것처럼 보일 수 있지만, 실제로는 몇몇이 다른 사람의 명의로 얼마든지 땅을 소유할 수 있어서 토지 소유가 불평등해질 수 있다는 것이다. 경작득전의 원칙을 고수하는 두번째 이유는 농업생산력이 증진되어야 사회적 약자들이 먹을 것을 얻게 된다는 것이다. 정약용의 말을 그대로 들어보자. "적당한 사람을 얻어서 전지를 맡겨 그가 힘을 다해서 농사하면 곡식 소출이 많아질 것이다. 곡식 소출이 많아지면 백성이 먹을 것이 많아지고, 백성이 먹을 것이 풍족해지면 피폐한 자, 병자, 쇠약한 자, 어린이, 수공업자, 상인 (…) 등도 모두 그중에서 먹을 것을 얻게 된다." 반면, 경작하지 않는 사람에게도 균등하게 토지를 배분하는 균전제는 토지의 생산적 활용을 보장할

수 없으므로 농업생산력 증진에 도움이 되지 않을 수 있다고 정약용은 주장한다.

마찬가지로, 기본자산제에서도 기본자산은 생산적으로만 활용되어야 하고, 생산적 활동을 할 수 있는 성인에게만 주어진다. 또한 생산적 활용은 협동조합 지분 형태가 되어야 한다. 물론 어떤 협동조합의 일원이 되는가는 개인의 자율적인 선택이지만, 협동조합의 일원으로 협동조합이 적절한 수익을 내면서도 공동체에 기여할 수 있도록 최선을 다해야 한다.

2-3 기본자산제, 기본소득제, 그리고 사회적 지분제도

그러면 기본자산제와 기본소득제와의 차이점을 살펴보자. 기본소득제는 국가가 무차별적으로 모든 사회구성원에게 최소한의 기본소득을 월별 혹은 분기별로 지급하는 것이다.[11] 반면, 기본자산제는 모든 성인이 한 인간으로 자율성과 존엄성을 유지할 수 있는 기본자산을 평생 유지할 수 있도록 하는 제도이다. 즉 기본소득제는 소액의 돈을 주기적으로 평생 국가가 지급해주는 제도인 반면, 기본자산제는 상당액의 기본자산을 모든 성인이 획득하고 유지할 수 있도록 하는 제도인 것이다. 재원조달 방식에도 차이가 있는데, 기본소득제의 주창자인 필리페 반 빠레이스는 주로 소득세와 부가가치세 혹은 법인세 등에서 재원을 마련하자고 주장한다.[12] 반면 기본자산제는 뒤에 설명할 사회적 상속을 통해 주로 재원을 마련한다.[13] 기본자산제가 기본소득제와 같은 점도 있는데, 기본소득과 기본자산 모두 개인의 채무를 갚는 데 사용할 수 없다.

기본자산제는 사회적 지분제도와도 구별된다. 사회적 지분제도는 청소년에서 성인으로 이행하는 시기의 사람들에게 상당 액수의 돈을 지급해주는 제도이다.[14] 이 돈의 소비는 각 개인의 자율에 맡겨지기 때문에, 장래를 위한 대학교육을 받기 위해 교육비와 생활비로 소비할 수도 있고, 사업자금으로 소비할 수 있으며 혹은 도박에 탕진할 수도 있다. 이에 반해 기본자산제에서는 기본자산을 소비적으로 지출할 수 없도록 한다. 여기서 소비성 지출이란 중단기적으로 이익을 낼 수 없거나 원금을 보전하지 못하는 지출을 말한다. 음식이나 옷을 사는 소비성 지출, 대학교육을 위한 학비 지출, 선물 구매 등이 원금을 보전하지 못하는 지출에 해당한다. 대신 기본자산은 생산을 위한 원료, 농업 용지나 공장부지 혹은 사무공간, 기계설비 등에만 생산적으로 지출할 수 있다. 그리고 기계설비 등의 감가상각분은 사업이윤으로 연말에 메꾸어놓아 기본자산이 유지될 수 있어야 한다.

사회적 지분제도와의 다른 점은 사회적 지분제도에서는 지분을 빚을 갚는 데 사용할 수 있는 반면, 기본자산은 개인 채무를 변제하는 데 사용할 수 없다는 것이다. 사회적 지분급여는 채무상환을 절대적인 의무로 보는 현대적 도덕관에서 한 치도 벗어나지 못한 탓에, "기본소득으로 채무를 변제할 수 없도록 하기 때문에, 채무이행을 못하는 무책임한 성인을 만들어낸다"라고 기본소득제를 잘못 비판한다.[15] 기본자산제는 이런 부채관념에 근본적인 문제를 제기하여, 기본자산으로 개인 채무를 갚을 수 없도록 한다. 기본자산제가 사회적 지분제도와 유사한 점도 있는데, 둘 다 모두 재원조달 방식이 상속과 관련되어 있다는 점이다. 사회적 지분제도의 주창자들은 일정액이 넘는 상속재산에 대해 2%의 상속세를 거둬 재원을 조달하자고 제안하고 있다.[16] 기본자산제는 상속권에 대한 더 본질적 개선을 통해 그 재원을 조달할 것을 제안한다. 자세한 것은 뒤에 설명하겠지만, 근본 취지는 죽을 때 모든 재산을 사회에 환원한다는 것이며 이 환원된 재산을 재원으로 기본자산제가 성립된다.[17]

2-4 기본자산제와 재산권

기본자산제는 현대의 재산권 개념에 정면으로 도전한다. 현대의 재산권이 어떻게 발달했는지 다시 한번 살펴보자. 재산권은 영어로 rights of property인데, property에는 크게 두 가지 의미가 있다. '~의 속성'이라는 의미와 '(소유되는) 물건'의 의미 두 가지이다. 현대에는 이 두 가지 의미로 모두 사용되지만, 원래는 첫번째 의미만 있다가 두번째 의미까지 확장된 것이었다. Property가 '자신에게 고유하게 속하는(one's own 혹은 something private or peculiar to oneself)'이라는 뜻을 가진 라틴어 proprius에서 유래했고,[18] 그래서 근대 초 영국에서는 사람의 속성이라고 할 수 있는 몸·생명·자유 등을 사람의 property라고 칭했다.[19] 그런데 이 시기에 property의 의미가 '사람이 소유하는 물건'을 일컫는 것으로까지 확장된다.[20] 17세기 당시 존 로크를 포함한 영국 지식인들은 생명과 팔다리 같은 것뿐 아니라 생활수단과 자산, 토지 등을 모두 재산property으로 간주했다.[21] 생활수단이나 토지 등이 사람의 몸처럼 고유하게 한 사람에게 속한다고 본 것이다. 그렇다면 이 확장이 최소한의 자산을 한 사람의 몸 일부처럼 취급하는 필자의 기본자산 개념과 유사한 것은 아닌가? 전혀 그렇지 않다. 영국에서의 이러한 확장은 공공성과는 배치되는 방향으로 발전한다. 즉 공동체 전체에 속하는 공공의 자연을 배타적인 사적 소유로 만드는 독점 행위를 정당화시키고, 이 독점 행위를 통해 타인의 기본자산까지도 빼앗는 것을 정당화시킨다. 이것이 현대의 재산권 개념이다. 이 재산권 개념이 도입되면서 영국에서 15세기 후반기부터 18세기 전반기까지의 300년간 농민들을 농지와 가옥으로부터 쫓아내는 엔클로저 운동이 일어나 소수 지주계급에 의해 토지가 독점되는 사태가 일어났다.

반면 기본자산 개념은 '내 것이라고 할 만한 게 없다'라는 공공성의 철학에 기초한다. '내 것'에 집착하는 현대의 재산권 개념은 결국 공동체 다수의 기본자산까지도 빼앗아 소수가 독점하는 것으로 귀결되는 반면, '내 것이라고 할 만한 게 없다'라는 사고에서 출발하는 기본자산제는 결국 모든 공동체 성원의 기본자산을 지켜주는 것으로 귀결되는 건 아이러니한 일이다.

이러한 차이가 일어나는 이유는 몸에 대한 철학이 다르기 때문이다. 현대의 재산권 개념에서 몸은 한 개인의 배타적 영역이다. 반면 기본자산제에서는 몸은 가장 가까운 환경이다. 내 몸이 전적으로 나의 배타적 소유물이라고 보는 견해는 역사적으로 볼 때 보편적인 관념은 아니다. 예를 들어, 조선시대 사람은 자살할 때도 추락사 등으로 몸을 상하게 하는 것을 피했는데, 몸은 그 사람 고유의 것이 아니라 부모가 물려준 것으로 생각했기 때문이다. 내가 호흡을 해서 허파에 들어간 공기가 배타적으로 '내 것'이라고 할 수 있을까? 나의 '사적 영역'과 나를 둘러싼 '환경'을 확연히 구분할 방법은 없다. 더구나 한 사람의 몸을 이루는 대부분의 구성물은 3년이면 거의 새것으로 교체되고 가장 늦게 교체되는 뇌 부분도 10년 정도면 모두 새것으로 교체된다고 한다. 한 사람의 몸을 이루는 모든 구성물은 자연에서 받았기에 '내 것이라고 할 게 없는' 것이며, 차라리 몸을 '가장 가까운 환경'이라고 말하는 게 더 합당한 표현이다. 사람의 몸은 자연이 제공한 것을 재해석하여 재조립한 것뿐이다.[22] 자연환경을 잘 보전하는 것이 모든 사람의 생존에 필수불가결하듯이, 가장 가까운 환경인 자신의 몸을 정성스럽게 보전하는 것은 그 사람의 생존에 필수불가결히다. 그렇기에 우리는 서로의 몸에 대해 존중해주고 본인도 자기 몸을 함부로 다루거나 상하게 해서는 안 된다. 이러한 사상을 적용한 것이 기본자산제이다. 한 사람이 자율적이고 독립적으로 살기 위해 최소한으로 필요한 자산도 내 몸과 같다는 것이다. 일찍이 카를 마르크스도 그의 『1844년의 경제학 철학 초고』에서 생산수단이 되는 자연을 가리켜 생산자에게 분리되어서는 안 되는 "비유기적 몸inorganic body"이라고 주장한 바 있다.[23] 기본자산제와 유사한 발상이다.

2-5 기본자산제와 재산 소유적 민주주의

기본자산제와 유사한 다른 개념에는 재산 소유적 민주주의가 있다. 제2차 세계대전 이후 1950~1960년대 영국 노동당의 몇몇 수정 사회주의자들은 "재산이 사적으로 소유된 그리고 모든 시민이 동등한 양의 재산을 소유한" 경제체제인 재산 소유적 민주주의를 구상한다.[24] 이 구상의 참신함은 평등한 재산의 분배를 위해서 상속세와 증여세를 개혁할 것을 주장한다는 점에 있다. 상속·증여하는 사람의 전체 상속·증여 재산 규모에 연동해서 세금을 매길 것이 아니라, 한 사람이 상속·증여받는 총금액의 규모에 연동해서 높은 누진적 상속세와 증여세를 부과하자고 주장한 것이다. 이 개혁된 상속세와 증여세는 부의 불평등이 세습되는 것을 막으면서, 상속·증여하는 사람들이 재산을 고루 다른 사람들에게 나누도록 자극하는 효과가 있다.

여기선 이 상속세·증여세 개혁 주장을 받아들여 기본자산제의 배분 방식으로 변용해서 차용한다.

재산 소유적 민주주의 개념은 기본자산제와 유사하지만, 다음과 같은 미흡한 점이 있다.(이 미흡한 점들은 미드의 재산 소유적 민주주의 개념을 대상으로 분석한 것이다.) 첫째, 재산 소유적 민주주의 개념은 채무 상환을 절대시하는 현대적 도덕관에 근본적인 질문을 던지지 않는다. 그래서 재산이 각 개인에게 평등하게 배분되더라도 이 재산이 채권자에게 약탈당하지 않게 막을 방도를 마련하지 않는다. 둘째, 주식회사 제도에 대한 근본적 질문을 던지지 않는다. 미드가 주장하는 노동자-자본가 제휴 기업은 돈만을 투자한 주주들에게도 의결권을 행사할 수 있도록 허용함으로써 돈이 권력의 수단이 되도록 허용한다. 필자의 기본자산제는 유한책임 주식회사 대신 협동조합을 활성화하는 데 기본자산제를 활용함으로써 유한책임 주식회사 제도를 극복하려고 시도한다.

3. 기본자산제의 실현 방안

3-1 사회적 상속

기본자산이 각 개인에게 배분되는 방식은 주로 사회적 상속을 통해 이루어진다.[25] 사회적 상속이란 내 몸이 내 것이라고 고집할 수 없듯이 내 재산도 내 것이라고 고집하지 않으며, 죽을 때 몸을 자연으로 환원하듯이 죽을 때 내 재산도 사회로 환원하는 것을 말한다. 한 개인이 평생 모은 재산 중에 순수하게 본인의 노력만으로 얻은 것은 거의 미미하다고 할 수 있다. 한 사람이 경제활동을 하기 위해서는 도로, 건축물, 축적된 기술 등등 몇천 년 동안 이루어진 공동체의 유산이 필요하다. 그와 비교해 본인이 거기에 더한 노력이란 미미할 수밖에 없다.

　그리고 본인의 노력이나 능력, 성실한 태도라는 것도 가정환경과 교육에 의해 형성된 것이다. 그렇기에 그런 것들을 이유로 남보다 더 많은 재산을 가져야 한다고 주장할 수 없다. 가정환경과 교육환경이 좋은 가정에서 태어나거나 그렇지 못하거나 하는 것은, 본인의 노력으로 선택할 수 있는 일이 아니기 때문이다. 그리고 그 사람의 능력이 높게 평가받는 것 또한 우연적인 일이다. 누군가 프로그래밍을 잘하는 능력이 있어서 컴퓨터 바이러스 백신을 만들어 돈을 많이 벌었다면 그건 그런 능력을 높게 평가해주는 현대에 태어났기 때문일 뿐이다. 시와 경전을 잘 이해해야 했던 조선시대에 태어났다면 그의 운명은 크게 달랐을 것이다. 따라서 어떤 사람이 평생 재산을 모으고 원하는 대로 쓸 수 있는 것은 그 사람에게 원래 그런 자격이 있어서가 아니라, 사회가 그럴 수 있도록 허용해주었기 때문이라고 보아야 한다.[26] 따라서 그 사람이 세상을 떠날 때 사회에 고마움을 표시하고 되돌려주는 것은 당연한 일이다. 이 환원을 통해 자기 자식이 살아갈 사회가 더 안정되고 우애롭게 될 것이므로, 그는 물질적인 재산보다 더 소중한 것을 물려주는 셈이다.

　사회적 상속은 아래 두 가지 방식 중 하나로 제도화될 수 있다. 첫 번째 방식은, 모든 개인에게 평생 기본자산만큼만 증여 혹은 상속받을 권리를 준다. 기본자산제의 취지에 따라, 상속과 증여는 경제활동을 할 수 있는 성인이 된 이후에야 받을 수 있다. 그리고 증여와 상속은 현금 혹은 현물 등 다양한 형태로 받을 수 있다. 단, 자신의 부모 혹은 배우자로부터는 기본자산의 네 배 정도까지 증여 혹은 상속받을 수 있는 권리를 준다. 누구도 이 한도 이상으로는 받을 수는 없도록 한다. 어떤 사람이 죽기 전에도 본인이 원하는 사람 누구에게나 자신의 재산을 줄 수 있지만, 받는 사람은 앞서 말한 한도 이상으로는 받을 수가 없다. 예를 들어, 성인이 된 조카에게 증여하고 싶은데, 그 조카가 1억 원을 다른 사람에게 이미 상속 혹은 증여받았다면, 이 조카에게는 더 줄 수 없다. 그 조카가 현재 5000만 원만큼만 증여 혹은 상속받은 상태라면, 5000만 원까지만 줄 수 있다. 자기 자식이 4명이 있고 자식들이 현재 그 누구에게도 증여 혹은 상속받은 적이 없다면, 각 자식들에게 기본자산의 네 배, 즉 4억 원까지 상속해줄 수 있고, 4명이므로 최대 16억 원까지만 상속해줄 수 있다. 이렇게 누구에게 상속할지를 자유롭게 정할 권한을 상속하는 사람에게 준다. 16억 원 이하의 자산을 가진 중산층 4인 가정의 경우, 부모는 자신의 모든 자산을 자식들에게 자유롭게 비과세로 상속할 수 있다. 그 이상의 자산을 가진 부유층은 자신의 재산을 골고루 여러 사람에게 나누어주고 자연으로 돌아갈 수 있을 것이다.

두번째 방식은, 위의 방식과 같은데, 한 가지 점에서만 차이가 있다. 첫번째 방식에서는 상속받는 사람이 얼마의 자산이 있든 관계없이 기본자산만큼 받을 권리를 부여받지만, 두번째 방식에서는 현재 자산이 기본자산 이하인 경우만 받을 수 있고, 상속액 혹은 증여액도 현재 자산과 합쳤을 때 기본자산액을 넘지 못하도록 한다.

이러한 방식들을 통해, 사회적 상속은 성인기에 들어서는 사람들에게 기본자산을 마련해줌으로써 어느 정도 평등한 출발선에 설 수 있도록 할 것이다. 가난한 가정에 태어나거나 부유한 가정에 태어나는 것은 그 어떤 사람도 스스로 결정할 수 없다. 따라서 금수저냐 혹은 흙수저냐에 따라 어떤 사람의 인생이 좌우된다면 그것을 공정하다고 할 수 없다. 사회적 상속은 모두에게 최소한 동수저 정도는 쥐여줌으로써, 사회의 평등을 이룩할 가장 공정한 제도 중 하나라고 할 수 있다. 사회적 상속은 성인이 되는 개인들이 비교적 평등한 출발선에 설 수 있게 하면서도, 평생 본인이 노력해서 취득한 재산을 죽기 전까지는 자유롭게 소비하고 지출할 수 있는 권리를 약속한다. 그리고 남은 재산을 사회에 환원할 때도 환원해줄 사람을 선택할 권리도 보장한다.

위의 두 방식은 제임스 미드가 주장했던 것을 수정 보완한 것이다. 차이점이 있다면, 미드는 누진적 세금을 매기자고 주장하여 상속권 자체를 근본적으로 수정하지 않는 반면, 필자는 기본자산액 이상은 상속 혹은 증여받을 수 없도록 함으로써 상속권 자체를 근본적으로 재고한다.

현재의 상속권은 역사적으로 살펴보아도 전혀 보편적인 제도가 아니다. 앞서 통일신라 시대 정전제의 사례처럼, 토지가 자식들에게 상속되기보다는 사회로 환원되는 것이 오히려 공정하다고 더 오랫동안 여겨졌다. 서유럽의 중세사회도 토지의 사회적 환원에 기반을 두었다. 예를 들어, 영국의 중세사회는 토지를 둘러싼 왕과 영주의 일대일 계약 관계를 기반으로 형성되었다. 모든 토지는 명목상 왕의 소유이고, 이 토지를 왕이 영주에게 불하하는 대신 영주는 군사적 의무를 다하고 일정 세금을 내도록 계약을 맺었다. 이 계약은 왕과 영주 사이의 일대일 계약이며, 영주의 일생 동안만 유효하여 영주가 죽게 되면 그 토지는 왕에게 다시 돌려주게 되어 있었다.[27] 이렇듯 중세에는 토지라는 중요 재산이 왕으로 상징되는 공동체의 재산으로 간주되었고, 토지점유자가 죽으면 그 토지를 공동체에 돌려주어야 한다는 사고방식이 천 년 동안 지속되었던 것이다. 이러한 사고방식이 무너지고 현대적인 상속 개념이 생겨나면서 중세가 끝났다고 볼 수 있다.

3-2 기본자산제와 채무변제 의무

국가에 등록된 기본자산을 개인이 진 채무를 갚는 데 사용하지 못하게 하는 것은 기본자산제에서 가장 중요한 부분이다. 이것은 고대로부터 소비성 부채와 생산적 부채를 법적으로 구별해서 다르게 취급하는 전통, 혹은 유저리와 투자를 법적으로 구별해서 다르게 취급하는 전통에서 기인한 것이다. 소비성 부채란 대학 학자금 융자, 생활비 지출을 위한 융자 등 비생산적 활동을 위한 채무로, 원금이 중단기적으로 보전되지 못하기 때문에 채무변제가 어렵다. 채무변제조차 힘든 상황에 놓인 채무자에게 이자까지 수취하는 것은 공동체 성원끼리의 호혜성을 파괴하는 것일 뿐 아니라, 돈이 권력이 되게 하여, 사회의 공정성과 우애를 해치게 된다.

그래서 소비성 부채에 이자를 매기는 것은 흔히 유저리usury로 불려, 오랫동안 고대 사회와 중세 사회에서 금지되었다. 반면 투자로 불리는 생산적 부채, 즉 생산적인 부분에 투자되어 이윤이 날 것으로 예상하는 부채에 대해서는 이자 수취가 허용됐다.[28] 그렇게 제한을 둠으로써 이자 수취가 시장의 활성화에 이바지하는 수단이 되게 해야 하며, 생활비와 대학교육비가 없어 돈을 빌릴 수밖에 없는 처지에 놓인 사람들을 핍박하는 수단으로 만들어서는 안 될 것이다. 더불어 소비성 부채에 대해 신용평가를 하여 채무자를 신용불량자로 전락시키는 문화도 금지해야 할 것이다. 따라서 그 소유자가 얼마의 소비성 부채를 졌든지 채권자가 기본자산에다가는 채권 행사를 할 수 없도록 국가가 보호한다. 역사적으로 기본자산제가 실시되었던 중요한 이유 중 하나는 부채위기로 몰락해가는 중산층을 보호하기 위해서였다. 그래서 개인의 기본자산을 채무변제 대상에서 자유롭게 하는 것은 기본자산제의 핵심이라 할 수 있다.

3-3 생산적 활용의 의무: 협동조합

기본자산을 받은 사람은 여러 협동조합 중의 하나를 골라 그 조합의 일원이 되고 자신이 받은 기본자산을 모두 투자해야 한다. 이렇게 기본자산을 협동조합과 연계시켜서, 생산자들은 자본주의적 임노동 고용계약에서 벗어날 수 있을 뿐 아니라, 기본자산이 생산적으로 활용되어 사회적 생산성을 높이는 데 이바지할 수 있다.

협동조합이 조합원들의 출자로 모은 기본자산으로 사업을 하다 파산할 경우는, 협동조합에 돈을 빌려준 채권자가 협동조합의 기본자산에 대해 채권 행사를 할 수 있다. 협동조합은 사업에 대한 책임을 져야 하기 때문이다.

4. 기본자산제의 기대효과

4-1 협동조합의 활성화: 자본주의적 임노동 관계로부터 탈출

현재의 임노동 고용계약은 가장 불공정한 계약 중 하나다. 이 불공정성은 계약 당사자인 노동자가 자율적이고 독립적인 위치에 있지 않기 때문이다. 즉 기본적인 생산수단을 확보하지 못해 생계를 위해 어쩔 수 없이 임노동 관계에 들어갈 수밖에 없기 때문이다. 근대화 과정은 다수의 대중으로부터 생산수단을 빼앗아, 그들의 자율성과 독립성을 무너뜨리는 과정이었다. 15세기 후반기부터 18세기 후반기까지의 300년간 영국에서 발생한 엔클로저 운동이 그것이고, 일제에 의해 실행된 토지조사사업 때문에 다수의 농민이 그들의 경작지를 일제와 지주들에게 수탈당한 역사가 바로 그것이다. 현재 다수의 대중이 기본적인 생산수단이 없어서 생존하기 위해서는 불공정한 근로 계약들을 받아들일 수밖에 없으므로, 비정규직, 장시간 근로 관행, 위험의 외주화 등이 발생한다. 따라서 기본적인 생산수단을 각 개인에게 마련해주는 기본자산은 공정한 고용계약 시장을 만들기 위한 출발점이 된다.

앞서 언급했듯이, 안정적으로 기본자산을 보전하면서도 사업투자 지출이 이익을 낼 수 있도록, 기본자산은 전액 협동조합 지분으로 투자되도록 의무화된다. 이렇게 협동조합을 활성화하면, 현재 주식회사 형태의 회사에 있는 많은 문제점을 개선할 수 있을 것이다. 현재 90% 이상의 회사가 유한책임 주식회사 형태를 취하고 있는데, 유한책임 주식회사 제도는 돈이 권력이 되는 대표적인 비민주적 제도이다. 돈을 많이 가졌다는 이유만으로 소수 부유층이 공동체의 중요한 사안을 좌우한다면 돈은 권력이 된다. 돈이 권력이 되는 대표적 사례는 주주의 의결권이라고 할 수 있는데, 주주는 회사의 사업에 그 어떤 도덕적·법적 책임도 지지 않으면서도, 회사의 중요 사업을 의결하고 임원을 선임할 권한을 가진다. 책임이 뒤따르지 않는 과도한 권력을 행사하고 있는 것이다.[29] 또한 이 유한책임 주식회사의 주인은 주주인 반면, 종업원은 일시적으로 고용된 외부인들로 취급되어 일하는 사람들이 주체가 되지 못하고 도구로 취급되고 있다.[30] 그러나 협동조합에서는 실제 일하는 조합원이 그 회사의 내부 구성원들이기 때문에, 보다 주체적이고 민주적인 회사 운영이 가능할 것이다. 회사의 일을 종업원들이 스스로 결정하고 책임도 지는 협동조합의 활성화는, 경제의 민주성을 향상시킬 것이다.

사회적 상속제 또한 협동조합의 활성화에 이바지할 것이다. 대주주가 자신의 회사를 주식회사에서 협동조합으로 변경하고, 자신의 지분을 회사 종업원들에게 각각 나누어 상속해주는 것이다. 대주주는 회사를 자식이 아니라 종업원들에게 상속해줌으로써 사회의 존경을 얻으면서도 공익성에도 이바지할 수 있을 것이다.

협동조합의 운영에 대해 조합원에게 자율적으로 맡기되, 조합의 운영이 사회의 공공성을 잘 지키는지 사회가 충분히 감사해서 '자율과 공공성'의 두 목표를 동시에 추구할 필요가 있다. 이를 위해 직장 내 민주적 절차의 개선이 필요하다. 종업원 총회에서 선거로 이사진을 선임하고 중요 사업을 승인하는 직접민주주의와, 선임된 이사단이 회사를 경영하는 대의제가 혼합되는 것이 필요할 것이다. 그리고 기업의 공공성과 사회적 책임을 회사법의 원칙으로 제정하고, 회사들이 이 원칙을 준수하는지 감사할 필요가 있다. 일정 규모 이상의 회사의 경우, 사회의 공공성을 잘 증진하는지 감사하는 임원진을 회사 내에 구성할 필요가 있다. 감사 임원진은 국회·시민단체·소비자단체·지자체에서 온 이들로 구성되어, 회사의 업무가 공공성을 저해하지 않는지 상시로 감사해야 할 것이다.

협동조합의 활성화에 따라 일하는 사람의 자율성이 커지면, 용인하기 어려운 저임금, 고위험, 장시간 근로, 비정규직의 일자리에 어쩔 수 없이 고용되는 일이 사라지게 될 것이다. 즉 자신의 인간적인 존엄성을 훼손할 만큼 비인간적인 업무 관계에 포섭되는 것을 거부하고 쉽게 떠날 수 있게 될 것이다. 그리고 하청업체에 불공정한 계약을 강요하거나 공해 물질을 무단으로 강에 배출하거나 하는 등의 비도덕적인 업무를 상사로부터 강요당할 때도 쉽게 거부하고 떠날 수 있을 것이다.

4-2 기타 다양한 효과를 통해 사회의 안정화

기본자산제는 저출산 문제와 청년 실업 문제를 근본적으로 해결할 수 있다. 청년실업 등으로 인해 청년층이 안정적인 생활기반을 확보하지 못하고 있고, 이로 인해 결혼이 늦춰지거나 결혼을 하지 않는 상황이 벌어져 저출산이 초래되고 있다. 청년층에게 주어지는 기본자산은 삶의 안정성을 확보해줄 수 있다. 이를 통해 저출산 문제도 같이 해결할 수 있다.

IMF 금융위기 이후 부의 양극화, 한계계층의 채무 노예화 등으로 생계형 범죄가 증가하고 가정이 해체되면서 사회가 불안정해졌다. 이를 막고 조화롭고 우애로운 사회를 재건하기 위해 기본자산제와 사회적 상속제가 필요하다.

5. 소결: 양극화 해결의 길

현재 경제체제는 서문에서 열거된 많은 양극화 문제들을 양산해 낼 뿐 아니라, 그 자체로 효율적이지도 않다. 우선 양극화로 인해 다수의 사람이 개인의 능력을 계발할 기회를 박탈당하고 있다. 각 개인의 잠재적 능력이 충분히 개발되어야 사회의 생산성이 향상될 수 있는데, 이것이 양극화로 불가능해진 것이다. 자기계발할 시간적·금전적 여유 없이 하루하루 근근이 살아가는 사람들이 다수를 이루게 되면서, 사회적 생산성이 정체되고 있다. 또한 양극화 문제들을 누그러뜨리기 위해 부차적으로 채택되고 있는 제도들이 불필요한 사회적 비용을 발생시키고 있다. 경제체제 자체가 공정해서 위에 열거한 양극화 문제들을 발생시키지 않는다면, 이런 제도들은 상당 부분 불필요할 것이다. 현재의 이중적 구조—불공정한 시장과 불공정성을 누그러뜨리기 위해 부가된 제도들—는 과도한 관료제, 시장거래에 대한 국가의 과도한 간섭, 노사 간의 갈등과 투쟁, 복잡한 규제 등의 문제로부터 자유로울 수 없다.

왜 이러한 양극화의 문제와 비효율적 제도들이 한국같이 부유한 사회에서 생기는 걸까? 필자는 중요한 원인이 바로 재산권, 상속권, 부채관념에 있다고 생각한다. 재산권 개념과 관련 법제도는 소수의 개인이 공동체의 유산을 배타적으로 사유화하는 것을 정당화한다. 사람의 모임인 회사나 자연물인 토지는 결코 재산권의 대상이 될 수 없음에도 불구하고, 회사와 토지를 소수가 개인적으로 독점하고 불로소득을 사유화함으로써 다수의 대중이 불안정하고 비인간적인 삶을 살게 한다. 그리고 빚은 반드시 갚아야 한다는 현대의 부채관념과 관련 법제도는 소수의 부유층 채권자들이 소규모 자영업자, 대학생, 여성, 농민 등 사회적 약자들을 궁지로 몰아 그들의 기본적 생산수단마저 박탈하는 것을 정당화해준다. 그리고 상속권은 사회의 양극화를 대물림한다. 죽음이 의미하는 바는 내 몸뚱이마저도 내 것이 아니며 자연에 되돌려주어야 한다는 사실이다. 이러한 사실에 배치되는 것이 상속권이다.

여기서 제시하는 기본자산제는 현대 자본주의의 근간인 재산권, 상속권, 부채관념을 근본으로부터 재고함으로써, 현대 경제체제의 불공성 자체를 개선하려는 시도의 일부이다. 이 시도를 통해 기본소득제와 사회적 지분제도의 한계를 극복하려고 했다. 또한 기본자산제를 협동조합을 활성화하는 데 활용함으로써 직장 민주주의를 확장하고 사회의 생산성을 높일 수 있도록 구상했다.

이 글의 의의는 현재 학계에서 잊혔던 기본자산에 대한 논의를 시작했다는 데 있다. 플라톤이 제시한 기본자산 개념의 기본 취지는 살리면서도, 플라톤이 당시 상상하지 못한 문제들, 예를 들어 기업의 소유구조 문제나 상속권 문제 등에 기본자산제를 연계시키려 시도했다. 또한 재산 소유적 민주주의 논의를 검토하여 그 장점은 취하고 단점은 극복하려고 노력했다. 즉 사회적 상속제를 재산 소유적 민주주의자들의 논의에서 끌어내어 발전시키면서도, 기본자산을 협동조합과 연계시킬 것을 주장함으로써 재산 소유적 민주주의자들이 놓쳤던 점도 보완했다.

양극화를 인류가 역사적으로 풀어온 방법에는 크게 세 가지가 있었다. 첫번째 방법은 제국주의의 길이다. 다른 나라의 부를 수탈하여 분배함으로써 내부의 양극화를 완화하는 것이다. 그 전형적인 사례가 고대 로마공화정이 제국주의 전쟁을 벌인 것이고 근대 이후 서구 열강이 세계를 식민지화한 것이다. 현재 미국이 패권을 유지하려는 이유 중 하나도 내부의 극심한 양극화를 외부 자원을 수탈하여 완화할 필요가 있기 때문이다. 두번째 방법은 혁명이다. 지배계급이 문제를 해결하기를 거부할 때는 혁명을 통해 해결할 수밖에 없다. 민란 등을 통한 왕조 교체나 20세기 초 사회주의 혁명 등이 여기에 속하는 방법이었다. 우리가 선택하고자 하는 것은 세번째로, 평화적인 해결이다. 메소포타미아 문명에서 주기적으로 실시되었던 빛 탕감과 토지환원제도, 혹은 이스라엘의 희년 제도, 혹은 동아시아의 정전제 등이 그 사례이다. 현대에도 이러한 평화적인 해결책이 가능하다고 믿는다. 사회가 더 민주적이 된다면, 소통과 설득 그리고 서로간의 깊은 이해를 통해 얼마든지 부유층이 자발적으로 양보할 수 있도록 유도하여 양극화 문제를 해결할 수 있다. 기본자산제를 통한 평화적이고 민주적인 방법이야말로 새로운 문명적 대안이 될 수 있다고 믿는다.

7장

· · ·

로크의 '인격-재산'의 존재론

1. 왜 '인격-재산'의 존재론을 탐구해야 하는가?

존 로크는 자신의 '재산property 이론'이 뉴턴의 만유인력 발견에 비견될 만큼 획기적이라고 자부했다.' 로크의 재산 이론이 '정치적'으로 혁명적 성격을 띠었다고 평가해줄 수 있는데, 근대 대의민주주의를 수립했던 명예혁명을 정당화해주는 구실을 했기 때문이다. 그의 재산 이론이 이런 획기적인 정치적 역할을 했다는 것에 대해서는 많은 사람이 알고 있지만, **존재론적** 독특성에 대해서는 현대 이론가들의 연구가 아직 부족하다. 특히 현대 이론가들은 로크의 재산 이론이 그의 존재론인 '인격person 이론'과 어떤 연관 관계가 있는지 충분히 탐구하지 못하고 있다.

로크의 재산 이론에 대한 현대 이론가들의 논의는 대략 세 가지로 분류해볼 수 있다. 첫번째는 로크의 재산 이론이 갖는 경제학적 의미를 부각하는 부류이다. 크로포드 B. 맥퍼슨의 논의가 대표적이다.[2] 맥퍼슨의 비판에 따르면, 로크는 노동을 팔고 살 수 있는 재산으로 취급함으로써, 자본주의 사회의 특수한 사회관계인 임노동 관계를 보편화하고 정당화한다. 두번째 부류는 '자기소유self-ownership'라는 재산 개념을 옹호하는 현대 자유론자libertarian들로, 로크의 재산 이론을 '자기소유' 개념의 시작점으로 분석하고 있다. 뒤에서 살펴보겠지만, 이러한 부류의 논의는 로크가 구분한 사람man과 인격person의 차이를 무시하고 있고, 그로 인해 로크의 인격과 재산 간의 관계 또한 파악하지 못하는 오류를 범하고 있다. 세번째 부류는 여타 로크의 재산 이론의 다양한 측면을 분석하는 논의다. 예를 들어, 로크의 재산 이론의 모순적 측면을 분석한다든지,[3] 혹은 로크의 재산 이론을 로크 이전의 사상가인 휴고 그로티우스와 푸펜도르프의 재산 이론과 비교해서 설명하는 논문들이 그것이다.[4] 위의 세 가지 부류의 연구들이 재산 개념에 대해 가치 있는 분석을 내놓고 있지만, 로크의 재산 개념과 인격 개념 간의 관계를 세밀하게 분석한 연구는 아직 없다.

　로크는 『통치론』 곳곳에서 '사람man＝인격person＋재산property'이라는 존재론적 공식을 다양한 문장들로 표현하고 있다. 이 공식이 로크의 존재론의 핵심이라고 볼 수 있는데, 『통치론』에서 재산 개념은 자세히 설명했지만, 인격 개념은 설명하지 않았다. 그러나 로크는 『통치론』 발간 후 1년 후에 『인간지성론』을 발간하면서 인격 개념을 자세히 설명하고 있다. 『인간지성론』에서 밝힌 인격 개념을 참조하면 『통치론』에서 로크가 의도했던 '사람=인격+재산'의 존재론을 더욱 분명히 설명할 수 있을 것이다.

이 로크식의 인격-재산의 존재론은 프리드리히 니체나 알프레드 노스 화이트헤드 등 현대 철학자들에 의해 비판받을 만한 것이다. 이들에 따르면, 근대 서양의 존재론이 범한 치명적인 오류는, 현실의 구조가 언어의 구조와 같다고 착각하는 데 있다. 언어는 주어-술어 구조를 띠고 있는데, 현실도 이렇게 주어-술어 구조를 띠고 있다고 착각한다는 것이다. 로크식의 인격-재산의 존재론도 이런 착각의 사례로 볼 수 있는데, 여기서는 니체와 화이트헤드의 존재론 비판이 어떻게 로크의 존재론에도 적용되는지 살필 것이다.

로크의 인격과 재산 간의 관계를 제대로 파악하지 못하기 때문에, 현대 이론가들은 중요한 몇 가지를 놓치고 있다. 첫째, 로크가 자유·노동 등과 같은 사람의 속성attributes of man을 마치 사람으로부터 분리될 수 있는 물건 혹은 사물처럼 취급하고 있다는 사실은 현대 이론가들 사이에 잘 알려져 있다. 흔히 물건화 혹은 사물화thingification 라고 불린다.[5] 그런데 이와 반대 현상, 즉 로크가 물건 혹은 사물을 사람의 속성처럼 취급하는 것이 물건화와 동전의 양면을 이룬다는 것은 잘 알려져 있지 않다. 여기서는 이런 취급을 **물건의 속성화**attributization 라고 칭할 것이다. 물건화와 속성화는 사람의 속성과 물건을 동일시하는 로크의 존재론에서 동전의 양면과 같은 현상인데, 현대 이론가들은 이 둘을 통합적으로 이해하지 못하고 있고, 그로 인해 로크의 인격-재산의 존재론에 대해 자세한 분석도 내놓지 못하고 있는 것으로 보인다.

둘째, 로크의 재산 이론에서 로마법의 물권rights in rem 개념이 존재론적으로 복원되고 있다는 점을 명확히 인식하지 못하고 있다. 물론 15세기 자연권의 출발 자체가 로마법의 물권 개념에서부터 비롯

됐다는 사실은 잘 알려져 있다.[6] 그러나 어떻게 물권 개념이 로크의 자연권인 재산권에서 '존재론적'으로 복원되고 있는지는 분석되고 있지 않다. 로마법의 물권 개념은 권리의 본질을 '인격'과 '물건' 간의 직접적 관계로 표현하는데, 이러한 관계가 로크의 재산 개념에 그대로 존재론적으로 복원되고 있다는 사실을 분석해내지 못하고 있는 것이다. 이 두 개념 간의 존재론적 유사성을 분석하는 데는 두 가지 의의가 있다고 할 수 있다. 첫번째 의의는, 로크의 재산 개념을 존재론적으로 비판함으로써 로마법의 물권 개념 또한 존재론적으로 비판할 수 있게 된다는 점이다. 두번째 의의는, 로크의 재산 개념과 로마법의 물권 개념에 대한 대안을 고민해볼 수 있다는 점이다. 니체나 화이트헤드의 '관계' 혹은 '행위' 중심의 존재론에 부합하는 자산 배분의 법개념을 고민해볼 계기가 된다는 것이다. 그러나 이 대안에 대한 논의는 목적 밖의 일이므로, 향후 다른 글에서 다루기로 하겠다.

셋째, 로마법의 물권과 로크의 재산 개념 간의 유사성은 고대 로마 시대와 근대 서구의 유사성을 시사하는데, 특히 두 시대에서 새롭게 나타난 화폐와 재산 개념 간의 밀접한 관계 혹은 유사성을 시사한다. 이것은 화폐와 재산이 본질적으로 다르다고 취급하는 로크의 견해를 정면으로 반박하게 된다. 즉 부의 불평등이 일어나는 원인이 화폐의 등장 때문이라고 보고 재산 개념에는 면죄부를 주는 로크의 견해가 틀렸음을 나타내는 것이다.

2. 로크의 '인격-재산'의 존재론

로크는 『통치론』 곳곳에서 '사람=인격+재산'이라는 그의 존재론적 공식을 표현하고 있다. 몇 가지 예를 들면 다음과 같다.(인용된 문장에서의 밑줄은 필자가 친 것이다.) 이 문장들에서 유의해서 볼 만한 사항은 우선, 로크가 '사람'과 '인격'을 구분하고 있다는 점이다. 이 구분은 로크의 이론에서 핵심적인 사항이며,[7] 로크는 이 구분을 1년 후에 발간한 『인간이성론』에서도 유지하고 있다.[8] 『통치론』의 다음 문장들에서 로크가 사람을 인격과 재산의 합으로 보고 있는 것이 드러난다.

> 모든 <u>사람</u>은 스스로 적당하다고 생각하는 바에 따라서 (…) 자신의 <u>소유물</u>과 <u>인격</u>을 처분할 수 있는 완전한 자유의 상태에 있다[A]ll <u>men</u> are naturally in....a state of perfect freedom to....dispose of their <u>possessions</u> and <u>persons</u> as they think fit.[9]

이 문장에서 소유물possessions은 재산property을 대체한 단어로 볼 수 있다. 이 문장과 유사한 문장들에는 다음의 것들이 있다.

> 그 상태에서 <u>사람</u>은 자신의 <u>인격</u>과 <u>소유물</u>을 처분할 수 있는 통제받지 않는 자유를 가지고 있다<u>man</u> in that state have an uncontrollable liberty to dispose of his <u>person</u> or <u>possessions</u>.[10] / 그렇기 때문에 어떤 <u>사람</u>이 그전에 자유로웠던 자신의 <u>인격</u>을 어떤 공동체에 결합시킬 때, 동시에 그 행위를 통해서 그전에 자유로웠던 그의 <u>소유물</u>도 또한 그것에 결합시키

는 것이다By the same act, therefore, whereby any one[any man] unites his person, which was before free, to any commonwealth, by the same he unites his possessions, which were before free, to it also.)[11] / 그 [사람은] 자신의 인격과 소유물의 절대적인 주인이다[H]e[man] be absolute lord of his own person and possessions.[12]

또한 아래의 문장들에서 로크는 행위actions, 노동labour, 자산estates, 소유물possessions, 재산property 등을 따로 나열하고 있지만, 로크에게 재산property은 행위·노동·자산·소유물을 모두 포괄하는 개념이므로, 다음 문장들에서도 '사람=인격+재산'을 설명하고 있다고 볼 수 있다.

그것은 사람이 자신을 지배하는 그러한 법률이 허용하는 한도 내에서 그 자신의 뜻대로 그의 인격, 행위, 소유물 및 그의 전 재산을 처리하고 규제할 수 있는 자유이다[It] is....a liberty to dispose and order freely as he [man] lists his person, actions, possessions, and his whole property within the allowance of those laws under which he is.[13] / 사람은 그 자신의 주인으로서, 곧 그 자신의 인격, 행위 및 노동의 소유자로서man....[is] master of himself, and proprietor of his own person, and the actions or labour of it[14] / 그 [사람]들이 어떤 한 사람 또는 그보다 많은 사람들에게 그들의 인격과 자산에 대한 절대적이고 자의적인 권력을 양도할 수 있는 권력을 가지고 있었다고 할지라도, 그들이 그렇게 하고자 의도했다고는 가히 상상할 수 없다It cannot be supposed that they[men] should intend, had they a power so to do, to give any one or more an absolute arbitrary power over their persons and estates.[15] / 그

[사람]들의 인격은 타고난 권리에 의해 자유롭다. 그리고 그들의 재산은 많건 적건 그들 자신의 것이다Their[men's] persons are free by a native right, and their properties, be they more or less, are their own.[16]

하지만 로크가 자신의 인격-재산의 존재론을『통치론』에서 가장 효과적으로 요약한 문장은 "Every man has a **property** in his own **person**"[17]이라고 할 수 있다. 그런데 이 문장은 현대 이론가들 사이에서 잘못 해석되고 있다. 잘못된 해석이 나오는 이유는 로크의 인격-재산의 존재론을 제대로 이해하지 못하고 있기 때문으로 보인다. 그래서 이 문장을 제대로 이해하는 것이 인격-재산의 존재론을 밝히는 데 좋은 출발점이 될 수 있을 것이다.

오늘날 이 문장에 대해 세 가지의 해석이 존재한다.

(1) 우선 이 문장의 "a property"를 '어떤 재산'이라는 보통명사로 해석하기보다는 '~에 대한 소유권'을 뜻하는 추상명사로 해석하는 경우이다. 가장 흔한 해석으로, 예를 들어 J. P. 데이는 그의「Locke on Property」에서 "모든 사람은 자신의 인격에 대해 소유권을 갖는다Every man has right to own his person"로 해석하고 있고,[18] 칼 올리베크로나도 "그의 인격은 전적으로 그 자신의 것이다[H]is own person is exclusively his own"으로 해석하고 있으며,[19] 제임스 툴리도 "자신의 인격에 대한 권리는 배타적이다the right in one's person is exclusive"라고 해석하고 있다.[20] 특히 현대 자유론자libertarian 들은 이 문장의 사람과 인격을 동일시하면서, 로크를 '자기소유self-ownership' 개념을 처음 사용한 사람으로 여기고 있다. 우리나라에서도 이 문장을 번역할 때 대부분 "자기 인격에 대한 소유권"으로 해석을 하고 있다.

그러나 배타적 자기소유self-ownership의 의미로 해석하는 것은 로크의 의도에 어긋난다. 로크는 분명히 사람과 인격을 구분하고 있는데,[21] 그렇게 해석하면 로크가 이 구분을 통해 나타내고자 하는 존재론적 의미를 무시하게 된다. "그의 인격은 전적으로 그 자신의 것이다His own person is exclusively his own"는 식으로 해석하면, 재산과 인격의 양도 가능성을 부정할 수밖에 없게 된다. 자기 자신만 유일하고 전적인 소유권을 가지고 있으면, 타인에게 그 권리의 일부라도 양도할 수 없기 때문이다. 하지만 로크가 『통치론』에서 펼친 주요한 논지가 재산과 인격의 양도 가능성이므로, 자기소유에 초점을 둔 해석은 로크의 의도에 어긋난다.[22] 그리고 뒤에서 자세히 설명하겠지만, 이 문장에서 property를 '~에 대한 소유권'을 뜻하는 추상명사로 해석하는 것은, property를 보통명사화하여 물건 같은 구체적인 사물처럼 취급하는 로크의 의도를 크게 벗어난다.

(2) 두번째 해석은 맥퍼슨의 해석으로, 이 문장에서 인격을 인격성personality으로 의역하고, 이 인격성에는 노동·몸·자유 등이 있는 것으로 이해한다.[23] 그래서 "모든 사람은 자신의 인격성, 즉 몸·노동·자유 등에 대한 소유권을 가지고 있다"라는 식으로 위의 문장을 해석하는 것이다. 살펴보겠지만, 맥퍼슨의 이런 해석─그리고 위의 첫번째 해석도─은 문법적으로도 문맥상으로도 적절치 못한 해석이다. 로크는 personality라는 용어를 『통치론』에서 전혀 사용하지 않고 있다. 인격성이라는 용어로 인격과 재산을 혼용해서 지칭하는 것은 로크의 의도와는 분명히 다르다. 로크는 인격과 재산을 분명히 다른 것으로 취급하고 있기 때문이다. 즉 맥퍼슨의 해석은 로크의 재산 이론의 밑바탕이 되는 로크의 존재론적 측면, 특히 인격과 재산 간의

관계를 무시하는 오류를 범하고 있는 셈이다.

(3) 세번째는 캐럴 페이트만의 해석이다.[24] 지금까지 찾아본 결과, 그녀만이 필자와 같은 방식으로 해석하고 있다. 그녀는 "property in his person"을 '자기 인격에 대한 소유권'으로 해석해서는 안 되고, '자신의 인격 안에 있는 재산'으로 해석해야 한다고 주장하고 있다. 필자도 위의 "Every man has a **property** in his own **person**"이라는 문장을 "모든 사람은 그의 인격 안에 어떤 재산이 있다"라고 해석하는 것이 맞다고 주장한다. 페이트만은 이렇게 올바른 해석을 하고 있지만, 로크의 재산 이론의 존재론적 측면, 즉 인격과 재산 간의 관계를 분석하거나 밝히지는 못하고 있다.

우선 문법적으로 위의 "Every man has a **property** in his own **person**"이라는 문장을 살펴보자. 로크는 property 앞에 'a'를 붙이고 있다. 이렇게 'a'를 붙이면 property가 구체적 사물로서의 재산이라는 의미가 된다. 이러한 표현의 흔한 예는 "He has a property in Seoul"을 들 수 있는데, "그 사람은 서울에 재산(땅 혹은 빌딩)이 있다"라는 의미이다. 여기서 property는 'a'가 붙어 보통명사화되고 있다. 반면 '~에 대한 소유권'이라는 의미로 property를 쓸 때는 보통 'a'를 붙이지 않고 쓰고, 그래서 property가 소유권the right of ownership을 의미하는 추상명사가 된다. 간단한 예는 "He has property in jewelry"라는 문장으로 "그 사람은 보석에 대한 소유권을 갖고 있다"라는 의미가 된다.

로크도 『통치론』에서 property를 '~에 대한 소유권'을 의미하는 추상명사로 쓸 때 'a'를 붙이지 않고 쓴 예가 있는데, 다음의 문장이다. "I think it is plain that property in that [land] too is acquired as the former."[25] 이 문장에서 property 앞에 'a'를 붙이지 않음으로써 보통명사화하지 않고, '땅에 대한 소유권'을 뜻하는 추상명사로 쓰고 있다. 따라서 "Every man has a **property** in his own **person**"이라는 문장은 문법적으로 "모든 사람은 그의 인격 안에 어떤 재산이 있다"라고 해석하는 것이 올바르다.

그런데 현대의 이론가들은 로크의 이 문장을 해석할 때 문법의 규칙을 애써 외면하고 있다. property 앞에 'a'가 붙은 것을 외면하고 '인격에 대한 소유권'이라는 의미의 추상명사로 해석하고 있는 것이다. 그리고 몇몇 현대 이론가들은 이러한 해석을 정당화하기 위해, 로크의 문장을 본인들의 문장으로 바꾸면서 property 앞에 'a'를 살짝 빼는 일관성을 발휘하기도 한다. 예를 들어, 주디스 리처즈Judith Richards, 로테 멀리건Lotte Mulligan 과 존 그레이엄John K. Graham은 다음과 같이, property 앞에서 "a"를 빼고 있다. "Locke was being consistent in maintaining his argument that each man, having property in his person, possessed property more satisfactorily protected within rather than outside political society."[26] 『통치론』의 한글 번역본도 대부분 property 앞에 'a'가 없는 것으로 간주해서 '~에 대해 소유권'으로 잘못 번역하고 있다. 강정인과 문지영의 번역본에서는 "모든 사람은 자신의 인신person에 대해서는 소유권을 가지고 있다"라고 번역하고 있고,[27] 이극찬의 번역본에서도 "사람은 누구나 자기 자신의 일신에 대해서는 소유권을 갖고 있다"라고 번역하고 있다.[28] 김현욱의 번역본도 "모든 인간은 자기 자신의 신체에 대해 소유권을 가진다"라고 번역하고 있고,[29] 조현수의 번역본도 "모든 사람은 자신의 신체에 대해 소

유권을 가지고 있다"라고 번역하고 있다.[30]

이번엔 문맥상으로 "Every man has a **property** in his own **person**"이라는 문장을 살펴보자. 이 문장을 뒤따르는 문장과 같이 나열하면 다음과 같다. "[E]very man has a property in his own person: this nobody has any right to but himself. The labour of his body, and the work of his hands, we may say, are properly his."[31] 여기서 문맥상 유심히 봐야 할 단어는 "this"이다. 이 "this"는 앞 문장의 명사, 즉 property를 받고 있다. 여기서 this가 받는 것이 '자기 인격에 대한 소유권the right of ownership'을 의미하는 property라면, 뒤 문장의 "any right"은 불필요한 반복이 된다. 그래서 문맥상 this가 받는 것이 '어떤 재산'을 의미하는 보통명사로서의 'a property'로 보는 것이 적절한 해석이다. 그리고 이 다음에 이어지는 문장에서 이 'a property'가 구체적으로 무엇을 지칭하는지 로크가 설명하고 있다. 이 재산은 바로 '노동labour과 일work'이다. 로크에게 노동과 행위는 재산의 한 종류이다.

앞의 문장들이 포함된 문단은 자연이라는 공동의 소유물이 어떻게 사적 재산이 되는지를 설명한 부분이다. 로크는 인격 안에 있는 노동이라는 재산을 외부 자연에 섞으면 그 섞인 부분의 자연 또한 그 사람에게 배타적으로 속하는 재산이 된다고 주장하고 있다. 즉 "[E]very man has a property in his own person"라는 문장에서 "a property"는 인격 안에 있는 '노동'이라는 재산을 지칭하는 것으로 해석해야 적절하다. 그리고 이 문장은 『통치론』의 다음 문장과 정확히 호응한다. "By property I must be understood here, as in other places, to mean that <u>property which men have in</u>

their persons as well as goods."[32] 이 문장에서도 property는 '~에 대한 소유권'이라는 추상명사로 쓰이지 않고, 재산이라는 보통명사로 쓰인 것을 알 수 있다. 로크가 말하는 재산에는 물건goods 뿐 아니라 "인격 안에 있는 재산property which men have in their persons"도 포함되는 것이다. 그리고 이 "인격 안에 있는 재산"으로는 몸·노동·생명·자유 등이 있다. 이것을 알 수 있는 로크의 두 문장이 있는데, 다음과 같다. "this labour being the unquestionable property of the labourer.(이 노동은 의심할 여지 없이 그 노동자의 재산이다.)"[33] / "lives, liberties, and estates, which I call by the general name property.(내가 재산이라는 일반적 명칭으로 부르는 것에는 생명, 자유, 자산 등이 있다.)"[34]

아쉽게도 "By property I must be understood here, as in other places, to mean that property which men have in their persons as well as goods"라는 문장을 강정인과 문지영의 번역본은 다음과 같이 여전히 잘못 번역하고 있다. "여기에서 사용한 재산이라는 말은 다른 곳에서와 마찬가지로 인간이 재물은 물론 인신에 대해서 소유하고 있는 재산을 말한다." 이처럼 로크의 재산property 개념을 '~에 대한 소유권'이라는 추상적 개념으로 번역하는 것은 로크의 의도를 크게 왜곡한다. 앞에서 문법상 그리고 문맥상으로 살펴본 것처럼, 로크는 물건·자유·생명·노동·행위 같은 사물을 지칭하는 보통명사로 property를 사용한 것이다. 그리고 로크가 재산 개념을 이렇게 사용한 것은 사람의 속성을 물건화하려는 로크의 존재론적 의도를 반영한다.

3. 물건의 속성화과 속성의 물건화에 대한 기존 비판

맥퍼슨은 왜 로크가 자유와 생명 등을 재산으로 간주했는지 궁금하다고 고백하고 있다.[35] 왜 로크가 그렇게 간주한 걸까? 흥미로운 사실은, 당시 로크만 그런 식으로 재산을 간주한 것이 아니었다는 점이다. 17세기 영국에서는 그것이 일반적인 용법이었다고 한다. 예를 들어 홉스도 그의 저서인 『리바이어던』에서 생활수단과 자산뿐 아니라 생명, 팔다리 등을 모두 재산property로 간주했다.[36] 그리고 당시 사람들은 법에 따라 성립된 개신교 그 자체를 재산으로 간주하는 게 일반적이었으며, 로크와 동시대에 살았던 청교도 지도자였던 리처드 백스터Richard Baxter도 생명과 자유를 한 사람의 중요한 재산이라고 얘기했다고 한다.[37]

지금도 영어에서는 생명·자유·몸 등의 사람 속성attributes과 사람이 소유하는 물건things을 모두 property라 부른다. 그러나 현대의 영어 용법에서는 속성을 물건으로 취급하거나, 물건을 속성으로 취급하고 있지는 않다. 이러한 현대의 용법과는 달리 로크는 (그리고 동시대의 지식인들 혹은 사람들이) 이 두 가지, 즉 속성과 물건을 동일시하고 있다. 필자는 이러한 동일시가 두 가지 방식으로 나타난다는 점을 지적하고자 한다. 먼저 첫번째 동일시는 물건의 속성화로 나타나고, 두번째 동일시는 속성의 물건화로 나타난다.

먼저 물건의 속성화가 무엇인지 살펴보자. 올리베크로나의 주장에 따르면, 홉스 등의 예에서 드러나듯이, property는 원래 몸·생명·자유·활동 등과 같은 사람의 속성을 가리켰다고 한다.[38] property는 '자신에게 고유하게 속하는(one's own 혹은 something private or peculiar to oneself)'이라는 뜻을 가진 라틴어 proprius에서 유래했고, 자신에게 고유하게 속하는 것은 우선은 몸·생명 등의 속성인 것이다.[39] 그런데 이러한 '자신에게 고유하게 속하는' 것이 사람의 속성에서 사람 외부에 존재하는 물건을 지칭하는 것으로 의미가 확장된다.[40] 이 확장의 사례가 바로 위에 지적한 홉스·로크·백스터의 경우이고, 17세기 후반 당시 영국의 지식인들 사이에 이 용법이 공유되어 있었다고 한다. 필자는 이 확장을 물건의 속성화라고 칭할 것이다. 물건을 마치 사람의 고유한 속성으로 취급하는 것을 일컫는 표현이다. 그러한 확장과 물건의 속성화가 어떻게 일어나는 걸까?

이 과정을 이론적으로 설명한 곳이 로크의 『통치론』 5장이다. 이 장의 제목은 "재산Property"이다. 로크의 논리는 다음과 같이 간단하다. 사람의 고유한 속성인 노동은 사람의 재산이다. 이 재산을 자연의 일부분에 섞게 되면, 이 부분은 그 섞은 사람의 재산, 즉 그에게 고유하게 속하는 것이 된다는 이야기다. 이 재산 형성은 타인의 동의를 필요로 하지 않는다. 한 개인이 자기 고유의 재산인 노동을 외부의 자연에 섞기만 하면 되기 때문이다. 여기서 외부의 물건은 마치 사람의 고유한 속성으로 간주된다. 사람의 고유한 속성인 자유와 생명 그리고 노동이 태어날 때부터 한 사람에게만 고유하게 속한 재산인 것처럼, 노동이 섞인 외부의 물건도 마치 한 사람이 태어날 때부터 고유하게 소유한 재산이 되는 것이다.

이러한 물건의 속성화는 17세기 청교도혁명과 명예혁명의 중요한 이데올로기로 사용된다. 토지소유자들이 왕을 상대로 싸우면서 토지에 대한 그들의 소유권을 왕이 간섭할 수 없는 '타고난 권리'로 주장했던 것이다.[41] 사람의 몸 등의 속성이 타고날 때부터 한 사람에게만 속하는 배타적인 재산인 것처럼, 땅에 대한 소유도 그렇다는 것이다.

　로크가 주장한 이러한 물건의 사람 속성화는 두 가지 측면에서 현대 이론가들로부터 비판을 받아왔다. 첫째는 노동을 외적 대상에 섞는다는 게 과연 가능한가이다. 두번째는 설혹 섞는 것이 가능하다고 가정하더라도 이 섞는 행위를 통해 과연 재산의 확장이 일어나는가 하는가이다. 즉 섞는 행위를 통해 외부의 자연이 그 사람의 고유한 주권적 영역으로 포섭되는 것이 가능한가 하는 문제이다.

　우선 첫번째 비판은 제러미 왈드론에 의해 제기된다.[42] 왈드론은 ① "요리사가 달걀을 반죽에 섞는다"라는 문장과 ② "노동자가 노동을 어떤 물체에 섞는다"라는 문장을 비교한다. 그에 따르면 ①번 문장의 섞는 행위는 성립하지만 ②번 문장의 섞는 행위는 성립할 수 없다. 앞의 ①번 문장에서 ②번 문장의 "노동"에 해당하는 것은 "요리사가 달걀을 반죽에 섞는 행위"이다. 노동하는 행위는 노동하는 주체와 그 대상으로부터 독립해서 존재할 수 없기 때문이다. 따라서 ①번 문장의 예를 ②번 문장에 적용해서 ②번 문장을 해석하면 결국 "'노동자'가 '노동자가 달걀을 반죽에 섞는 행위'를 '반죽'에 섞는다"라는 이상한 말이 된다. 달걀은 반죽에 섞을 수는 있지만, '노동자가 달걀을 반죽에 섞는 행위'를 반죽에 섞을 수는 없다. 마찬가지로 '노동자가 쟁기질을 통해서 자신의 노동을 땅에 섞는다'는 로크식의 주장은 현실적으로 성립할 수 없는데, 왜냐하면 여기서 '노동자가 땅에 쟁기질한다'라는 노동 행위에 독립되어 존재하는 주체(노동자)와 목적물(땅)은 존재하지 않기 때문이다.

두번째 비판을 살펴보자. 노동을 외부 물체에 섞는 것이 가능하다고 가정하더라도, 이 섞는 행위를 통해 과연 외부의 자연이 그 사람의 고유한 주권적 영역으로 포섭되는 것이 가능한가 하는 문제이다. 즉 그 외부의 자연이 그 사람의 재산이 되는가 하는 문제이다. 이 문제에 대해 비판을 제기한 대표적 학자는 로버트 노직Robert Nozick이다. 그는 자신이 소유한 것을 소유하지 않은 대상에 섞었다면, 오히려 소유했던 것을 잃은 꼴이 되지, 소유하지 않았던 것을 얻게 되지는 않는다고 말한다.[43] 즉 노동이 노동자로부터 분리되어 외부의 물체에 들어갔다면, 그 노동자는 그 노동을 상실하게 된다는 것이다. 노직은 재미있는 비유를 드는데, 어떤 사람이 자신이 가지고 있던 토마토소스를 바다에 섞었다고 해서, 바다의 섞인 부분에 대해 배타적인 소유권을 주장한다는 것은 우스운 일이고, 오히려 토마스소스가 퍼져버려 결국은 소스를 잃었다고 간주하는 것이 더 맞다는 이야기이다.

다른 학자들도 노동자가 자신의 노동을 어떤 물체에 섞었다고 하더라도, 그 노동자가 그 물체 전체에 대해 완전히 배타적인 소유권을 행사할 수는 없다고 지적한다. 그 물체는 자연의 일부로 이미 존재했던 것이기 때문에 새로 창조한 것으로 가정할 수 없으며, 따라서 그 노동자가 얼마나 그 자연의 일부를 향상시켰느냐에 따라 주장할 수 있는 몫이 다르다는 것이다. 즉 노동에 대한 배타적 소유권이 있고 그것이 어떤 물체에 섞였더라도, 그 물체 전체가 배타적 소유물로 될 수는 없다는 것이다.

데이는 노동의 투여와 배타적 소유 간에 상관관계가 없다는 점을, 로크가 예로 든 아프리카 원주민의 사례를 통해 보여준다.[44] 이들

원주민의 관습에 따르면, 한 원주민이 공터에서 사과를 땄을 때 집에 있는 자녀들과 아내가 사과를 먹을 도덕적 권리를 갖는다. 따라서 그 원주민이 노동했기 때문에 그 사과에 대해 배타적 소유권을 행사한 다는 논리는 틀렸다는 것이다. 여기서 데이의 논의에는 두 가지 중요 한 시사점이 있다.

우선 로크는 가족재산에 대해 언급하지 않는다는 점이다. 그에게 재산은 원칙적으로 인격을 가진 개인의 재산이다. 이것은 영국의 전 통적인 재산 개념에서 유래하는 것으로 보인다. 경제사학자 알랜 맥 파랜은 영국의 중세 때부터 존재했던 재산 개념에 개인적인 특성이 있음을 밝히고 있다.[45] 그에 따르면, 중세 때 이탈리아 등 유럽대륙에 서는 땅 등의 주요한 자산이 개인에게 속한다는 관념은 매우 낯선 것 이었다. 땅이 공유 자산이 아니라면, 개인이 아니라 가족에게 속하는 것으로 간주되는 게 일반적이었다고 한다. 그래서 가족의 수장인 아 버지가 땅을 타인에게 팔 때는 상속자인 자식들에게 암묵적으로나 마 동의를 구해야 했다고 한다. 반면 영국의 경우는 그럴 필요가 없 었는데, 땅 등의 자산이 아버지의 개인 자산으로 간주되었기 때문이 었다는 것이다. 데이의 아프리카 원주민 사례는 영국적 혹은 로크적 인 개인재산권 개념이 원주민에게는 없었음을 보여준다고 할 수 있 다.

두번째 의의는 로크의 재산 개념이 정확히는 개인재산권이 아니 라 '인격'의 재산권이라는 점이다. 로크에게 인격 개념은 개인에게 만 적용되는 것이 아니다. 집단인 국가도 인격을 가진 것으로 취급 되기 때문이다. 맥퍼슨의 지적처럼, 현대 국가의 재산은 공동 재산 이 아니라 사적 재산이다.[46] 현대 국가는 국민과는 독립된 별도의 인격을 가진 인격체로 취급되기 때문이다. 그래서 어떤 국민이 국가의 재산을 국가의 허가 없이 사용했다면, 그것은 국가라는 인격체의 재산권을 침해한 것이 된다. 독립된 인격성을 갖는 현대 국가의 개념이 없었던 원주민들에게는 공동체의 재산은 곧 공동 재산이며, 따라서 관습이 정하는 규칙에 따라 그 재산을 자유롭게 사용할 수 있었을 것이다.

물건을 사람 속성과 동일시한 뒤 로크는 사람 속성을 물건과 동일시한다. 사람 속성인 자유·몸·노동 등을 그 소유자로부터 분리되어 타인에게 양도 가능한 물건처럼 취급하는 것이다. 필자는 이것을 사람 속성의 물건화라고 칭한다.

이러한 속성의 물건화는 카를 마르크스와 마르크스주의자들, 특히 맥퍼슨에 의해 비판받는다. 속성의 물건화를 통해, 로크가 자본주의의 임노동 계약을 두 재산 소유자—노동이라는 재산을 가진 노동자와 돈이라는 재산을 가진 자본가—간의 자유롭고 평등한 계약으로 정당화하고 있다는 비판이다. 로크는 노동을 타인에게 양도할 수 있는 재산처럼 취급함으로써, 노동자를 노동이라는 재산을 가지고서 타인과 일정 기간 양도 계약을 체결할 수 있는 자유로운 재산 소유자로 묘사하고 있다.[47] 널리 알려졌듯이, 이러한 로크의 견해는 카를 마르크스에 의해 비판받는데, 마르크스에게 이러한 '노동자의 노동을 팔 자유'란, 생산수단을 박탈당해 어쩔 수 없이 타인에게 예속되어 노동할 수밖에 없는 노예 상태를 칭하는 부르주아적 표현에 불과하다.[48]

4. 속성화와 물건화에 대한 존재론적 분석

이렇게 물건뿐 아니라 자유와 생명을 재산으로 간주하는 것이 로크만의 독특한 생각이 아니었고 당대의 지식인 혹은 사람들이 공유했던 사고방식이었다면, 이 사고방식이 지닌 존재론도 당대의 지식인 혹은 사람들이 은연중에 공유하고 있었을 것이다. 과연 이 공유된 존재론은 무엇일까?

로크의 재산 개념에서 나타나는 물건화와 속성화는 독특한 '인격' 개념을 전제하고 있다. 사람의 재산들인 자유, 신체, 생명, 활동을 사람으로부터 분리 가능한 물건처럼 취급하여 모두 분리할 수 있다고 가정하면, 결국 남게 되는 것은 이들 재산을 자신의 것으로 인식하는 추상적인 인격뿐이다. 이 인격은 다음의 다섯 가지 특성이 있는 것으로 분석된다. ① 평등성 혹은 동일성 ② 인격의 연속성 ③ 소유자의 지위 ④ 배타적 영역으로서의 인격 ⑤ 배타적 영역의 확장성.

첫째, 인격의 평등성equality 혹은 동일성sameness 이다. 속성들과 자산은 사람들을 각각 다르게 만든다. 한 사람의 고유한 몸의 생김새, 그 사람의 사회적 지위와 종교, 그 사람의 자산이 많고 적음 등은 그 사람을 다른 사람과 다르게 만드는 요소들이다. 그런데 이 다른 속성들과 자산을 그 사람으로부터 분리하면 남는 것은 추상적인 인격뿐이다. 추상적이기 때문에 모든 사람에게 동일하다. 이러한 인격 개념은 근대 '인간 평등'의 이데올로기를 만드는 데 공헌한다.[49] 사람의 속성들과 자산을 그 사람으로부터 분리 가능하다고 가정함으로써, 모든 사람은 법 앞에 평등하다고 가정할 수 있는 것이다. 이것이 근대 법학에서의 '인격' 개념이다. 로크도 자신의 인격 개념이 '법률' 용어임을 그의 『인간지성론』에서 강조하고 있다.⁵⁰ 여기에서 로크의 평등 개념은, 모든 사람이 인격적 존엄성에서 동등하다는 의미의 '평등'이라기보다는, '동일the same'하다는 의미에 가깝다.

둘째, 이 추상적 인격은 시간상으로 연속성을 유지한다. 로크에 따르면, 과거에 어떤 행위를 한 사람이 현재 어떤 다른 행위를 한 사람과 동일하다고 말할 수 있다면 그것은 그 사람에게 인격이 있기 때문이다. 그 사람의 인격이 과거와 현재에 동일하다고 보기 때문이다. 로크는 그래서 『인간지성론』에서 이렇게 쓰고 있다. "이 인격은 (…) 현재의 존재를 넘어서서 과거의 것으로 자기 자신을 확장한다. 그럼으로써 인격은 현재의 행동에 대해서 하는 것과 꼭 같은 근거에서 같은 이유로 과거의 행동에 (…) 대한 책임을 갖게 되고, 이것을 자신의 것으로 여기고, 그것을 자신의 탓으로 돌린다."⁵¹ 로크는 인격이 과거, 현재, 미래로 계속 유지되는 것을 "인격적 동일성personal identity"이라고 칭한다. 이 인격적 동일성 때문에 상과 벌 그리고 죄의식이 가능하다고 로크는 주장한다. 현재 어떤 사람이 과거의 잘못된 행위 때문에 벌을 받는다면, 과거에 잘못을 한 그 사람이 현재 벌 받는 사람과 동일인이라고 말할 수 있어야 하는데, 그것은 그 사람에게 '인격'이라는 것이 있으며, '인격'의 동일성이 유지되기 때문이라는 주장이다. 앞서 말한 것처럼, 사람의 재산, 즉 속성들과 자산은 시간이 흐르면서 변하기 때문에 동일성의 기초로 삼을 수가 없다. 하지만 인격은 추상적이고 시간의 흐름에 관계없이 동일same하므로, 동일성의 기초로 삼을 수 있다는 것이다.

셋째, 이 추상적 인격은 재산의 소유자로 규정된다.⁵² 로크는 『인간지성론』에서 이렇게 쓰고 있다. "인격은 행동과 그에 따른 공과를 소유하는 법률 용어이다." 영어 원문은 "[Person] is a forensic term appropriating actions and their merit"이다.[53] 로크에게 행동과 그에 따른 공과는 사람의 재산이다. 이 문장에서 이 재산의 소유자로 인격이 정의되고 있다. 더 자세히 살펴보면, 이 문장에서 로크는 소유한다는 표현으로 appropriate라는 단어를 쓰고 있는데, 이 단어는 '자신에게 고유하게 속하는 것propri'과 '~으로 하다ate'라는 말의 조합이다. 앞서 얘기했듯이, 재산property이라는 단어는 "자신에게 고유하게 속하는"이라는 뜻을 가진 라틴어 proprius에서 유래했다. 따라서 appropriate가 이런 proprius를 만드는 행위를 칭하는 단어고, 어떤 사물을 재산으로 만든다는 뜻인 것이다. 그래서 위의 문장은 인격이 재산의 소유자가 된다는 뜻이다.

넷째, 인격은 한 사람의 고유한 영역으로, 그 영역은 배타적으로 그 사람에게만 속한다. 이 '배타적 영역으로서의 인격'은 바로 위의 특성인 '재산 소유자로서의 인격'과 사실은 같은 의미이다. 로크는 『통치론』곳곳에서 '재산이 되는 것being a property'을 '(어떤 영역에) 속하는 것being a part'과 동일한 것으로 보고 있다. 즉 재산의 소유는 영역성을 갖는 것이다. 그런데 '재산이 되는 것'과 '속하는 것'은 일반적으로 동일하지 않다. 데이가 예로 든 것처럼, 한 사람이 골프 클럽의 회원이 되어 그 클럽에 속했다고 해서, 그 회원이 클럽의 재산이 되는 것은 아니다.[54] 그 둘이 동일하게 되는 경우는, 속하는 곳이 그 클럽 소유의 배타적 영역일 때이다. 골프 클럽이 배타적인 소유 영역이라서 한 번 속하면 그 회원을 어떻게 취급하든 클럽 밖에서 그 누구도 간섭할 수 없을 때, 그 회원이 클럽의 재산이 되었다고 얘기할 수 있는 것이다. 그런데 로크는 '속하는 것'을 '배타적 소유 영역에 속하는 것'과 동일시하고 있다. 따라서 로크에게 재산 소유자로서의 인격은 배타적 영역성을 갖는다고 할 수 있다.

다섯째, 이 배타적 영역은 확장된다. 즉 재산을 더 많이 소유하면 할수록 그 배타적 인격의 영역은 확장되는 것이다. 이 확장은 자유의지를 가진 자유로운 개인이 자기의 의지를 실현해가는 과정으로 로크는 본다. 예를 들어, 땅이 어떤 사람의 배타적인 소유물이 되는 과정이 바로 인격의 배타적 영역이 확장되는 과정이다. 인격에 배타적으로 속하는 재산인 노동을 자연 일부분에 섞으면 그 섞인 부분이 그 인격에 배타적으로 속하는 재산으로 된다. 재산이 많아진다는 것은 그만큼 인격의 배타적 영역이 확장된다는 것을 의미한다.

이제 로크의 인격 개념을 비판적으로 분석해보자. 위의 특성들을 가진 인격 개념은 우선 노동·신체·자유·생명 등 같은 사람의 속성들이 그 사람으로부터 분리 가능하다는 전제가 없이는 불가능하다. 추상적 인격은 모든 속성을 제거한 후에 남는 자아the self이기 때문이다. 노동이 노동자로부터 분리되어 땅에 섞일 수 있다는 로크의 주장이 그것이고, 대의제가 성립하려면 각 개인이 자기의 재산인 자유를 국가에 양도해야 한다는 로크의 주장이 그것이다. 필자는 이러한 것을 '속성의 물건화'라고 칭했다. 과연 노동·신체·자유·생명 등의 속성이 마치 물건처럼 분리될 수 있고 타인에게 양도될 수 있는 것인가?

우선 노동이 과연 행위자로부터 분리되어 타인에게 양도되거나 자연 일부분에 섞일 수 있는지 살펴보자. 앞에서, 노동을 외부에 섞는다는 로크의 주장이 성립할 수 없음을 보여준 왈드론의 논의를 살펴보았다. 흥미로운 점은, '노동을 외적 대상에 섞는다'라는 불합리한 사고를 통해서, 로크가 노동이라는 행위를 물체처럼 취급하고 있다는 점이다. 왈드론의 예를 통해 보면, "노동자가 달걀을 버터에 섞는 행위"가 노동인데, 이 노동 자체가 버터에 섞일 수 있는 어떤 물건처럼 간주하고 있다. 이러한 노동의 물건화는 성립할 수 없는 비합리적인 개념이다. 마찬가지로, 노동자가 쟁기질을 통해서 자신의 노동을 땅에 섞는다는 로크식의 주장은 현실적으로 성립할 수 없는데, 왜냐하면 여기서 '노동자가 땅에 쟁기질한다'라는 노동 행위에 독립되어서 존재하는 주체(노동자)와 목적물(땅)은 존재하지 않기 때문이다.

행위와 행위자를 분리할 수 있다는 사고를 정면으로 비판한 철학자는 니체이다. 그는 『도덕의 계보』의 첫번째 에세이 13절에서, 행위의 뒤편에 행위를 일으킨 행위자를 설정하는 서구 근대철학에 대해 비판한다. 이러한 근대철학의 오류는 현실의 구조가 언어의 구조와 같다고 착각하는 데서 나온다고 그는 주장한다. 언어는 주어-술어 구조로 되어 있는데, 서구 근대철학은 현실의 구조도 이러한 주어-술어 구조라고 착각하면서 행위와 행위자를 존재론적으로 구분하는 오류를 범하게 되었다는 것이다. 예를 들어, 우리는 "번개가 친다"라고 말하는데, 현실도 주술 구조로 되어 있다고 착각해서, '친다'는 행위 뒤에 원인자로서의 주체인 번개를 설정하는 오류를 범한다는 것이다. 그런데 현실에 존재하는 것은 "번개가 친다"라는 현상(행위)뿐이다. 즉 행위로부터 분리된 행위자는 존재하지 않으며, 행위 그 자체가 주체이다. 그래서 니체는 "그러한 실체는 존재하지 않는다. 활동, 작용, 생성 뒤에는 어떤 '존재'도 없다. '활동하는 자'는 활동에 덧붙여 단순히 상상에 의해 만들어진 것이다.─활동이 모든 것이다"

라고 주장한다.[55] 니체의 이런 주장은 로크의 인격 개념을 정면으로 부정하고 있는 셈이다.

니체는 이러한 근대 주체관에 대한 비판을 근대철학이 전제하고 있는 '주체 의지의 자유'를 비판하는 데 이용한다. 번개가 친 것을 가지고, 마치 번개의 자유의지에 따라 선택적으로 치고 안 치고 할 수 있는 것처럼 생각하는 근대적 '의지의 자유' 개념을 비판하는 것이다. 이러한 니체의 비판은 노동자를 자유로운 재산 소유자로 간주하는 로크를 비판하는 데 적용될 수 있다. 마르크스의 주장처럼, 자본주의 사회에서 노동자는 생산수단을 박탈당해 어쩔 수 없이 타인에게 일정 기간 예속되어 일할 수밖에 없는 처지에 있다. 그런데도 임노동을 노동자의 자유로운 선택인 것처럼 묘사하는 로크에 대해, 니체의 관점에서 두 가지 존재론적 비판을 가할 수 있을 것이다. 먼저 노동이라는 행위는 노동자로부터 분리되어 타인에게 양도될 수 있는 재산이 아니다. 행위는 행위자로부터 분리될 수 있는 것이 아니기 때문이다. 그리고 임노동은 노동자가 자유로운 의지로 선택한 것이 아니다. 왜냐하면 임노동 뒤편에 원인자로서의 노동자가 있어서, 선택적으로 임노동을 하든지 말든지 할 수 있는 것이 아니기 때문이다. 즉 임노동이란 생산수단을 박탈당해 어쩔 수 없이 하는 행위로, 노동자의 의지로 자유롭게 선택할 수 있는 그런 것이 아니다.

자유의지에 대한 로크의 과장된 견해는 그의 인격-재산 이론에서 나온다고 할 수 있다. 니체가 비판한 근대철학의 '행위자-행위'의 이분법적 사고가 로크의 인격-재산 이론에 그대로 나타난다. 다만, '행위자-행위'의 이분법이 '인격-재산'이라는 소유 관계로 확대되어 표현될 뿐이다. 로크에게는 행위도 재산이고, 물건과 사람의 속성

등도 재산에 포함된다. 예를 들어, 로크에게는 생명도 재산이기 때문에, 양도할 수 있는 자유의지의 대상이 된다. 생명을 자발적으로 양도하는 사례는 노예의 경우다. 로크는 어떤 사람이 죽을죄에 해당하는 범죄를 저질러서 그 사람의 생명이 주인에게 몰수 혹은 양도되는 경우에 노예 상태를 정당화한다.[56]

로크의 주장에 따르면, 노예의 생명을 양도받은 주인이 그 노예에게 어떤 가혹한 행위를 해도 그 노예에게 해를 끼치는 게 아니다. 로크에 따르면, 그 노예가 원한다면 얼마든지 생명을 양도하지 않고 스스로 생명을 포기해서 노예 상태로부터 벗어날 수 있다. 만약 그렇지 않고 그 노예가 자신의 생명을 주인에게 양도했다면, 주인이 아무리 가혹하게 다루더라도 해를 가했다고 할 수 없다고 로크는 주장한다. 생명을 물건처럼 자발적으로 양도할 수 있는 것으로 취급하는 순간, 그 노예는 자유의지를 가진 인격체가 된다. 이렇게 로크의 '인격-재산' 이론은 노예 상태에 빠지는 것도 노예의 자유의지에 의한 선택으로 표현한다. 하지만 노예가 자살했다면 주인에게 너무 혹독한 취급을 당해 어쩔 수 없이 그랬을 것이지, 자유의지로 자살했다고 말할 수 없다. 이렇게 행위 뒤에 그 행위를 선택하는 행위자를 상정하는 '행위자-행위' 혹은 '인격-재산'의 근대 서구 존재론은 노예의 자살조차도 자유의지를 실현한 것으로 잘못 해석한다.

로크의 인격 개념은 화이트헤드에 의해 더 면밀하게 비판된다. 니체와 비슷하게 화이트헤드는 존재being 혹은 행위자doer 중심의 철학을 배격하고, 생성becoming 혹은 행위doing 중심의 철학을 택한다.[57] 로크의 철학처럼 존재being 혹은 행위자doer 중심의 철학에서는 자기 동일성을 유지하는 행위자인 주체를 일차적으로 전제하고, 현실의 행위 혹은 사건들은 그런 행위자의 자유로운 선택 때문에 생겨나는 것으로 여긴다. 예를 들어, 태어나면서부터 '나'라는 주체가 있고, 내 인생은 '나'라는 주체가 자유롭게 선택한 것들의 결과와 경험들로 이루어진다고 간주한다. 반면 화이트헤드는 이런 '나'라는 인격적 주체는 없다고 주장한다. 사건 혹은 행위 그 자체만 있을 뿐이다.

이런 존재론을 펼치게 된 연유는 화이트헤드가 양자역학 등의 현대 과학의 성과를 받아들여 그의 존재론을 정립했기 때문이다. 그는 양자화된 입자의 도약인 퀀텀점프(양자도약) 각각을 구별되는 존재로 취급할 것을 제안한다. 양자역학에서 입자는 A 장소와 B 장소 사이에 불연속적으로 존재한다. 즉 A 장소에 얼마간 존재했다가 B 장소에 다시 나타나는데, A 장소와 B 장소 사이에서는 존재하지 않는다. 기존 관점에서는 이 현상을 동일한 입자가 장소 A에 존재했다가 다음 장소 B로 이동해서 존재하는 것으로 해석하지만, 양자역학은 이런 기존 관점이 유효하지 않음을 보여준다고 화이트헤드는 주장한다.[58] 오히려 장소 A와 B를 얼마간 점유하는 존재를 각각 다른 것으로 봐야 한다는 것이다. 이러한 과학적 발견을 형이상학적으로 해석하면, 우주의 가장 작은 존재 단위가 이러한 양자역학적 특징을 가질 것이라 간주할 수 있다고 화이트헤드는 주장한다. 그리고 양자역학에서 입자는 맥박이나 진동처럼 얼마간의 장소와 시간을 한꺼번에 점유하면서 생성된다. 따라서 우주의 가장 작은 단위의 생성 또한 한순간에 이뤄지며, 생성과정 자체는 시공간적으로 비지속적이고 비연장적이라고 할 수 있다. 다만 생성의 결과로 시간적 폭과 공간적 폭을 만들 뿐이다.[59]

화이트헤드에 따르면, 이 작은 단위의 생성은 우주의 모든 것에 대한 하나의 해석이다. 각각의 생성은 시공간적으로 고유한 위치를 점하고 있고 이 고유한 위치에서 해석하는 세계는 약간씩 다를 수밖에 없다. 화이트헤드는 이것을 하나의 생성에 우주의 다른 모든 것이 들어온다고 표현한다. 그리고 이 우주의 다른 모든 것들은 그 생성의 고유한 위치 혹은 관점에서 해석된다. 다만 그 각각의 관점은 시공간적으로 가까운 것과 유사한 경향을 띤다. 그래서 존재의 단위로서의 생성은 시간상으로 지속하지 않지만, 가까운 것끼리는 관점이 유사한 경향이 있어서 생성의 결과도 유사성을 띠게 된다. 이러한 유사성이 지속하는 것을 근대철학에서는 인격person으로 잘못 상정하게 되었다는 게 화이트헤드의 주장이다. 즉 유사성은 존재론적으로 이차적인 사실인데, 이것을 인격이라고 가정함으로써 존재론적으로 일차적인 사실로 상승시키는 오류를 범했다는 것이다. 다시 말해, 화이트헤드에게는 생성 이전에 선험적으로 존재하는 인격적 주체는 없다. 인격적 동일성은 근접한 생성들 각각이 만들어내는 패턴이 유사하게 반복되는 것에 불과하다. 여기서 화이트헤드는 로크의 인격 개념 그 자체, 그리고 인격적 동일성 개념 모두를 정면으로 비판하고 있다.

인격 개념을 부정하는 니체와 화이트헤드의 관점에서는 로크의 평등 개념도 존재론적으로 일차적 사실이 아니다. 먼저 니체에게 모든 존재는 그 자체의 독특함을 갖는 서로 다른 존재들이다. 니체에게는 '다름difference'이 일차적인 존재론적 사실이라면, 로크에게는 '동일성sameness'이 일차적인 존재론적 사실인 것이다. 화이트헤드에게도 '동일성sameness'이 아니라 '다름difference'이 일차적인 존재론적 사실이다. 모든 생성은 그 생성의 고유한 위치 혹은 관점에서 우주의 모든 것들에 대해 해석하기 때문이다. 또한 화이트헤드도 현실이 언어처럼 주술 구조로 되어 있다고 믿는 근대철학을 비판하는데, 이런 비판이 가능한 이유는 화이트헤드가 존재가 아닌 생성의 철학을 폈기 때문이다.

로크에게는 사적 영역과 공동의 영역이 철저히 구분된다. 로크에 의하면, 한 사람의 '인격-재산' 영역은 전적으로 사적인 영역이다. 즉 그 사람이 절대적 주권자이며 그 누구도 간섭할 수 없는 절대적인 지배 영역이다. 그리고 그 밖의 영역은 완전히 공동의 영역이다. 로크에게 인간 세상이란 이처럼 완전히 사적인 주권 영역들과 완전히 공동인 영역들로 이루어진 것이다. 로크의 이러한 사적 영역과 공동의 영역의 이분법을 화이트헤드는 전적으로 반박한다. 화이트헤드에 의하면, 세계 전체는 어떤 측면에서는 전적으로 사적인 영역이다. 화이트헤드에게는, 한 존재의 생성이란 우주의 모든 것에 대한 하나의 독특한 해석이다. 어떤 존재의 생성 활동으로부터 독립된 고정된 세계는 있을 수 없다. 이렇게 한 존재의 생성과정에서 해석된 세계는 그래서 전적으로 사적인 영역이다. 하나의 독특한 관점에서 해석된 세계이기 때문이다. 동시에 한 존재의 생성 그 자체는 온전히 공동의 영역이다. 한 존재의 생성에 우주의 다른 모든 것이 들어오기 때문이다. 그래서 생성되는 존재에게는 '자기 것'이라고 할 만한 게 어떤 것도 없다. 그 존재가 새롭게 해석하는 모든 재료는 세계가 그에게 제공해주는 것이기 때문이다. 이렇게 사적 영역과 공동 영역의 이분법은 화이트헤드에게 성립되지 않는다.

로크의 인격적 동일성 개념은 중세기까지의 순환적 자아 관념을 대체한 것으로 볼 수 있다. 종교학자 미르체아 엘리아데에 따르면, 고대부터 중세기까지 유럽에서 지배적인 자아 관념은 순환론이었다고 한다.[60] 사계절의 순환, 일출과 일몰의 순환 등 자연의 순환을 목격하면서 사람들은 인간 존재도 자연의 일부로서 순환적이라고 생각했다고 한다. 대표적 사례는 고대 메소포타미아 문명에서 한 해의 마지막 날과 새해 첫날 '마르두크'라는 신이 세계를 파괴하고 다시 창조하는 것을 상징하는 제례를 치른 것을 들 수 있다. 이 제례는 세계와 존재들이 매해 새롭게 창조되는 순환적 세계관을 표현하는 것으로, 이 의식을 통해 공동체 성원의 죄를 사해주었다고 한다. 순환적 자아관이 지배적인 관념이었던 것은 중세의 서유럽도 예외가 아니었는데, 이 순환론을 대체해서 등장한 것이 근대의 직선적 자아관이었다. 이러한 직선적 자아관의 대표적인 사례가 로크의 인격적 동일성 개념이다.

5. 로크의 '재산' 개념과 로마법의 '물권' 개념

로크의 이러한 '인격-재산'의 존재론은 한 가지 중요한 정치학적 함의를 품고 있다. 로마법의 물권 개념이 **존재론적으로** 복원되고 있다는 점이다. 사실 근대의 시작은 15세기부터 로마법의 물권 개념이 재등장하여 법체제의 근간을 이루면서부터라고 얘기해도 과언이 아니다. 물권 개념은 고대 로마공화정 후기에 창조되었으며, 매우 로마법적인 개념이다. 로마법 이외의 다른 법체제에서는 거의 발견되지 않는다. 이 독특한 법개념인 물권이 로크의 재산 개념에서 복원되고 있다는 사실은 몇 가지 중요한 시사점을 주고 있다.

먼저 두 개념의 독특성이다. 로마법에서 물권 개념의 특징은 소유자의 권리가 '소유자와 재산' 간의 직접적 관계로 설정된다는 점이다. 마찬가지로 로크의 재산 개념에서, 이러한 '소유자와 재산' 간의 직접적 관계가 '인격과 재산'이라는 형태로 복원되고 있다. '자산을 사람 사이에 어떻게 배분하고 거래할 것인가' 하는 문제는 사실은 '사람과 사람 간' 관계의 문제이다. 그러나 물권과 재산 개념은 이런 '사람과 사람 간' 관계의 문제를 '사람과 물건 간' 관계의 문제로 환원한다. 역사적으로 다른 여러 문명권에서 자산 배분과 거래를 다루는 분야에서 매우 흔히 나타나는 법개념은, 물권이 아니라 계약법의 대인권이다. 뒤에서 설명하겠지만, 대인권은 '사람과 사람 간' 관계에서 비롯되는 것이지 '사람과 물건 간' 관계에서 비롯되는 것은 아니다. 물권과 재산 개념에 근거한 자산 배분 제도는 고대 로마 문명과 근대 서구 문명에서만 존재했던 매우 독특한 것이다.

두번째 시사점은, 이것이 두 시대가 공통으로 갖는 어떤 시대적 상황을 반영할 수 있다는 점이다. 이 두 시기의 공통된 특징으로 제국주의 전쟁, 노예제, 화폐경제 등을 들 수 있는데, 물권과 재산 개념이 이런 시대적 특징과 밀접한 관련이 있을 수 있다는 점이다. 특히 재산(혹은 물권) 개념과 화폐경제의 밀접한 연관성은, 화폐의 기원과 재산의 기원을 확연히 구별한 로크의 주장을 정면으로 반박할 만한 역사적 사실이다. 로크는 이러한 구별을 통해 부의 극심한 불평등이 일어난 원인이 재산 개념 때문이 아니라 화폐 때문이라는 결론에 이르고, 그래서 재산 개념에 면죄부를 준다. 그러나 재산 개념과 화폐의 밀접한 연관성은 이러한 로크의 견해를 정면으로 반박한다.

첫번째부터 검토해보자. 물권과 대인권의 차이점에 대해서는 1

장의 2절에서 자세히 논의한 바 있다. 타인과의 사회적 합의의 산물인 대인권과는 달리, 물권은 소유자와 물건 간의 직접적 관계 때문에 생기는 것으로 사회적 합의와는 전혀 관계가 없다. 예를 들어, 어떤 사람이 자기 땅을 마음대로 처분하고 사용할 권리는 그 사람과 그 땅 간의 직접적인 소유 관계 때문에 생긴다고 보는 것이 물권 개념이다. 결국 물권은 다른 사람들이 간섭할 수 없는 절대적 권리이다.[61] 여기서 물권 개념이 로크의 재산 개념과 동일하다는 것을 알 수 있다. 로크의 재산 개념도 다른 사람의 동의나 합의 없이 소유자와 소유물 간의 직접적인 관계로부터 발생하는 권리이기 때문이다.

로크의 재산 개념과 로마법의 물권 개념은 둘 다 타인과 관계를 '물건'을 통해서 맺게 한다. 한 사회의 불특정 다수의 사람에게 '그 물건에 대해' 간섭하지 말라는 "No"라는 의사를 전하는 방식으로 관계를 맺는 것이다. 그래서 이 권리를 통해 어떤 사람이 다른 사람들과 관계를 맺는 방식이 '부정적이고 단순하고 배타적'이며, 물건을 통해 관계를 맺기 때문에 '간접적'이다. 반면 대인권은 '특정' 계약 당사자 사이에서만 행사되며, 그 권리의 내용도 계약을 통해 구체적으로 명시된다.[62] 그래서 대인권을 통해 한 개인이 타인과 관계를 맺는 방식은 '구체적이고' '직접적'인 것이다.

법학자 올란도 패터슨은 이렇게 자산 배분의 문제를 '소유자와 물건 간의 관계'로 구성하는 것이 형이상학적 허구라고 지적한다.[63] 내가 어떤 물건을 마음대로 사용할 수 있다면 이는 다수의 사람이 내가 그럴 수 있도록 암묵적이든 명시적이든 용인해주었기 때문이지, 나와 그 물건과의 직접적인 관계 때문에 생기는 것은 아니기 때문이다. 다른 사람과의 암묵적 혹은 명시적 합의 없이 물건에 대한 나의 절대적 권리가 생겼다는 것은 허구인 셈이다.

이제 두번째 시사점에 대한 논의로 넘어가자. 이 허구는 고대 로마공화정 후기의 독특한 사회적 상황을 반영해서 법률로 만들어짐으로써 현실적인 힘을 발휘하게 된다. 고대 로마공화정 후기와 서구 근대 초기의 중요한 공통점은, 두 가지가 중요한 자산으로 새롭게 등장한다는 것이다. 바로 노예와 화폐이다. 이 두 가지 자산은 제국주의 전쟁을 통해 타국에서 약탈해 공급한다. 즉 침략전쟁으로 금과 은뿐만 아니라 수많은 노예 또한 공급하는데, 이 중 많은 노예가 금과 은을 캐거나 화폐를 주조하는 데 노역하게 된다. 1장의 2절에서 자세히 이야기했듯이, 물권 개념은 고대 로마공화정 후기에 노예 소유를 정당화하기 위해 등장한 법개념이었다. 현대인은 노예가 없는 사회에서 살고 있지만, 노예에 대한 주인의 권리를 상징하는 물권이 지배적인 자산 배분의 원리로 작동하는 한, 현대사회는 물권 행사를 통해 '노예의 주인'을 계속 생산해내고 있는 셈이다. 그리고 이 노예의 주인은 재산법이라는 법률에 의해 창조되고 보호되고 있다.

사실 근대 초 자연권 개념도 (그리고 앞서 설명했듯이 로크의 재산 개념도) 노예 소유를 정당화하는 데 사용되었다. 자유가 팔릴 수 있고, 대여될 수 있고, 자발적으로 양도될 수 있다고 주장함으로써, 노예제도에는 문제가 없다는 논리를 제공한 것이 초기 자연권 사상이었던 것이다.[64] 그래서 15세기 자연권 사상이 발달한 지역이 바로 노예무역의 중심지였던 리스본과 앤트워프였다.[65]

최근 필자는 패터슨의 이론을 확장하여, 물권이 '주인-노예' 간의 관계만이 아니라 '주인-화폐' 간의 관계를 정당화하기 위해 생겼다는 주장을 폈다.[66] 당시 새로운 자산 형태로 등장한 것은 노예만이 아니라 화폐도 있었고, 따라서 노예의 소유뿐만 아니라 화폐의 소유도 법적으로 정당화할 필요가 있었다는 것이다. 화폐소유자는 화폐를 지불함으로써 모든 사람과 관계된 의무로부터 완전히 자유로워질 수 있다. 이런 자유는 왕 혹은 신만이 누릴 수 있는 자유이며, 화폐소유자는 이러한 절대적 권력의 소유자였던 것이다. 이러한 절대적 권력을 가장 잘 개념화한 것이 물권이라고 볼 수 있다는 주장이다.

이러한 주장은 로크가 설명한 재산과 화폐 간의 관계를 재고할 여지를 준다. 로크에 따르면, 재산과 화폐는 본질적으로 다른 것이다. 재산은 다른 사람의 동의 없이 성립되는 것이지만, 화폐는 사람들 간의 암묵적인 동의에 따라 제도화된다는 것이다. 로크의 주장에 따르면, 금·은·동 등이 화폐로 기능하는 것은 재산 개념의 등장보다 훨씬 후기에 이루졌는데, 재산은 사람이 처음 존재하기 시작한 자연 상태에서부터 성립되어온 반면 화폐는 그 훨씬 후 물물교환이 충분히 발전한 이후에야 도입되었다고 한다. 이러한 로크의 주장은 결국 자산 분배의 불평등 근원이 재산 개념 때문이 아니라 화폐 때문이라는 결론에 이른다. 즉 재산 개념에 면죄부를 준 것이다. 이러한 로크의 주장은 역사적 사실에 부합되지 않는다는 것이 최근 필자의 연구에서 드러난다.[67] 우선 물권이라는 재산 개념이 발명된 시기가 금·은·동 등이 화폐로 주조되어 지불수단으로 쓰이기 시작한 시기보다 오히려 후기의 일이다.[68] 물권이라는 재산 개념의 탄생은 고대 로마공화정 후기인 기원전 3세기 혹은 4세기였다면, 화폐가 발명된 시기는 그보다 몇천 년 앞섰고, 주화가 발명된 것도 훨씬 앞선 기원전 6세기다.[69] 그리고 물권이라는 재산 개념은 금·은·동 등의 주조된 화폐 소유를 정당화하기 위해 창조된 개념이었다.[70] 그래서 필자의 최근 연구는 화폐와 재산 개념을 본질적으로 다르게 보는 로크의 견해를 반박하고 있다. 재산 개념이 화폐소유자의 배타적이고 절대적 권리를 반영해서 만들어진 것으로, 화폐와 재산 개념이 서로 강한 유사성을 띤다고 볼 수 있다는 것이다.

따라서 고대 로마제국의 극심한 부의 불평등은 물권이라는 재산 개념과 주조된 화폐의 유통이 동시에 작용한 결과로 보는 게 더 합당하다. 그리고 재산권의 성립 또한 부의 극심한 불평등을 직접적으로 초래한다. 재산권이 법적으로 확립되었던 고대 로마와 근대 서구에서 국가가 그 재산권을 보호해주면서, 소수 지주계급의 손에 거대한 토지가 집중되고 다수의 자영농은 몰락하여 부랑자로 전락해갔던 것이다.

6. 소결: 근대적 인격 개념을 넘어서

로크의 '사람=인격+재산'의 존재론이 가장 잘 요약된 문장인 "Every man has a **property** in his own **person**"이 현대 이론가들 사이에서 어떻게 잘못 해석됐는지 살펴보았다. 이들은 이 문장에서 "a property"를 '어떤 재산'이라는 보통명사로 해석하기보다는 '~에 대한 소유권'을 뜻하는 추상명사로 해석하는 오류를 범해온 것이다. 이러한 해석은 property를 보통명사화하여 물건 같은 구체적인 사물처럼 취급하는 로크의 의도를 크게 벗어난 것이다. 로크의 핵심적 문장에 대한 이러한 해석 오류는 현대 이론가들이 로크의 '사람=인격+재산'의 존재론을 제대로 이해 못하고 있음을 보여준다.

로크의 인격-재산의 존재론은 허구적인 빈껍데기 주체인 인격을 만들어내고, 그것에 배타적인 권리를 부여하고 전적인 책임을 지게 하는 대표적인 근대적 통치 프로젝트라고 할 수 있다. 이 허구적 인격은 법에 의해 인위적으로 창조되고, 법에 의해 배타적인 권리와 책임을 부여받는다. 즉 이 허구적인 인격 개념은 법을 통해 현실적인 힘을 발휘하는 것이다. 그래서 인격은 단순히 사람을 의미하지 않으며, 사람이 아니더라도 인격으로 취급되기도 한다. 예를 들어, 회사는 사람이 아니지만 영미권의 보통법원은 회사에 지속적으로 인격성을 부여해왔다. 19세기 말만 하더라도 회사는 여전히 완벽한 인격체는 아니어서 다른 회사의 주식을 사지는 못했다. 그런데 19세기 말 미국의 보통법원은 이것을 허가함으로써, 회사에 더 완벽한 인격성을 부여한다. 이러한 보통법원의 조치 덕분에, 한 회사의 대주주가 되기만 하면 연쇄출자 형태로 다른 회사들을 지배하는 식으로, 거대 독점 기업을 형성할 수 있게 된다. 이런 독점기업의 등장은 이후 대공황의 원인 중 하나가 된다.[71] 즉 인격은 법적 산물이며, 이 인격은 법적 책임과 권한을 따지는 인위적인 틀이다.

어떤 사람이 누리는 권한을 사회적 관계에서 유래한 것이 아니라 그 사람에게 원래 배타적으로 속한 것으로 간주하는 틀이 바로 근대 '인격' 개념이다. 그리고 어떤 사회적 문제가 터졌을 때 그것을 어떤 인격이 전적으로 저지른 죄의 문제로 환원하고 그 인격에 벌을 가하는 방식으로 사회를 운영해가는 프로젝트가 바로 근대 '인격'의 존재론이다. 반면 그 문제를 '관계'에서 비롯되었다고 보는 관점은 문제를 한 인격의 죄의 문제로 환원하기보다는, 그 문제가 발생한 복잡한 관계를 분석하고 그것을 개선하는 데 더 관심을 가질 것이다. 앞에서 언급했듯이, 인격적 동일성 개념은 역사적으로 보편적인 개념이 아니다. 인류는 더 오랫동안 자신의 존재도 자연처럼 주기적으로 사라지고 재창조되는 것으로 믿어왔고, 이를 통해 죄의 문제를 보다 건강하게 해결해왔다.

참고문헌

김경락, 2017, 「100억 넘는 배당부자 13명, 10억씩 세금 깎아줬다」, 『한겨레』(2017년 2월 2일). http://www.hani.co.kr/arti/economy/economy_general/780974.html.(검색일: 2018.12.09.)

김기섭, 2016, 「고려말 鄭道傳의 토지문제 인식과 전제개혁론」, 『역사와 경계』, 101호, 213~245쪽.

김병곤, 1996, 「특집: 자유주의의 꿈과 짐 자유주의와 소유권 사상: 17세기 자연권 이론을 중심으로」, 『사회비평』16집, 182~208쪽.

김종철, 2018, 「금융과 페르소나(persona): 금융의 정치 철학적 이해」, 『사회경제평론』, 통권 제57호, 165~201쪽.

김종철, 2017a, 「기본자산제: 평등하고 공정한 사회를 위한 정책」, 『동향과전망』, 101호, 107~135쪽.

김종철, 2017b, 「공유와 협력 그리고 호혜: 그 실현을 위한 경제 정책」, 『한국보고서』, 다른백년연구원, 155~195쪽.

김종철, 2017c, 「[시평] 대통령제는 비례대표제와 맞지 않아: 의원내각제 도입해야」, 『동향과전망』, 102호, 41~45쪽.

김종철, 2016a, 「로크의 재산(property)과 인격(person): 로크의 재산 개념에 어떤 존재론적 함의가 있는가?」, 『한국정치학회보』, 50집 4호, 25~50쪽.

김종철, 2016b, 「회사의 본질: 정치학적 해석」, 『국제정치논총』, 56집 2호, 79~115쪽.

김종철, 2015, 「소유(Property), 현대금융, 그리고 그 위기」, 『한국정치학회보』, 49권 5호, 169~191쪽.

김종철, 2015, 「'자본주의 화폐(money)의 본질과 기원'에 대한 정치학적 설명」, 『국제정치논총』, 55집 3호, 157~191쪽.

니체, 프리드리히, 2002, 『선악의 저편·도덕의 계보』, 김정현 역, 서울: 책세상.

마르크스, 카를, 2001, 『자본론』, 김수행 역, 서울: 비봉출판사.

마르크스, 카를, 1991, 「1844년의 경제학 철학 초고」, 『칼맑스/프리드리히 엥겔스 저작 선집 제1권』, 25~91쪽, 박종철 출판사.

마르크스, 카를, 1990, 「고타 강령 초안 비판」, 『칼맑스/프리드리히 엥겔스 저작 선집 제4권』, 365~390쪽, 이수흔 역, 박종철 출판사.

로크, 존, 1996, 『통치론』, 강정인·문지영 역, 서울: 까치.

로크, 존, 2014, 『인간지성론 1』, 정병훈·이재영·양선숙 역, 한길사.

로크, 존, 1990, 『통치론』, 이극찬 역, 서울: 삼성출판사.

로크, 존, 2005, 『통치론』, 조현수 편저, 타임기획.

로크, 존 2008, 『통치론』, 김현욱 역, 동서문화사.

롤즈, 존, 2003, 『정의론』, 황경식 역, 서울: 이학사.

브루스 액커만·앤 알스톳·필리페 반 빠레이스 외, 2010, 『분배의 재구성: 기본소득과 사회적
지분 급여』, 서울: 나눔의 집.

손창완, 2016, 대학 자치의 관점에서 본 사립대학 지배구조의 문제점 및 해결방안, 『교육법학
연구』, 79쪽.

손창완, 2015, 『주식회사 지배구조에 관한 법적 재검토: 이해관계자 지배구조를 중심으로』, 서
울: 연세대학교 법학과

양승태, 1991, 「맥퍼슨(Macpherson)에서 로크(Locke)로, 그리고 로크를 넘어서―自由主
義的 所有權理論의 비판적 극복을 위한 자연법적 接近 序説」, 『한국정치학회보』, 10집,
331~362쪽.

이왕휘, 2006, 「기업지배구조의 정치경제학: 주주모델에 대한 이론적 비판」, 『한국정치학회
보』, 제40집 43호, 263~290쪽.

잉햄, 제프리, , 2011, 『돈의 본성』, 홍기빈 역, 서울: 삼천리.

장진호, 2014, 「한국 재벌과 '무책임의 경제'」, 『역사비평』, 제108호, 91~119쪽.

전강수, 2007, 「부동산 정책의 역사와 시장친화적 토지공개념」, 『사회경제평론』, 제29권 1호,
373~421쪽.

전강수·남기업·이태경, 2017, 『토지주택·기본소득 공약 자료집』, 이재명 캠프 토지주택·
기본소득위원회.

조나단 니짠·심숀 비클러, 2004, 『권력 자본론』, 홍기빈 역, 삼인.

이완, 2018, 「삼성전자 60조원 자사주 소각에…총수일가 지분율도 '껑충'」, 『한겨레』(2018년
12월 4일). http://www.hani.co.kr/arti/economy/finance/873044.html. (검색일: 2018.
12. 09)

지주형, 2014, 「세월호 참사의 정치사회학: 신자유주의의 환상과 현실」, 『경제와사회』, 제104
호, 14~55쪽.

최병문, 2018, 「정의의 여신은 이재용 부회장의 삼바 춤을 째려보고 있다」, 『울산저널』(2018
년 11월 28일). http://www.usjournal.kr/news/articleView.html?idxno=103569.(검색
일: 2018.12.09.)

최선재, 2015, 「세월호 '그때 그 사람들' 처벌 어떻게?」, 『일요신문』(2015년 11월 16일).
http://ilyo.co.kr/?ac=article_view&entry_id=151589(검색일: 2015. 11. 16).

최윤오, 2007, 「조선시기 토지개혁론의 原理와 貢法·助法·徹法」, 『역사와실학』, 32호,
461~496쪽.

플라톤, 2009, 『법률』, 박종현 역주, 서광사.

한국민족문화대백과, 「토지개혁」, 한국학중앙연구원(http://encykorea.aks.ac.kr), 검색어: "토지개혁"

한영우, 1999, 『왕조의 설계자 정도전』, 지식산업사.

홍성우, 2013, 「재산 소유적 민주주의의 이념: 미드와 롤즈의 비교」, 『범한철학』, 제70집, 275~314쪽.

2006 Companies Acts, http://www.legislation.gov.uk/ukpga/2006/46/part/8/chapter/2(검색일: 2015. 12. 16).

Avila, Charles, 2008, 『소유권: 초대 교부들의 경제사상』, 김유준 역, 서울: 기독교문서선교회.

Baba, N., M. N. Robert and S. Ramaswamy, 2009, "US dollar money market funds and non-US banks," *BIS Quarterly Review*: 65~81쪽.

Banque de France, 2008, "Special issue on Liquidity," *Financial Stability Review* 11.

Bisschop, W.R, 1968, *The Rise of the London Money Market 1640—1826*, London: Frank Cass.

Boulding, Kenneth E, 1955, *Economic Analysis*, 3rd ed. New York: Harper and Brothers.

Brunnermeier, M. K., 2009, "Deciphering the Liquidity and Credit Crunch 2007-2008," *Journal of Economic Perspectives* 23(1): 77~100쪽.

Canning, Joseph P, 1983, "Ideas of the State in Thirteenth and Fourteenth-Century Commentators on the Roman Law," *Transactions of the Royal Historical Society* 33(5): 1~27쪽.

Cantillon, R., 1755[1959], *Essai sur la nature du commerce en ge'ne'ral*(C. Henry Higgs, Ed., & C. Henry Higgs, Trans.), London: Frank Cass.

Cayne, Jimmy, 2010, "Financial Crisis Hearings—Testimony From Ex-Bear Stearns CEO Jimmy Cayne," http://dailybail.com/home/flashback-financial-crisis-hearings-testimony-from-ex-bear-s.html(검색일: 2015. 10. 1).

Cohen, Benjamin J, 2009, "A Grave Case of Myopia," *International Interactions: Empirical and Theoretical Research in International Relations* 35(4): 436~444쪽.

Gorton, G. and A. Metrick, 2010, "Regulating the Shadow Banking System," *Brookings Papers on Economic Activity*, 261~312쪽.

Cotterrell, Roger, 1987, "Power, Property and the Law of Trusts," *Journal of Law and Society* 14(1): 77~90쪽.

Crawford, Michael, 1970, "Money and Exchange in the Roman World," *Journal of Roman Studies* 60: 40~48쪽.

Crockett, Andrew, 2008, "Market liquidity and financial stability," *Financial Stability Review* 11: 13~17쪽, *Special issue on Liquidity*. Banque de France.

Cox, Edward W, 1858, *The Law and Practice of Joint Stock Companies*. London: Law Times Office.

Day, J. P., 1966, "Locke on Property," *The Philosophical Quarterly* 16(64): 207~220쪽.

de Roover, R. 1974. *Business, banking, and economic thought in late medieval and early modern Europe*, Chicago, IL: University of Chicago Press.

Duffie, D, 2010, "The Failure Mechanics of Dealer Banks," *Journal of Economic Perspectives* 24(1): 51~72쪽.

Eliade, Mircea, 1954, *The Myth of the Eternal Return*, Princeton: Princeton University Press.

Financial Crisis Inquiry Commission(FCIC), 2011, *The Financial Crisis Inquiry Report*.

Fink, Matthew P, 2014, "The Historical Rationale for US Money Market Funds." In *Money Market Funds in the EU and the US: Regulation and Practice*, edited by Viktoria Baklanova and Joseph Tanega, 85~97쪽, Oxford University Press.

Flew, Antony, 1951, "Locke and the Problem of Personal Identity," *Philosophy* 26(96): 53~68쪽.

Geva, B., 2001, *Bank collections and payment transactions: Comparative study of legal aspects*, Oxford: Oxford University Press.

Gorton, G. and A. Metrick. 2010. "Regulating the Shadow Banking System," *Brookings Papers on Economic Activity*: 261~312쪽.

Gorton, G. and A. Metrick, 2011, "Securitized banking and the run on repo," *Journal of Financial Economics* 104(3): 425~451쪽.

Graeber, David, 2011, *Debt: the First 5,000 Years*, Brooklyn, New York: Melville House Publishing.

Hamilton, Earl J, 1947, "Origin and Growth of the National Debt in Western Europe," *American Economic Review* 37(2): 118~130쪽.

Hicks, J. R., 1962, "Liquidity," *The Economic Journal* 72(288): 787~802쪽.

Hobbes, Thomas, 1996, *Leviathan*, Oxford; New York: Oxford University Press.

Hohfeld, Wesley Newcomb, 1917, "Fundamental Legal Conceptions as Applied in Judicial Reasoning," *Yale Law Journal*: 26~28쪽.

Holden, J.M., 1955, *The History of Negotiable Instruments in English Law*, London: University of London, The Athlone Press.

Hoppe, H.-H., Hülsmann, J.G., & Block, W., 1998, "Against fiduciary media",

Quarterly Journal of Austrian Economics, 1(1): 19~50쪽.

Hudson, Michael, 2002, "Reconstructing the origins of interest-bearing debt and the logic of clean slates," In *Debt and economic renewal in the ancient Near East*, edited by Michael Hudson, Marc Van de Mieroop, Bethesda, MD : CDL Press.

Hudson, Michael, 1993, *The Lost Tradition of Biblical Debt Cancellations*, Web: http://michael-hudson.com/wp-content/uploads/2010/03/HudsonLostTradition.pdf.

Huerta de Soto, J, 2009, *Money, Bank Credit, and Economic Cycles*, Auburn, Alabama: Ludwig von Mises Institute.

Ingham, Geoffrey, 2000, "'Babylonian Madness': on the Historical and Sociological Origin of Money," in *What is Money*, New York: Routledge.

Ingham, Geoffrey, 2012, "Revisiting the credit theory of money and trust" in *New Perspectives on Emotions in Finance: the Sociology of confidence, fear and betrayal*(121~139쪽), New York: Routledge.

Ireland, Paddy, 2010, "Limited Liability, Shareholder Rights and the Problem of Corporate Irresponsibility," *Cambridge Journal of Economics* 34(5): 837~856쪽.

Ireland, Paddy, 2009, "Financialization and Corporate Governance," *Northern Ireland Legal Quarterly* 60(1): 1~34쪽.

Ireland, Paddy, 2003, "Property and Contract in Contemporary Corporate Theory," *Legal Studies* 23(3): 453~509쪽.

Ireland, Paddy, 1999, "Company Law and the Myth of Shareholder Ownership," *Modern Law Review* 62(1): 32~57쪽.

Jeans, J. S., 1894, *Trusts, Pools and Corners*, London: Methuen.

Jones, J. R., 2001, "Fiscal Policies, Liberties, and Representative Government during the Reigns of the Last Stuarts," In *Fiscal Crises, Liberty, and Representative Government 1450—1789*, edited by Philip T. Hoffman and Kathryn Norberg, 67~95쪽, Stanford University Press.

Kacperczyk, M. and P. Schnabl, 2010, "When Safe Proved Risky: commercial Paper during the Financial Crisis of 2007—2009," *Journal of Economic Perspectives* 24(1): 29~50쪽.

Kaplowitz, Brian M., 2014, "US Regulatory Framework for Money Market Mutual Funds." In *Money Market Funds in the EU and the US: Regulation and Practice, edited by Viktoria Baklanova and Joseph Tanega*, 99~162쪽, Oxford University Press.

Kim, Jongchul, 2018, "Propertization: The Process by which Financial Corporate

Power has Risen and Collapsed," *Review of Capital as Power*, 3: 58~82쪽.

Kim, Jongchul, 2015, "Reply: The Trust Is Central to an Understanding of Modern Banking, Business Corporations, and Representative Democracy," *Journal of Economic Issues* 49(1): 271~283쪽.

Kim, Jongchul, 2014a, "Identity and the Hybridity of Modern Finance: How a Specifically Modern Concept of the Self Underlies the Modern Ownership of Property, Trusts and Finance," *The Cambridge Journal of Economics* 38(2): 425~446 쪽.

Kim, Jongchul, 2014b, "Money is Rights in rem: A Note on the Nature of Money," *Journal of Economic Issues* 48(4): 1005~1019쪽.

Kim, Jongchul, 2013, "Modern Politics as a Trust Scheme, and its Relevance to Modern Banking," *Journal of Economic Issues* 47(4): 807~826쪽.

Kim, Jongchul, 2012, "How Politics Shaped Modern Banking in Early Modern England: Rethinking the Nature of Representative," *MPIFG Discussion Paper* 12(1): 1~23쪽.

Kim, Jongchul, 2011, "How Modern Banking Originated: The London Goldsmith-Bankers' Institutionalisation of Trust," *Business History* 53(6): 939~959쪽.

Laski, Harold J., *A Grammar of Politics*, New York: Routledge, 1925.

Locke, John, 1960, *Two Treatises of Government*, Cambridge; New York: Cambridge University Press.

Macfarlane, Alan, 2002, *The Making of the Modern World*, London, UK: Palgrave.

MacLeod, Henry Dunning, 1879, *The Elements of Banking*, 4th ed. London: Longmans Green.

Macpherson, C. B., 1951, "Locke on Capitalist Appropriation," *The Western Political Quarterly* 4(4): 550~566쪽.

Macpherson, C. B., 1999, *Property: Mainstream and Critical Positions*. 2nd Revised ed. Toronto: University of Toronto Press.

Macrosty, H. W., 1907, *The Trust Movement in British Industry*, London: Longmans.

Maitland, Frederic, 1911, *The Collected Papers of Frederic William Maitland*, Cambridge: Cambridge University Press.

Martin, J. E., 2001, *Modern Equity*, London: Sweet & Maxwell.

Meade, James E., 1993, *Liberty, Equality and Efficiency*, London: The Macmillan Press LTD.

Merrill, Thomas W. & Henry E. Smith, 2001, "What Happened to Property in Law and Economics?" *Yale Law Journal* 111: 357~398쪽.

Neal, Larry, 2005, "Venture Shares of the Dutch East India Company." In The *Origins of Value: The Financial Innovations that Created Modern Capital Markets*, edited by William N. Goetzmann and K. Geert Rouwenhorst, 165~176쪽, Oxford: Oxford University Press.

Nevin, E., & Davis, E.W., 1970, *The London clearing banks*, London: Eleck Books.

Nozick, Robert, 1974, *Anarchy, State and Utopia*, Oxford: Basic Books.

Olivecrona, Karl, 1974, "Appropriation in the State of Nature: Locke on the Origin of Property," *Journal of the History of Ideas* 35(2): 211~230쪽.

Pateman, Carole, 2002, "Self-Ownership and Property in the Person: Democratization and a Tale of Two Concepts," *The Journal of Political Philosophy* 10(1): 20~53쪽.

Patterson, Orlando, 1982, *Slavery and Social Death: A Comparative Study*, Cambridge, MA: Harvard University Press.

Pipes, Richard, 2000, *Property and Freedom*, Toronto: Random House of Canada.

Powell, E. T., 1966, *The evolution of the money market 1385—1915*, New York: Augustus M. Kelley.

Quinn, S. F., 2004, "Money, finance and capital markets", In R. Floud & P. Johnson(Eds.), *The Cambridge economic history of modern Britain, Vol. 1 industrialisation, 1700—1860*(147~174쪽). Cambridge: Cambridge University Press.

Quinn, S. F., 1994, *Banking before the Bank: London unregulated goldsmith-bankers, 1660—1694*(PhD thesis), University of Illinois at Urbana-Champaign.

Rajan, R.G., 1998, "The past and future of commercial banking viewed through an incomplete contract lens," *Journal of Money, Credit and Banking*, 30(3, Part 2: Comparative financial systems), 524~550쪽.

Ribstein, Larry E., 2010, *The Rise of The Uncorporation*, Oxford University Press.

Richards, Judith, Lotte Mulligan and John K. Graham, 1981, "'Property' and 'People': Political Usages of Locke and Some Contemporaries," *Journal of the History of Ideas* 42(1): 29~51쪽.

Richards, R.D., 1965, *The Early History of Banking in England*, New York: Augustus M. Kelley.

Rogers, J.S., 1995, *The Early History of the Law of Bills and Notes: A Study of the Origins of Anglo-American Commercial Law*, Cambridge: Cambridge University Press.

Rothbard, Murray N., 2008, *The Mystery of Banking*, Auburn, AL: Ludwig von Mises Institute.

Schroeder, J. L., 1996, "Repo Madness: The Characterization of Repurchase Agreements under the Bankruptcy Code and the U.C.C," *Syracuse Law Review* 46: 999~1050쪽.

Singh, M. and J. Aitken, 2010, "The (Sizable) Role of Rehypothecation in the Shadow Banking System," Working Papaer WP/10/172. International Monetary Fund.

Skinner, Quentin, 2005, "Hobbes on Representation," *European Journal of Philosophy* 13(2): 155~184쪽.

Tawney, Richard Henry, 1920, *The Acquisitive Society*, New York: Dover Publications, Inc..

Tormey, Simon, 2006, "'Not in My Name': Deleuze, Zapatismo and the Critique of Representation," *Parliamentary Affairs* 59(1): 138~154쪽.

Torrance, John, 1978, "Social Class and Bureaucratic Innovation: The Commissioners for Examining the Public Accounts 1780—1787," *Past and Present* 78: 56~81쪽.

Tully, James, 1980, *A Discourse on Property: John Locke and his Adversaries*, Cambridge: Cambridge University Press.

Utton, M. A., 1972, "Some Features of the Early Merger Movements in British Manufacturing Industry," *Business History* 14(1): 51~60쪽.

Van der Wee, H., 1993, *Antwerp and the New Financial Methods of the 16th and 17th Centuries. The Low Countries in the Early Modern World*, L. Fackelman, Trans, London: Variorum..

Veblen, Thorstein, 1923(1997), *Absentee Ownership: Business Enterprise in Recent Times, the Case of America*, New Brunswick (U.S.A.) and London (U.K.): Transaction Publishers.

Waldron, Jeremy, 1983, "Two Worries About Mixing One's Labour," *The Philosophical Quarterly* 33(130): 37~44쪽.

Wedderburn, K. W., 1965, *Company Law Reform*, London: The Fabian Society.

White, L.H., 2003, "Accounting for fractional-reserve banknotes and deposits — or, what's twenty quid to the bloody Midland Bank?" *The Independent Review*, 7(3), 423~441쪽.

Whitehead, Alfred North, 1978, *Process and Reality*, New York: Free Press.

Whitehead, Alfred North, 1997, *Science and Modern World*, Now York: Free Press.

Withers, H., 1921, *The meaning of money*, New York: E. P. Dutton.

주석

머리말

1) Carole Pateman, 2002. "Self-Ownership and Property in the Person: Demo-cratization and a Tale of Two Concepts." *The Journal of Political Philosophy* 10(1), 23쪽.

2) 대기업이 위험한 공정을 하청업체에 맡겨 산업재해의 책임을 하청업체에 전가할 수 있는 이유는, 대기업과 하청업체가 서로 분리된 인격체로 법적으로 간주되기 때문이다. 이 법인 격 분리라는 형식논리가 현대 법체제의 핵심적 틀이고 이 형식적 논리에 따라 법적 권리 와 책임이 분배되는 법체제를 대기업이 이용한 것이다. 이런 형식적 논리에 치중하여 판사 가 판결하게 되면, 대기업과 하청업체 그리고 하청업제 직원 간에 실질적으로 일어나는 불 평등한 권력 관계, 즉 갑질 관계를 살피지 못하고 하청업체 직원이 입은 산업재해의 책임을 하청업체에 일방적으로 묻게 된다. 실질적인 관계를 파악해 약자를 아픔을 살피는 데 관심 이 없고 형식 논리에 따라서만 판결하는 판사들의 관행을 대기업이 이용하는 것이다. 위험 의 외주화처럼 법인격을 분리해서 책임을 회피하려는 시도들이 자본주의 탄생 이래로 수 없이 많았기 때문에, 회사법에 법인격 부인(法人格 否認, piercing the corporate veil)이 라는 법 제도가 마련되어 있기는 하다. 그러나 법원이 법인격 부인을 적용하는 사례가 매우 제한적이기 때문에 그다지 실효성은 없는 상황이다.

3) 장준호, 2008, 「스위스 연방의 직접민주주의」, 『국제정치논총』, 48(4), 237-262쪽.

4) 김종철. 2017c. 「[시평] 대통령제는 비례대표제와 맞지 않아: 의원내각제 도입해야」, 『동향 과전망』, 102호, 41-~45쪽.

1장

1) 지주형, 2014, 「세월호 참사의 정치사회학: 신자유주의의 환상과 현실」, 『경제와사회』, 제 104호, 20~21쪽.

2) 2015년 10월 8일에 유병언의 아들 유대균은 횡령죄로 징역 2년 선고받았다. 딸 유섬나 도 492억 원에 이르는 횡령·배임 혐의를 받고 있고, 실질적인 유병언의 후계자로 알려 진 아들 유기혁도 600억 원의 횡령 배임 혐의를 받고 있다. 부인 권윤자 씨는 기독교복음 침례회의 재산에 대한 횡령죄로 1년 6월의 징역을 선고받았다(최선재, 「세월호 '그때 그 사람들' 처벌 어떻게?」, 『일요신문』(2015년 11월 16일), http://ilyo.co.kr/?ac=article_view&entry_id=151589, 검색일: 2015.11.16).

3) 최병문, 2018, 「정의의 여신은 이재용 부회장의 삼바 춤을 째려보고 있다」, 『울산저널』 (2018.11.28.). http://www.usjournal.kr/news/articleView.html?idxno=103569.(검색일: 2018.12.09.).

4) 손창완, 2015, 『주식회사 지배구조에 관한 법적 재검토 : 이해관계자 지배구조를 중심으로』, 서울: 연세대학교 법학과, 97쪽.

5) Paddy Ireland, 2003, "Property and Contract in Contemporary Corporate Theory," *Legal Studies* 23-3, 453~509쪽.

6) Thorstein Veblen, 1923(1997), *Absentee Ownership: Business Enterprise in Recent Times, the Case of America*, New Brunswick(U.S.A.) and London(U.K.): Transaction Publishers.

7) Richard Henry Tawney, 1920, *The Acquisitive Society*, New York: Dover Publications, Inc.

8) Harold J. Laski, 1925, *A Grammar of Politics*, New York: Routledge.

9) K.W. Wedderburn, 1965, *Company Law Reform*, London: The Fabian Society.

10) Jongchul Kim, 2014b, "Money is Rights in rem: A Note on the Nature of Money," *Journal of Economic Issues* 48-4, 1005~1019쪽.

11) Thomas W. Merrill & Henry E. Smith, 2001, "What happened to Property in Law and Economics?" *Yale Law Journal* 111, 357~398쪽; 법학자 웨슬리 호펠트는 물권과 대인권의 이런 본질적인 차이를 양적인 것으로 치부하기도 한다. 호펠트는 대인권은 특정한 사람 혹은 '몇몇' 사람에게만 행사되는 권리라고 설명하고, 물권은 '불특정의 다수'에게 행사되는 권리라고 설명한다.(Wesley Newcomb Hohfeld, 1917, "Fundamental Legal Conceptions as Applied in Judicial Reasoning," *Yale Law Journal*, 26-8, 718쪽). 법학자 토마스 메릴과 헨리 스미스는 이렇게 양적 차이만을 강조하는 것은 물권과 대인권의 본질적인 차이점을 간과할 수 있다고 비판한다.(Merrill & Smit, 2001) 즉, 물권은 소유물을 통해 다른 사람과 관계를 맺고, 대인권은 직접 다른 사람과 관계를 맺는다는 본질적인 차이를 간과할 수 있다는 것이다.

12) Orlando Patterson, 1982, *Slavery and Social Death: A Comparative Study*, Cambridge, MA: Harvard University Press, 32쪽.

13) Patterson(1982).

14) Patterson(1982), 32~34쪽.

15) Patterson(1982).

16) Charles Avila, 2008, 『소유권: 초대 교부들의 경제사상』, 김유준 역, 서울: 기독교산서선교회, 159쪽.

17) Avila(2008), 164~167쪽.

18) Avila(2008).

19) 카를 마르크스, 2001, 『자본론』, 김수행 역, 서울: 비봉출판사.

20) 마르크스(2001), 1009~1010쪽.

21) David Graeber, 2011, *Debt: the First 5,000 Years*, Brooklyn, New York: Melville House Publishing, 206쪽. 우리나라의 경우 재산권은 일제의 식민지 수탈 과정에서 확립된 것으로 볼 수 있다. 일제가 토지조사사업을 통해 재산권을 도입하면서 농민들의 땅을 수탈한 것이다. 하지만, 1945년 해방 후가 되어서도, 일제에 의해 수탈된 토지·건물·공장 등은 농민들에게 되돌려지지 않고, 정부의 적산불하 정책에 의해 정치인과 관료와 유착 관계가 있는 개인들에게 불하된다.(장진호, 2014, 「한국 재벌과 '무책임의 경제'」, 『역사비평』, 제108호, 95쪽). 당시 남한에 있던 공장 중 85%가 일본인 소유이었다는 점을 고려하면 적산불하의 규모가 얼마나 컸는지 짐작할 만하며, 현재 재벌과 그 계열사 중에서 이 적산불하에 기원한 경우가 다수 보인다.(장진호, 2014, 95쪽) 즉 적산불하는 우리나라 재산 분배의 틀을 마련한 것으로 볼 수 있다. 일제 식민지 시절에 친일했던 인사나 혹은 그 후손이 해방 후 정치인과 관료가 되었고, 이들과 유착 관계가 있는 개인들에게 적산이 불하되었다는 점에서, 재산권과 친일이라는 이 두 가지는 여전히 우리나라 근대가 풀지 못한 숙제로 남아 있는 셈이다. 우리나라에서는 재산권을 옹호하고 신성시하는 문화가 재산권이 유래한 유럽이나 영미권보다도 더 강하다. 이러한 재산권에 대한 맹신이 우리나라에서 생긴 이유는 남북 분단 상황과 밀접하게 관련 있어 보인다. 남북한 대치 상황에서 반공 이념이 강화되면서, 재산권에 대한 그 어떤 경계와 비판도 권력이 허락하지 않았던 것이다. 재산권에 대한 비판은 공산주의자인 적을 이롭게 하는 행위로 단죄됐다

22) Jongchul Kim, 2015, "Reply: The Trust Is Central to an Understanding of Modern Banking, Business Corporations, and Representative Democracy," *Journal of Economic Issues* 49(1).

23) Macfarlane(2002).

24) J. E. Martin, 2001, *Modern Equity*, London: Sweet & Maxwell, 8쪽.

25) Kim(2015), 271~283쪽. 수정주의 경제사학자 알랜 맥파랜와 영국 법학자 프레드릭 메이트랜드(Maitland, 1911)도 중세시기의 신탁이 자본주의적 협력체(fellowship)의 모태가 되었다고 주장한다.(Alan Macfarlane, 2002, *The Making of the Modern World*, London: Palgrave); Frederic Maitland, 1911, *The Collected Papers of Frederic William Maitland*, Cambridge: Cambridge University Press) 필자와 유사한 주장이다. 그러나 두 이론가는 현대 회사와 신탁의 본질적 유사성을 구체적으로 분석하지는 않았다.

26) Jongchul Kim, 2013, "Modern Politics as a Trust Scheme, and its Relevance to Modern Banking," *Journal of Economic Issues* 47-4, 807~826쪽.

27) 2006 Companies Acts. http://www.legislation.gov.uk/ukpga/2006/46/part/8/

chapter/2(검색일: 2015 .12. 16). 오스트레일리아의 Securities & Investment Commissions도 주식회사의 구성원이 바로 주주임을 명확히 하고 있다.(http://asic.gov. au/for-business/running-a-company/members-of-a-company/(검색일: 2015.11.16).

28) Paddy Ireland, 2010, "Limited Liability, Shareholder Rights and the Problem of Corporate Irresponsibility," *Cambridge Journal of Economics* 34-5, 837~856쪽.

29) Paddy Ireland, 1999, "Company Law and the Myth of Shareholder Ownership," *Modern Law Review* 62-1, 32~57쪽.

30) Ireland(1999).

31) Ireland(1999), 39쪽.

32) Ireland(1999), 36쪽으로부터 재인용

33) Ireland(1999), 37쪽.

34) Ireland(1999), 40쪽.

35) Ireland(1999), 40.

36) Edward W. Cox, 1858, *The Law and Practice of Joint Stock Companies*, London: Law Times Office, i~ii쪽.

37) Ireland(2010).

38) Ireland(2010), 839~840쪽.

39) Larry E. Ribstein, 2010, *The Rise of The Uncorporation*, Oxford University Press, 79쪽.

40) Ireland(2010), 839쪽.

41) Ireland(2010), 839쪽; J. S. Jeans, 1894, *Trusts, Pools and Corners*, London: Methuen; H. W. Macrosty, 1907, *The Trust Movement in British Industry*, London: Longmans; M. A. Utton, 1972, "Some Features of the Early Merger Movements in British Manufacturing Industry," *Business History* 14: 51~60쪽.

42) 이왕휘, 2006, 「기업지배구조의 정치경제학: 주주모델에 대한 이론적 비판」, 『한국정치학회보』, 제40집 43호, 277쪽.

43) Paddy Ireland, 2009, "Financialization and Corporate Governance," *Northern Ireland Legal Quarterly* 60-1, 1~34쪽.

44) Ireland(2009), 14쪽.

45) Ireland(2003).

46) 이완, 「삼성전자 60조 원 자사주 소각에…총수일가 지분율도 '껑충'」, 『한겨레』(2018년 12월 4일). http://www.hani.co.kr/arti/economy/finance/873044.html.(검색일: 2018.12.09).

47) 김경락, 「100억 넘는 배당부자 13명, 10억씩 세금 깎아줬다」, 『한겨레』(2017년 2월 2일). http://www.hani.co.kr/arti/economy/economy_general/780974.html.(검색일:

2018.12.09.).

2장

1) Hoppe, H.-H., Hülsmann, J.G., & Block, W., 1998, "Against fiduciary media", *Quarterly Journal of Austrian Economics*, 1(1): 19~50쪽. White, L.H., 2003, "Accounting for fractional-reserve banknotes and deposits—or, what's twenty quid to the bloody Midland Bank?" *The Independent Review*, 7(3), 423~441쪽.

2) H. Withers, 1921, *The meaning of money*, New York: E. P. Dutton, 24쪽.

3) Hoppe, Hülsmann, Block (1998); Rothbard, Murray N., 2008, *The Mystery of Banking*, Auburn, AL: Ludwig von Mises Institute.

4) White (2003).

5) White (2003), 427쪽.

6) Owen 86. 이런 논리는 1600년에 열린 Higgs v. Holiday 재판에서도 사용된다.

7) B. Geva, 2001, *Bank collections and payment transactions: Comparative study of legal aspects*, Oxford: Oxford University Press, 67쪽.

8) R.D., Richards, 1965, *The Early History of Banking in England*, New York: Augustus M. Kelley, 41쪽으로부터 재인용.

9) Richards (1965), 37쪽.

10) E. Nevin & Davis, E. W., 1970, *The London clearing banks*, London: Eleck Books.

11) J. M. Holden, 1955, *The History of Negotiable Instruments in English Law*, London: University of London, The Athlone Press, 130쪽.

12) 이 제도화의 정치적 배경에 대해서는 3장에서 자세히 설명했다.

13) Nevin & Davis (1970), 11쪽.

14) J. Huerta de Soto, 2009, *Money, Bank Credit, and Economic Cycles*, Auburn, Alabama: Ludwig von Mises Institute; Jongchul Kim, 2011, "How Modern Banking Originated: The London Goldsmith-Bankers' Institutionalisation of Trust," *Business History* 53(6): 939~959쪽.

15) de Roover, R., 1974, *Business, banking, and economic thought in late medieval and early modern Europe*, Chicago, IL: University of Chicago Press, 228쪽.

16) Graeber (2011).

17) Huerta de Soto (2009).

18) Huerta de Soto (2009); Kim (2011).

19) 현재 캐나다에서 법적으로 은행에 요구하는 지급준비율은 없다. 즉 0%이다.

20) 이 용어는 오스트리아학파로부터 빌려왔다.

21) White(2003).

22) White(2003), 425쪽.

23) S. F. Quinn, 1994, *Banking before the Bank: London unregulated goldsmith-bankers, 1660—1694*(PhD thesis), University of Illinois at Urbana-Champaign, 48쪽.

24) Quinn(1994), 154쪽.

25) Kim(2011).

26) S. F. Quinn, 2004, "Money, finance and capital markets", In R. Floud & P. Johnson(Eds.), *The Cambridge economic history of modern Britain, Vol. 1 industrialisation, 1700—1860*(147~174쪽), Cambridge: Cambridge University Press, 154쪽.

27) Quinn(2004), 154쪽.

28) Tassell and Lee v. Lewis(1695) I Ld. Raym. 743 at 744쪽.

29) Huerta de Soto(2009).

30) Hoppe, Hülsmann, & Block(1998), 22쪽.

31) Huerta de Soto(2009), 394쪽.

32) 루트비히 폰 미제스, 2014, 「오스트리아학파의 경기변동 이론」, 『오스트리아학파의 경기변동 이론』, 지식을만드는지식, 30쪽.

33) Huerta de Soto(2009).

34) 미제스(2014), 30쪽.

35) J .S. Rogers, 1995, *The Early History of the Law of Bills and Notes: A Study of the Origins of Anglo-American Commercial Law*, Cambridge: Cambridge University Press, 170~172쪽.

36) de Roover(1974), 229쪽.

37) W. R. Bisschop, 1968, *The Rise of the London Money Market 1640—1826*, London: Frank Cass, 42쪽.

38) Richards(1965), 35~36쪽.

39) Huerta de Soto(2009), 79쪽.

40) R. G. Rajan, 1998, "The past and future of commercial banking viewed through an incomplete contract lens," *Journal of Money, Credit and Banking*, 30(3, Part 2: Comparative financial systems), 524~550쪽.

41) 중세 영국에서 신탁이 발전한 데는 토지를 소유하려는 영주들의 탐욕도 중요한 원인이었지만, 동아시아와는 다른 왕권 제도도 한몫한 것으로 보인다. 중국이나 한국 등 동아시아의 중세시대에서는 왕권 세습이 민란이나 혁명을 통해 단절되었다. 민란이나 혁명을 이끈 지도자 가문이 왕권을 쥐면서 왕권이 순환 교체되었고, 이 과정에서 왕들은 토지개혁 등의 혁

명적 정책들을 시행하여 백성의 처지를 크게 개선하려 애쓰면서 백성과 밀접한 관계를 유지하려고 애쓴다. 이를 통해 왕권의 정통성을 유지해간다. 반면 서유럽 중세의 왕권은 세습왕권이어서 왕은 백성들과의 유대가 동아시아의 중세만큼 클 수 없었다. 예를 들어, 영국(당시는 잉글랜드)의 적국이었던 스코틀랜드의 제임스 6세가 1603년 5월 7일 잉글랜드의 왕으로 재임한다. 후사가 없는 엘리자베스 1세가 사망한 시점에서 제임스 1세는 잉글랜드의 유일한 적통 왕위 후계자였기 때문이다. 이렇게 종교도 정치제도도 다른 적국의 왕이 재임해서 시작한 스튜어트 왕조의 잉글랜드는 초반부터 종교, 문화 등 사회 전반에서 왕과 귀족계급 간의 마찰을 겪게 된다. 결국은 이 갈등으로 인해 스튜어트 왕조의 2대 군주인 찰스 1세는 1649년에 단두대에서 참수당하고, 제임스 2세는 1689년에 명예혁명으로 폐위당한다. 이러한 왕권과 귀족지배계급 간의 갈등은 중세의 근간인 왕과 영주 간의 토지를 둘러싼 계약을 무력화시키고 신탁제도와 현대 금융이 정착시키는 결과를 낳게 된다.

42) Jongchul Kim, 2014a, "Identity and the Hybridity of Modern Finance: How a Specifically Modern Concept of the Self Underlies the Modern Ownership of Property, Trusts and Finance," *The Cambridge Journal of Economics* 38(2): 425~446쪽.

3장

1) Mircea Eliade, 1954, *The Myth of the Eternal Return*, Princeton: Princeton University Press.

2) Eliade(1954).

3) Richard Pipes, 2000, *Property and Freedom*, Toronto: Random House of Canada, 30~31쪽.

4) Karl Olivecrona, 1974, "Appropriation in the State of Nature: Locke on the Origin of Property," *Journal of the History of Ideas* 35(2): 219쪽.

5) Olivecrona(1974), 219쪽.

6) 로크, 존, 1996, 『통치론』, 강정인·문지영 역, 서울: 까치, §173.

7) Thomas Hobbes, 1996, *Leviathan*, Oxford; New York: Oxford University Press, 226쪽.

8) Pipes(2000), 30~31쪽; Kim (2014a), 427쪽.

9) 김종철, 2016a, 「로크의 재산(property)과 인격(person): 로크의 재산 개념에 어떤 존재론적 함의가 있는가?」, 『한국정치학회보』, 50집 4호, 25~50쪽.

10) 김종철(2016a).

11) Locke(1996), §23.

12) John Locke, 2014, 『인간지성론 1』, 정병훈·이재영·양선숙 역, 한길사, 502쪽.

13) Eliade(1954).

14) Kim(2014a); Michael Hudson, 2002, "Reconstructing the origins of interest-bearing debt and the logic of clean slates," In *Debt and economic renewal in the ancient Near East*, edited by Michael Hudson, Marc Van de Mieroop, Bethesda, MD : CDL Press.

15) 김종철, 2017a, 「기본자산제: 평등하고 공정한 사회를 위한 정책」, 『동향과전망』, 101호, 107~135쪽.

16) 17세기 후반 금세공은행업자들은 그들의 예금 고객의 성격에 따라 각각 다른 비율의 지급준비금을 유지했는데, 대략 10%에서 66% 사이였다고 한다.(R. Cantillon, 1755[1959], *Essai sur la nature du commerce en ge′ne′ral*(C. Henry Higgs, Ed., & C. Henry Higgs, Trans.), London: Frank Cass, 299~303쪽)

17) Quinn (1994), 125쪽.

18) Quinn(1994), 125쪽.

19) Quinn(1994), 115쪽.

20) Quinn(1994), 112쪽.

21) Quinn(1994); Kim(2011).

22) Kim(2011).

23) Kim(2013).

24) J. R. Jones, 2001, "Fiscal Policies, Liberties, and Representative Government during the Reigns of the Last Stuarts," In *Fiscal Crises, Liberty, and Representative Government 1450—1789*, edited by Philip T. Hoffman and Kathryn Norberg, Stanford University Press, 84~85쪽.

25) 이렇게 전쟁자원 조달을 위해 정치가와 금융자본가들이 연합하는 것은 여전히 20세기 미국이 군사적 패권을 유지하는데 핵심이 된다.(Graeber, 2011, 364~372쪽)

26) Huerta de Soto(2009).

27) Earl J. Hamilton, 1947, "Origin and Growth of the National Debt in Western Europe," *American Economic Review* 37(2), 118쪽.

28) Joseph P. Canning, 1983, "Ideas of the State in Thirteenth and Fourteenth-Century Commentators on the Roman Law," *Transactions of the Royal Historical Society* 33(5), 23~24쪽.

29) Canning (1983), 23-24쪽.

30) Larry Neal, 2005, "Venture Shares of the Dutch East India Company," *In The Origins of Value: The Financial Innovations that Created Modern Capital Markets*, edited by William N. Goetzmann and K. Geert Rouwenhorst, Oxford: Oxford University

Press, 165~176쪽.

31) Quentin Skinner, 2005, "Hobbes on Representation," *European Journal of Philosophy* 13(2), 160~161쪽.

32) Skinner(2005), 162쪽.

33) Hobbes(1996), chapters 16, § 13; Locke(1996), §212.

34) Simon Tormey, 2006, "'Not in My Name': Deleuze, Zapatismo and the Critique of Representation," *Parliamentary Affairs* 59(1), 144쪽.

35) John Torrance, 1978, "Social Class and Bureaucratic Innovation: The Commissioners for Examining the Public Accounts 1780—1787," *Past and Present* 78: 56~81쪽.

36) Locke(2014), 502쪽.

37) Graeber(2011).

4장

1) Locke(1996).

2) Henry Dunning MacLeod, 1879, *The Elements of Banking*, 4th ed. London: Longmans Green, 8쪽.

3) Benjamin J. Cohen, 2009, "A Grave Case of Myopia," *International Interactions: Empirical and Theoretical Research in International Relations* 35(4): 436~444쪽.

4) Kim(2011, 2013, 2014a).

5) Banque de France, 2008, "Special issue on Liquidity," *Financial Stability Review* 11.

6) J. R. Hicks, 1962, "Liquidity," *The Economic Journal* 72(288): 787~802쪽.

7) Andrew Crockett, 2008, "Market liquidity and financial stability," *Financial Stability Review* 11: 13~17쪽, *Special issue on Liquidity*, Banque de France.

8) Kenneth E. Boulding, 1955, *Economic Analysis*, 3rd ed. New York: Harper and Brothers, 310쪽.

9) Hicks(1962), 789쪽.

10) Financial Crisis Inquiry Commission(FCIC), 2011, *The Financial Crisis Inquiry Report*, 27쪽.

11) Jimmy Cayne, 2010, "Financial Crisis Hearings—Testimony From Ex-Bear Stearns CEO Jimmy Cayne," http://dailybail.com/home/flashback-financial-crisis-hearings-testimony-from-ex-bear-s.html(검색일: 2015. 10. 1).

12) M. K. Brunnermeier, 2009, "Deciphering the Liquidity and Credit Crunch 2007—2008," *Journal of Economic Perspectives* 23(1): 77~100쪽; G. Gorton, and A.

Metrick, 2010, "Regulating the Shadow Banking System," *Brookings Papers on Economic Activity*, 261~312쪽; M. Kacperczyk, and P. Schnabl, 2010, "When Safe Proved Risky: commercial Paper during the Financial Crisis of 2007-2009," *Journal of Economic Perspectives* 24(1): 29~50쪽.

13) N. Baba, M. N. Robert and S. Ramaswamy, 2009, "US dollar money market funds and non-US banks," *BIS Quarterly Review*: 65~81쪽.

14) Baba et al.(2009).

15) Huerta de Soto(2009); Kim(2011).

16) Huerta de Soto(2009); Kim(2011).

17) Huerta de Soto(2009); Kim(2011).

18) Huerta de Soto(2009); Kim(2011).

19) Gorton and Metrick(2010).

20) Gorton and Metrick(2010).

21) Gorton and Metrick(2010).

22) Matthew P. Fink, 2014, "The Historical Rationale for US Money Market Funds," In *Money Market Funds in the EU and the US: Regulation and Practice*, edited by Viktoria Baklanova and Joseph Tanega, Oxford University Press, 86쪽.

23) Fink(2014), 87쪽.

24) 머니마켓펀드는 개방형 뮤추얼펀드로 미국의 1940년의 투자회사법(the US Investment Company Act)에 있는 규칙 2a-7에 규제를 받는 투자회사를 말한다.

25) Brian M. Kaplowitz, 2014, "US Regulatory Framework for Money Market Mutual Funds," In *Money Market Funds in the EU and the US: Regulation and Practice*, edited by Viktoria Baklanova and Joseph Tanega, Oxford University Press, 121쪽.

26) Kacperczyk and Schnabl(2010), 41쪽.

27) FCIC(2011), 30쪽.

28) Huerta de Soto(2009); Kim(2011).

29) Gorton and Metrick(2010).

30) G. Gorton, and A. Metrick, 2011, "Securitized banking and the run on repo," *Journal of Financial Economics* 104(3), 432쪽.

31) Gorton and Metrick(2010; 2011).

32) Gorton and Metrick(2010); M. Singh and J. Aitken, 2010, "The(Sizable) Role of Rehypothecation in the Shadow Banking System," Working Papaer WP/10/172, International Monetary Fund.

33) D. Duffie, 2010, "The Failure Mechanics of Dealer Banks," *Journal of Economic*

Perspectives 24(1), 61쪽.

34) 독일의 경우는 채권자의 권리를 강화하기 위해 레포를 이용할 필요가 없다. 독일의 담보 대부 거래에서는 담보물의 재산권이 처음부터 채권자에게 양도되기 때문이다. 독일처럼 채권자의 권리가 재산권자의 권리를 행사하는 데까지 강화된 사회에서는 레포를 이런 목적에 사용할 필요가 없는 것이다.

35) Huerta de Soto(2009).

36) In re Lombard-Wall

37) J. L. Schroeder, 1996, "Repo Madness: The Characterization of Repurchase Agreements under the Bankruptcy Code and the U.C.C," *Syracuse Law Review* 46: 999~1050쪽.

38) Schroeder(1996), 1011쪽.

39) Schroeder(1996), 1011쪽.

40) 예를 들어, Cohen v. Army Moral Support Fund의 판결문 67 B.R. at 598을 보라

41) Nebraska Department of Revenue v. Loewenstein(1994)

42) Patterson(1982), 32쪽.

43) Kim(2011).

44) Martin(2001).

45) Graeber(2011).

46) Kim(2014a).

5장

1) Geoffrey Ingham, "Revisiting the credit theory of money and trust" in *New Perspectives on Emotions in Finance: the Sociology of confidence, fear and betrayal*(New York: Routledge, 2012), 121~139쪽.

2) Graeber(2011).

3) 소비성 부채와 생산적 부채의 차이점에 대해서는 2장의 5절을 보라.

4) Michael Hudson, 2002, "Reconstructing the origins of interest-bearing debt and the logic of clean slates," in *Debt and economic renewal in the ancient Near East*, edited by Michael Hudson, Marc Van de Mieroop(Bethesda, MD : CDL Press).

5) Hudson(2002).

6) Hudson(2002).

7) Graeber(2011).

8) Michael Hudson, 1993, The Lost Tradition of Biblical Debt Cancellations. Web: http://michael-hudson.com/wp-content/uploads/2010/03/HudsonLostTradition.

pdf.

9) 잉햄은 기원전 6세기가 아니라 기원전 삼천 년 경 메소포타미아의 신용수단을 화폐 기원
의 사례로 삼는다.(Geoffrey Ingham, 2000, "'Babylonian Madness': on the Historical
and Sociological Origin of Money," in *What is Money*, ed. John Smithin, New York:
Routledge, 16~41쪽) 왜냐하면 그에게 신용과 화폐는 같은 것이기 때문이다.

10) Michael Crawford, 1970, "Money and Exchange in the Roman World," *Journal of
Roman Studies* 60, 47쪽.

11) Crawford(1970), 46쪽.

12) Crawford(1970), 46쪽.

13) Graeber(2011), 283쪽.

14) 잉햄(2011).

15) Hodeges v. Steward(1692)

16) H. Van der Wee, 1993, *Antwerp and the new financial methods of the 16th and
17th centuries, The Low Countries in the early modern world*, L. Fackelman Trans.,
154~155쪽.

17) Kim(2011), 942~945쪽.

18) S. F. Quinn, 2004, "Money, Finance and Capital Markets." In R. Floud & P.
Johnson(Eds.), *The Cambridge economic history of modern Britain, Vol. 1
industrialisation, 1700—1860*, Cambridge: Cambridge University Press, 154쪽.

19) Kim(2011), 944쪽.

6장

1) 이재명 캠프의 공약이 참신한 이유는 기본소득과 국토보유세를 연계시킨 것이었다. 토지
독점으로 인해 생기는 양극화를 해소하고 토지 이용의 효율성을 높이는 국토보유세로부터
재원을 마련해 기본소득으로 분배할 수 있으므로 기본소득제의 실현 가능성을 한층 높인
좋은 정책 대안이었다.

2) 국토보유세 또한 법인의 불필요한 토지 소유를 막아 재벌의 경제력 독점을 억제하는 기능
을 할 수 있지만, 기업의 소유지배 구조 자체를 개선하지는 못한다.

3) 플라톤, 2009, 『법률』, 박종현 역주, 서광사, 741c.

4) 플라톤, 『법률』, 742c.

5) 플라톤, 『법률』, 744c.

6) 플라톤, 『법률』, 526쪽, 박종현의 역주.

7) 한국민족문화대백과, 「토지개혁」, 한국학중앙연구원(http://encykorea.aks.ac.kr), 검색
어: "토지개혁."

8) Graeber(2011).

9) 김기섭, 2016, 「고려말 鄭道傳의 토지문제 인식과 전제개혁론」, 『역사와 경계』, 101호, 225 쪽. "옛날에는 토지가 관에 있었기 때문에 관에서 토지를 백성에게 나누어 주었다. 백성이 경작하는 토지는 모두가 관에서 나누어 준 것이다. 천하의 백성은 토지를 받지 않은 사람이 없었고, 경작하지 않는 사람이 없었다. 따라서 빈부와 강약이 그다지 큰 차이가 없었으며, 그 토지에서의 소출은 모두 공가(公家)에 들어가서 나라가 또한 부유하였다. (…) 전하[이 성계]께서는 잠저(潛邸)에 계실 적에 그 폐단을 보시고 분개하여 사전을 혁파할 것을 자기 의 소임으로 생각하였다. 그리하여 나라 안의 토지를 모두 몰수하여 공가에 귀속시켜서 백 성의 인구를 헤아려 토지를 지급함으로써 옛날의 올바른 토지제도를 부흥시키려고 하였 다."(정도전, 조선경국전, 상, 한영우, 1999, 『왕조의 설계자 정도전』, 지식산업사, 253쪽에 서 재인용).

10) 최윤오, 2007, 「조선시기 토지개혁론의 原理와 貢法·助法·徹法」, 『역사와실학』, 32호, 467쪽.

11) 브루스 액커만·앤 알스톳·필리페 반 빠레이스 외, 2010, 『분배의 재구성: 기본소득과 사 회적 지분 급여』, 서울: 나눔의 집.

12) 액커만 외(2010).

13) 물론 이재명 캠프에서 기본소득-국토보유세 정책을 설계한 전강수 등은 기본소득의 재원 의 일부를 국토보유세로 조달하자고 주장한다는 점에서 빠레이스의 주장보다 진일보했다 고 평가할 수 있지만, 여전히 소득세와 법인세에서도 재원을 충당할 것을 주장하고 있다.

14) 액커만 외(2010).

15) 액커만 외(2010), 89쪽.

16) 액커만 외(2010).

17) 또한, 기본자산제를 국토보유세로 연계한다면, 국토보유세로도 기본자산제의 재원을 조 달할 수 있다.

18) Olivecrona(1974).

19) Olivecrona(1974), 219쪽.

20) Olivecrona(1974), 219쪽.

21) Hobbes(1996), 226쪽.

22) 김종철(2016a), 45~46쪽.

23) 카를 마르크스, 1991, 「1844년의 경제학 철학 초고」, 『칼맑스/프리드리히 엥겔스 저작 선 집 제1권』, 박종철 출판사, 25~91쪽.

24) James E., Meade, 1993, *Liberty, Equality and Efficiency*, London: The Macmillan Press LTD, 61쪽.

25) 앞에 언급했듯이, 기본자산을 국토보유세와 연계시킨다면 국토보유세로 거둬들인 것 또

한 각 개인에게 기본자산으로 배분될 수도 있을 것이다.

26) 존 롤즈, 2003, 『정의론』, 황경식 역, 서울: 이학사.

27) Macfarlane(2002).

28) Ireland(1999).

29) 김종철, 2016b, 「회사의 본질: 정치학적 해석」, 『국제정치논총』 56집 2호, 79~115쪽.

30) 김종철(2016b)

7장

1) 양승태, 1991, 「맥퍼슨(Macpherson)에서 로크(Locke)로, 그리고 로크를 넘어서―自由主義的 所有權理論의 비판적 극복을 위한 자연법적 接近 序說」, 『한국정치학회보』 10집, 344쪽.

2) C. B. Macpherson, 1951, "Locke on Capitalist Appropriation," *The Western Political Quarterly* 4(4): 550~566쪽.

3) J. P. Day, 1966, "Locke on Property," *The Philosophical Quarterly* 16(64): 207~220쪽; Waldron(1983).

4) Olivecrona 1974; 김병곤, 1996, 「특집: 자유주의의 꿈과 짐 자유주의와 소유권 사상: 17세기 자연권 이론을 중심으로」, 『사회비평』 16집, 182~208쪽.

5) 양승태(1991), 331~362쪽.; 김병곤 1996,

6) 양승태(1991), 359~360쪽.

7) James Tully, 1980, *A Discourse on Property: John Locke and his Adversaries*, Cambridge: Cambridge University Press, 105쪽.

8) Antony Flew, 1951, "Locke and the Problem of Personal Identity," Philosophy 26(96), 61쪽.

9) Locke, John, 1960, *Two Treatises of Government*, Cambridge; New York: Cambridge University Press, §4.

10) Locke(1960), §6.

11) Locke(1960), §120.

12) Locke(1960), §123.

13) Locke(1960), §57.

14) Locke(1960), §44.

15) Locke(1960), §137.

16) Locke(1960), §194. 이 글에서 『통치론』의 한글 번역은 강정인·문지영의 번역본(1996)의 것을 참조했다. 단, 인신은 인격으로 교체하는 등 몇 가지 수정을 가했다.

17) Locke(1960), §27.

18) Day(1966), 208쪽.

19) Olivecrona(1974), 223쪽.

20) Tully(1980), 105쪽.

21) Tully(1980), 105쪽.

22) Pateman(2002), 28쪽.

23) Macpherson(1951).

24) Pateman(2002), 25쪽.

25) Locke(1960), §31.

26) Judith Richards, Lotte Mulligan and John K. Graham, 1981. "'Property' and 'People':
Political Usages of Locke and Some Contemporaries," *Journal of the History of Ideas*
42(1), 37쪽.

27) 로크, 존, 1996, 『통치론』, 강정인 · 문지영 역, 서울: 까치.

28) 로크, 존, 1990, 『통치론』, 이극찬 역, 서울: 삼성출판사.

29) 로크, 존, 2008, 『통치론』, 김현욱 역, 동서문화사.

30) 로크, 존, 2005, 『통치론』, 조현수 편저, 타임기획.

31) Locke(1960), §27.

32) Locke(1960), §173.

33) Locke(1960), §27.

34) Locke(1960), §123.

35) Macpherson(1951), 551쪽.

36) Olivecrona(1974), 219쪽.

37) Olivecrona(1974), 219쪽.

38) Olivecrona(1974), 219쪽.

39) Olivecrona(1974), 219쪽.

40) "로크는 재산의 영역이 물리적인 대상까지 포함하는 것으로 확장될 수 있다고 생각했
다."(Olivecrona, 1974, 219쪽)

41) Pipes(2000), 30~31쪽; Kim(2014a), 427쪽.

42) Waldron(1983), 40~41쪽.

43) Robert Nozick, 1974, *Anarchy, State and Utopia*, Oxford: Basic Books, 174~175쪽.

44) Day(1966), 209쪽.

45) Macfarlane(2002).

46) C. B. Macpherson, 1999, *Property: Mainstream and Critical Positions.* 2nd Revised
ed. Toronto: University of Toronto Press.

47) Locke(1960), §85.

48) 카를 마르크스, 1990, 「고타 강령 초안 비판」, 『칼맑스/프리드리히 엥겔스 저작 선집 제4 권』, 이수흔 역, 박종철 출판사, 365~366쪽.

49) Kim(2014a), 427쪽; Cotterrell(1987).

50) Locke(2014), 502쪽.

51) Locke(2014), 502쪽.

52) 로크에게서는, "the person is therefore said to 'own' his actions"(Tully, 1980, 108쪽).

53) Locke(2014), 312쪽.

54) Day(1966), 216쪽.

55) 니체(2002), 378쪽.

56) Locke(1960), §23.

57) Alfred North Whitehead, 1978, *Process and Reality*, New York: Free Press.

58) Alfred North Whitehead, 1997, *Science and Modern World*, Now York: Free Press.

59) Whitehead(1978).

60) Eliade(1954).

61) Kim(2014b); 김종철(2015)

62) Merril & Smith(2001).

63) Patterson(1982), 32쪽.

64) Graeber(2011), 206쪽.

65) Graeber(2011), 206쪽.

66) Kim(2014b).

67) Kim(2014b).

68) Kim(2014b); Graeber(2011).

69) Graeber(2011).

70) Kim(2014b).

71) 김종철(2016b); Kim(2015).

찾아보기